Roland Bauer (Hrsg.) · Kindgerechte Grundschule gestalten

Der Mensch, wenn er werden soll,
was er sein muss, muss als Kind sein
und als Kind tun, was ihn als Kind
glücklich macht!
Johann Heinrich Pestalozzi

Wenn du annimmst,
was in mir wächst,
wenn du annimmst,
wann etwas in mir wächst,
wenn du annimmst,
wie schnell etwas in mir wächst,
wenn du mir zugestehst,
das zu werden, was ich sein kann,
wenn du ja sagst,
ohne wenn und aber,
dann bin ich ganz Mensch,
auf der Erde, im Himmel.
Max Feigenwinter

Roland Bauer (Hrsg.)

Kindgerechte Grundschule gestalten

•

Grundlagen

•

Rahmenbedingungen

•

Gestaltungsvorschläge

Cornelsen
SCRIPTOR

Cornelsen online http://www.cornelsen.de

Gedruckt auf chlorfrei gebleichtem Papier
ohne Dioxinbelastung der Gewässer.

Die Deutsche Bibliothek – CIP-Einheitsaufnahme

Kindgerechte Grundschule gestalten : Grundlagen,
Rahmenbedingungen, Gestaltungsvorschläge / Roland Bauer (Hrsg.). –
Berlin: Cornelsen Scriptor, 2000
ISBN 3-589-21382-5

Dieses Werk berücksichtigt die Regeln der
reformierten Rechtschreibung und Zeichensetzung.

5.	4.	3.	2.	1. ✓	Die letzten Ziffern bezeichnen
04	03	02	01	2000	Zahl und Jahr des Drucks.

Redaktion: Gregor Rauh, Berlin
Herstellung: Brigitte Bredow, Berlin
Umschlagfoto: Michael Seifert, Hannover
Illustrationen: Klaus Becker, Frankfurt am Main: S. 94 o.; Marta Hofmann, Berlin:
S. 103; Gudrun Lenz, Berlin: S. 45, 49–58, 89 und 202–206; Klaus Müller, Berlin:
S. 86, 90, 93, 99 f., 100, 102 und 104; Detlev Schüler, Berlin: S. 82 f. und 97
Satz: FROMM MediaDesign GmbH, Selters/Ts.
Druck und Bindearbeiten: Clausen & Bosse, Leck
Printed in Germany
ISBN 3-589-21382-5
Bestellnummer 213825

Inhaltsverzeichnis

Vorbemerkung

Mit dem Titel des Buches kann unter Umständen vorschnell der Eindruck entstehen, es gelte eine andere, eine dem Kind gerechte Schule zu schaffen, da die bisherige nicht oder wenig kindgerecht ist. Das kann und soll nicht der Grundansatz dieses Buches sein, obwohl einige Betrachtungen und Meinungen auch in diese Richtung gehen.
Es gibt enorm viel Literatur und viele Gespräche in und außerhalb der Schule, die sich mit deren Verbesserung im Sinne der Kinder beschäftigen. Immer wieder fällt mir jedoch dabei auf, dass meist von **den Kindern** die Rede ist, von **der Schule**, von **den Lehrern**, **den Eltern** usw. Gibt es jedoch **die** Kinder, **die** Schule, **die** Lehrer, **die** Eltern?
Das Kind steht im Mittelpunkt, von dem wir doch wissen, dass es **das Kind** in der Schule gar nicht gibt. Es gibt viele Kinder, viele einzelne Kinder, die alle individuell unterschiedlich sind: in ihren biologischen Voraussetzungen, durch ihre unterschiedlichen Vorerfahrungen, auf Grund ihrer unterschiedlichen sozialen Umgebungen usw. Sie bringen völlig unterschiedliche Begabungen, Neigungen und Interessen mit und haben einen Anspruch, mit ihren Gegebenheiten auch angenommen und entsprechend gefördert zu werden. Dasselbe gilt natürlich auch für die Lehrerinnen und Lehrer, die Eltern usw.
Das Kind als Subjekt in den Mittelpunkt stellen, es als vollwertiges Mitglied in der Gesellschaft und damit auch in der Schule akzeptieren ist das zentrale Anliegen hinter diesen allgemeinen Grundaussagen. In den sehr praxisorientierten Beiträgen stellen wir unterschiedliche Möglichkeiten vor, wie dieses Grundanliegen im Schulalltag, in einer kindgerechten Schule, umgesetzt werden kann. Wir wollen Kinder als **Akteure** wahrnehmen und annehmen, die selbstständig handeln und sich auch in der Grundschule ihre Welt aneignen und erobern, die im Hier und Jetzt leben, ihre Bedürfnisse haben und nicht auf die Zukunft vertröstet werden wollen. Die Grundschule sehen wir dabei als einen Abschnitt in der Biografie von Kindern, auch als einen Abschnitt in ihrer Lernbiografie. Kinder haben bereits vor der Grundschule unendlich vieles gelernt, ohne die (meist von Erwachsenen erdachten) schulischen Lernmethoden.
Wir gehen davon aus, dass Kinder auch in ihrer Kindheit schon, also in der Gegenwart, ein erfülltes Leben erwarten. Zu diesem erfüllten Leben gehört aus unserer Sicht mehr als die Schulleistungen im herkömmlichen Sinne, die sich in erster Linie um Wissenserwerb und Wissenserweiterung (oft wieder aus der Sicht der Erwachsenen) kümmern, sondern auch eine breite Handlungskompetenz in der Gegenwart und natürlich auch für die Zukunft. Es geht uns um eine Handlungskompetenz, die Kommunikationsfähigkeit, Problemlösungsfähigkeit, Selbstsicherheit, Erfolgszuversicht und Stolz auf die eigene Leistung beinhaltet.

Die Vorbemerkungen zur Schule klingen sehr ähnlich: Es gibt nicht **die** Schule, es gibt nicht **die** Lehrer, es gibt nicht **den** Unterricht, sondern es gibt für jedes einzelne Kind die von ihm erlebte Schule, die von dem einzelnen Kind erlebte Lehrerin oder den erlebten Lehrer und es gibt für ein Kind immer nur den von ihm erlebten Unterricht. Eine Schule, die das Kind in den Mittelpunkt stellt, die sich an dem orientiert, für den sie da ist, und die sich täglich aufs neue in Erinnerung ruft, dass die allgemeine Schulpflicht ursprünglich eingeführt wurde, um jedem Kind das Recht auf Lernen zu ermöglichen, diese Schule steht hinter unseren Gedanken und Ausführungen. Dabei akzeptieren wir, dass die Schule auch Anforderungen der Gesellschaft zu erfüllen hat und letztendlich auch eine Auslesefunktion wahrnimmt, und vor allem akzeptieren wir, dass die Aussagen des Grundgesetzes, der entsprechenden Landesverfassungen und natürlich auch der Bildungspläne, Lehrpläne, Rahmenrichtlinien usw. die gültige Grundlage für Schule und Unterricht darstellen.
Das einzelne Kind mit seinen Grundlagen und seinen Möglichkeiten in den Mittelpunkt stellen. Dabei akzeptieren, dass Kinder in für die Schule zentralen Bereichen sehr unterschiedliche Ausgangslagen mitbringen. Diese Unterschiedlichkeit ertragen und auch als eine große Chance verstehen. Unterschiedlichkeit ist auch in Zukunft und im späteren Leben wichtig und notwendig: Dies in eine Schule zu integrieren und dort zu fördern, in der die heutigen Rahmenbedingungen gelten, ist der Auftrag unserer Darstellungen.
Dass dabei geltende Vorstellungen und Einstellungen auch hinterfragt und Zukunftsperspektiven entwickelt werden, versteht sich von selbst.
Das Buch ist so aufgebaut, dass in der einführenden Übersicht die Zusammenhänge aufgezeigt und grundlegende Aussagen dargestellt werden. Einzelne Ebenen werden in den folgenden Beiträgen erneut aufgegriffen, vertiefter betrachtet und vor allem in Zusammenhang mit praktischen Umsetzungsmöglichkeiten und bisherigen Erfahrungen gebracht.
Wir versuchen den einzelnen Lerntypen dadurch gerecht zu werden, dass wir in der Regel jedem Kapitel oder Themengebiet ein Übersichtsskizze voranstellen, dann im Fließtext beschreiben und am Schluss nochmals in Kurzform zusammenfassen.
Durch diese inhaltliche Strukturierung ist das Buch für die zusammenhängende Lektüre wie als Nachschlagewerk für Reflexionen, punktuelle Anregungen und Impulse geeignet.
Eine abschließende Bitte an Sie als Leserin oder Leser: Entscheiden Sie bitte selbst, welche Darstellungsformen und welche Bearbeitungsarten Ihrem eigenen Lerntyp am ehesten entsprechen; vielleicht erweitern Sie gerne Ihre Schwerpunktsetzungen für sich selbst und beziehen andere Darstellungsebenen und Lernmuster bewusster in Ihre Arbeit ein.

Kindgerechte Grundschule – Bedingungsfaktoren und Einflüsse

Roland Bauer

1. Überblick

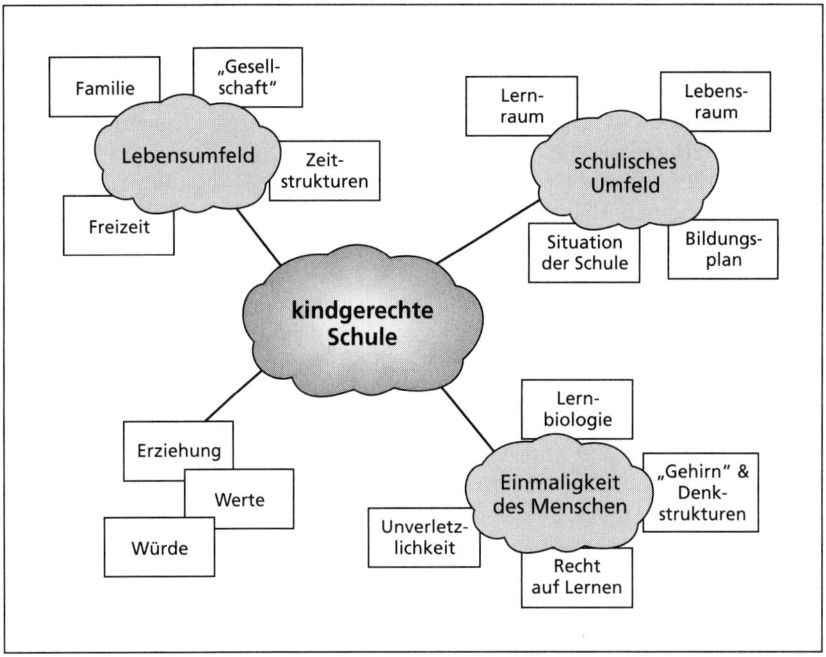

Abb. 1: Kindgerechte Grundschule

Eine kindgerechte Grundschule kann sich teilweise aus ihrem Grundanspruch definieren: ein angemessener Lernort für Kinder zu sein. Diesen Anspruch könnten die zur Schule gehörenden Personen eigentlich vor dem Hintergrund eines allgemein gültigen groben Rahmens selbst definieren und beschreiben, wie es z. B. in den Basisschulen in Holland bereits seit Jahren verwirklicht ist: Schulwerkpläne beschreiben und legen fest, welches die allgemeinen Ziele, Vorstellungen sowie Inhalte und Arbeitsweisen in der jeweiligen Schule sind und größtenteils auch, mit welchen Methoden und Materialien in der Schule auf welche Weise gearbeitet wird. Dabei verpflichtet sich die Schule selbst, gesellschaftliche Notwendigkeiten aufzugreifen und in ihrer Arbeit zu berück-

sichtigen. Die Niederländer geben damit auch Verantwortung an die einzelnen Schulen ab, den tatsächlichen und örtlichen **gesellschaftlichen Rahmen** bei ihrem Auftrag zu berücksichtigen. Dieser gehört auch unabdingbar zu den Grundsätzen oder Grundanliegen einer kindgerechten Grundschule. Die jeweilige Situation bestimmt letztendlich, welche Anforderungen an die nachfolgende Generation gestellt werden bzw. was diese Menschen sowohl heute schon als Kinder als auch in Zukunft in ihrer weiteren Ausbildung und Berufstätigkeit als Teile dieser Gesellschaft einbringen und leisten sollen.
Werte, häufig beschrieben und von vielen gerne mit Bedauern und dem Zusammenhang mit Wertezerfall erwähnt, stellen eine weitere Ebene der gesellschaftlichen Weiterentwicklung und Veränderung dar.
Deutlich werden solche Veränderungen auch in den **Anforderungen der Arbeitswelt** und den Anforderungen, die soziale Gemeinschaften mit sich bringen. Die Wirtschaft, die Berufswelt fordert seit vielen Jahren bei den Berufsanfängern die so genannten Schlüsselqualifikationen, die mit wenigen Schlagworten zu umreißen sind: Kommunikationsfähigkeit, Teamfähigkeit, Problemlösefähigkeit, Konfliktfähigkeit und Konfliktlösungsfähigkeit und damit umfassende Handlungskompetenz. Im Vorwort fügte ich diesen Schlüsselqualifikationen noch Eigenschaften wie Selbstsicherheit und Erfolgszuversicht zu, Qualifikationen, die zum Teil Voraussetzung und zum Teil Folgen der anderen Gesichtspunkte sind und auf jeden Fall in der Grundschule gefördert werden können und müssen.
Wer heute in weiterführenden Schulen und später im Beruf Erfolg haben möchte, benötigt sowohl auf den Ebenen im sozialen und zwischenmenschlichen Bereich bestimmte Fertigkeiten und Einstellungen als auch natürlich wie bisher Fertigkeiten und Kenntnisse im Wissensbereich.
Der **schulische Rahmen** hat sich zumindest im Bereich der Grundschule in den letzten Jahrzehnten bereits grundsätzlich geändert.
Zunächst zeigt sich dies in der räumlichen Ausgestaltung. Grundschulen sind an ihren Räumen und der Einrichtung, an den vielen Schülerarbeiten, an Materialien, an Leseecken und vielem mehr als Lern- und Lebensräume zu erkennen. Oder ist es nur ein Eindruck, der im ersten Anschein zwar den Lebensraum (ein Raum, in dem Kinder gerne leben) erkennen lässt, jedoch bei genauerer Betrachtung verrät, dass sich der „Lernraum“ immer noch stark an den hergebrachten Vorstellungen der Schule orientiert? Hinweisschilder, Lernsätze usw. vermitteln zwar den Eindruck, dass hier gelernt wird, lassen jedoch nur schwer erkennen, wie dieses Lernen verwirklicht werden soll, ein Lernen, das mit Aktivität der Lernenden zu tun hat.
Hieraus ergibt sich auch der direkte Zusammenhang zur **Zeit.** Zeit, welche die Kinder in der Schule verbringen, und natürlich die Frage, für was sie diese Zeit in der Schule nutzen können, nutzen müssen oder nutzen dürfen. Auch Kinder haben bereits einen Anspruch darauf, ihre Zeit sinnvoll für sich zu nutzen. Oft zeigen uns einzelne Kinder sehr deutlich, wie für sie sinnvolle Nutzung von Zeit aussieht: sich in langen Gesprächsphasen mit dem eigenen Nachbarn

unterhalten, selbst irgend etwas lesen, schreiben oder zeichnen oder einfach träumend zum Fenster blicken. Es lohnt sich also, im Zusammenhang mit der zu nutzenden Zeit den schulischen Rahmen im Sinne von „kindgerecht“ zu untersuchen.

Oft ist diese Untersuchung gar nicht mehr notwendig, wenn eine intensive Auseinandersetzung mit den gültigen Lehrplänen, Richtlinien oder Bildungsplänen stattfindet. Diese beinhalten inzwischen sehr deutliche Aussagen über die Nutzung von Zeit und über die gewünschten Arbeitsweisen in der Schule. Sowohl die Vorbemerkungen als auch die einzelnen Ziele beschreiben in sehr treffender Weise, wie und in welchem Zeitrahmen sich **die Kinder** mit Inhalten, Arbeitsweisen und damit aktiv lernend in der Schule mit ihrer derzeitigen und künftigen Situation auseinandersetzen.

Die Grundschule ist für Kinder da, nicht die Kinder für die Grundschule! Mit dieser Erinnerung soll zunächst der Boden für Betrachtungen um die Kinder geschaffen werden. Oft, so erfahre ich in meiner Tätigkeit, wird dagegen gehalten, dass diese Aussage in unserer Ausbildung noch viel zu wenig oder gar nicht berücksichtigt wird. Damit kehrt sich aber mit einem Satz schon wieder die Betrachtungsebene vom Kind zur Lehrkraft. Wir wissen heute schon recht viel und erfahren täglich mehr über die Arbeitsweise des Gehirns, über das Lernen selbst, über die Grundvoraussetzungen eines einzelnen Menschen, über die Einflüsse der Lernbiologie und über die bereits vorhandenen oder noch zu entwickelnden Denkstrukturen einzelner Menschen, um nur einige Bereiche schwerpunktmäßig zu nennen.

Gleichzeitig klammern wir zumindest im Unterricht gerne aus, was an Unterschiedlichkeit aus der Sicht der familiären Voraussetzungen, des Intellekts, der bisherigen Sozialerfahrungen, von Geschwistererfahrung, dem sozialen Druck usw. in einer Klasse zusammenkommt bzw. vorhanden ist. Oft empfinden wir Unterschiede als Störung für unser Vorhaben, das gemeinsame Lernen, den Unterricht für alle oder noch besser, den Unterricht möglichst mit allen. Nur bedingt lernten wir mit Unterschieden umzugehen, innere Differenzierung sei als ein Schlagwort genannt. Erst eine am Profit interessierte Industrie oder Verwaltung kümmerte sich um die Unterschiedlichkeit der einzelnen Mitarbeiter, um die Unterschiedlichkeit zu nutzen und Menschen mit unterschiedlichen Fähigkeiten und Fertigkeiten in Anerkennung dieser für sich arbeiten zu lassen. Ganz nebenbei war und ist dies beiden förderlich, dem einzelnen Menschen, weil er in seiner Art und mit seinen speziellen Fähigkeiten optimal arbeiten kann, und dem Betrieb, der den Einsatz der vorhandenen Interessen und Ressourcen in seinem Sinne gewinnbringend fördert und auch nutzt.

Hier begegnen sich nun Grundeinsichten, die in Unternehmen heute zu beobachten sind und die für die Schule in gleichem Maße gelten sollten:

- Für den Betrieb heißt dies, dass ein Mitarbeiter nur im Rahmen seiner Möglichkeiten und Voraussetzungen eine angemessene Arbeit (möglichst auch angemessene Bezahlung) und damit auch Arbeitszufriedenheit erreicht.

- Für die Grundschule heißt dies, dass ein Kind nur im Rahmen seiner Möglichkeiten und Voraussetzungen eine angemessene Lernmöglichkeit erhält, damit auch eine angemessene Förderung und Anerkennung und Arbeitszufriedenheit erreicht. In diesem Sinne erhält das Kind in der Schule das **Recht auf Lernen**.

2. Basis der Veränderungen im Umfeld der Kinder und der Schule

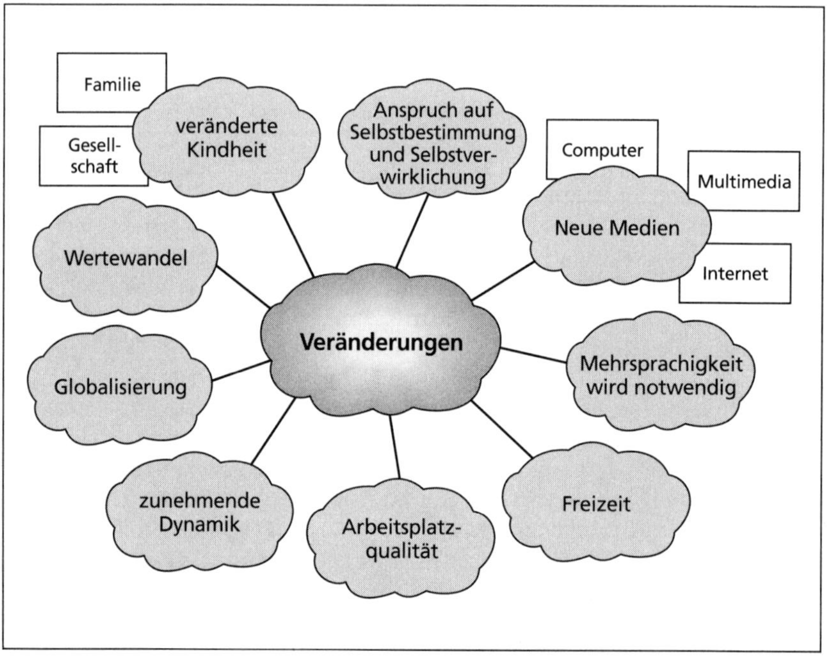

Abb. 2: Kindheit und Erziehungsziel im Wandel

Die Individualität gewinnt in den letzten Jahrzehnten und verstärkt in den letzten Jahren immer mehr an Gewicht. Dies zeigt sich sowohl in den Ansprüchen der Erwachsenen, die immer seltener die Notwendigkeiten der enger oder weiter gefassten Lebensgemeinschaft einbeziehen, als auch in den persönlichen Verhältnissen der Kinder, wo „viele Kinder in sozialer Vereinzelung aufwachsen und gemeinschaftsbezogenes Handeln außerhalb von Kindergarten und Schule kaum mehr erfahren" (vgl. Gabriele Faust-Siehl u. a. in: Die Zukunft beginnt in der Grundschule. Hamburg 1996, Seite 17).

Werte, die aus traditionellen Rollen abgeleitet werden, sowie Vorgaben der Geschlechtszugehörigkeit, der Schichtzugehörigkeit oder kirchliche und weltanschauliche Bindungen haben viele ihrer bestimmenden und teilweise dominierenden Kräfte verloren. An ihre Stelle treten andere und teilweise sehr unterschiedliche Vorstellungen für das eigene Welt- und Selbstverständnis. Unter zum Teil konkurrierenden Sinnvorstellungen und Sinnangeboten muss das Individuum und teilweise auch schon das Kind eine Auswahl treffen. Eltern und Schule erhalten hier die neue Aufgabe, den Kindern beim Erkennen und Achten unterschiedlicher Lebensumstände und Lebenseinstellungen und bei den eigenen Wertentscheidungen behilflich zu sein.

Der **Anspruch auf Selbstbestimmung und Selbstverwirklichung** nimmt unter den Erwachsenen stark zu und wird von den Kindern auch gerne übernommen. Es entspricht dem urmenschlichen Anspruch, sein Leben selbst zu bestimmen und sich in seinem Leben auch zu verwirklichen. Im vorschulischen Bereich wird dies vor allem im Rahmen von „Einkindfamilien“ oder bei wenig Geschwistererfahrung durchaus noch gefördert und stößt in der Schule im dort bestehenden Rahmen an Grenzen, die sich aus dem System Schule und dem Unterricht ergeben und teilweise auch aus mangelnder Handlungskompetenz der Lehrkräfte, mit solchen Ansprüchen der Kinder umzugehen.

Veränderungen unterliegen einer deutlich zunehmenden **Dynamik**. Allein im technischen Bereich, z. B. bei der Weiterentwicklung von Autos, können so rasche Veränderungen beobachtet werden. Durch zunehmenden Einsatz von Elektronik werden laufend neue unterstützende oder verbessernde Maßnahmen im Hinblick auf Energieverbrauch, Sicherheit usw. entwickelt und eingesetzt. Heutige **Medien** verändern die Telekommunikation zwischen den Menschen laufend und in rasendem Tempo. Sprache, auch die der Kinder, bezieht heute bereits ohne Vorkenntnisse aus der Schule viele Begriffe aus anderen „Fachsprachen“, der Technik und übergeordneten Wissenbereichen ein. Selbstverständlich gehen bereits kleinere Kinder mit einer Fernbedienung, elektronischen Spielen und, falls vorhanden, mit einem Computer um. Kamen vor einigen Jahren die Kinder noch von der Schule in die Wohnung, so begann die Terminvereinbarung und der Austausch mit anderen über das Telefon. Heute beginnt der Austausch nicht selten mit der nächsten E-Mail.

Die **Veränderung hin zu einer Multimedia-Gesellschaft** ist längst in vollem Gange. Viele Informationen kommen mit nur kurzer Zeitverzögerung zum eigentlichen Ereignis über das Fernsehen in die eigene Wohnung. Nun steht über das Internet zusätzlich eine fast unbegrenzte Informationsfülle bereit. Suchmaschinen bieten nach Eingabe von Suchwörtern eine solche Fülle von möglichen Informationen an, dass selbst ein Fachmann oder eine Fachfrau erst Ordnung in diese Informationsfülle bringen muss.

Das Informationsmonopol haben wir in der Schule schon seit einiger Zeit verloren. Informationen sind heute aus dem Fernsehen, den unendlich vielen Printmedien (vor allem auch Zeitschriften) und nun den Angeboten über CD-ROM und natürlich dem Internet erhältlich. Damit erhält die Schule, und

ich denke auch bereits die Grundschule, einen neuen Auftrag, der neben der Weitergabe von Informationen vor allem die Auswahl der richtigen Informationen in den Vordergrund rückt. Die Auswahl von Informationen stellt jedoch nur die Ausgangsbasis dar, der Vergleich von Informationen, das Einschätzen von Wichtigkeiten und Möglichkeiten und vor allem das damit verbundene Herstellen von Zusammenhängen, erhalten eine herausragende Stellung und Wichtigkeit. Unsere Kinder nutzen heute schon mit großer Selbstverständlichkeit „Multimedia-Nachschlagewerke" wie z. B. Encarta oder vollziehen Grundversuche aus der Technik oder Wissenschaft mit Hilfe des Computers in virtuellen Labors oder Werkstätten nach. Dort beobachten sie Wirkungen von Veränderungen einzelner Variablen und können auf niederer Ebene Erfahrungen machen, die bis vor wenigen Jahren nur in Speziallabors oder im Rahmen entsprechender Ausbildungen gemacht werden konnten. Wer selbst direkt in der Freizeit mit Kindern im Grundschulalter zu tun hat, konnte sicherlich schon beobachten, wie Kinder durch Entscheidungen Kulturentwicklungen und Besiedlungen am Bildschirm mit gestalten und ganz nebenbei Zusammenhänge von Macht, Entdeckungen, Ökologie, Ökonomie und auch der Finanzen erfahren bzw. berücksichtigen.
In diesem Zusammenhang ist die Notwendigkeit nach **Mehrsprachigkeit** überdeutlich zu erkennen. Durch die Medien wachsen unterschiedliche Kulturen mit ihren unterschiedlichen Sprachen zusammen. Englisch ist im Internet und in der Geschäftswelt die Weltsprache und unsere Kinder werden sie in Zukunft, egal ob in ihrer Freizeit oder an einem beliebigen Arbeitsplatz, einfach benötigen. Aus meiner Sicht müssen sie bereits in der Grundschule beginnen, sich diese Sprache in Grundzügen anzueignen und natürlich mit ihr umzugehen. Sprachen lernen heißt hier, dass bereits in der Grundschule mit einer oder gar mehreren Fremdsprachen selbstverständlich umgegangen wird, so wie wir mit Fremdwörtern und englischen Begriffen auch bisher schon selbstverständlich umgehen. Damit plädiere ich gegen einen Fremdsprachenunterricht im herkömmlichen Sinne, aber stark für eine selbstverständliche Benutzung von Fremdsprachenelementen im Schulalltag. Auf diese Weise können Kinder vieles so lernen, wie sie z. B. auch ihre Muttersprache erlernen. Wer versucht, in der Grundschule Fremdsprachenlernen zu verschulen, wird den heutigen Erkenntnissen über Fremdsprachenlernen zwar auf der zeitlichen Ebene gerecht, aber niemals auf der methodischen und didaktischen. Kinder lernen in den Eingangsjahren der Grundschule Sprachen ähnlich, wie sie auch die Muttersprache erlernen, vor allem auch im „spielerischen" Umgang. 45-Minuten-Pakete und Lektionen mit sturen Grammatikübungen stehen dem jedoch extrem entgegen. So hat kein Kind seine Muttersprache erlernt und geht dennoch zunächst sinnvoll mit Sprachstrukturen um und erlernt später grammatische Hintergründe und Feinheiten. Diese Vorgehensweise sehe ich in der Grundschule (und in der Folge auch in weiterführenden Schulen) als den Weg. Es bedarf noch großen Umdenkens, vor allem in den Köpfen der Lehrpersonen, gleichzeitig aber absoluter Sprachsicherheit bei den

Lehrpersonen, welche die Sprache in der Grundschule in sinnvollen Zusammenhängen und bei sinnvollen Gegebenheiten benutzen und damit den Kindern ein kindgerechtes Lernen von Fremdsprachen ermöglichen. Heute erfahren die Kinder selbstverständlich, wie wichtig Fremdsprachen sind (Spiele, Computer und im Urlaub) und wir können z. B. miterleben, wie schnell Kinder im Rahmen einer Urlaubsfreundschaft Elemente der Fremdsprache von anderen Kindern aufnehmen und annehmen.

Damit ist gleichzeitig noch ein weiterer Gesichtspunkt angesprochen, die **Freizeitgestaltung,** der Umgang mit Freizeit. Wir entwickeln uns momentan hin zu einer Freizeitgesellschaft. Zum einen werden die Arbeitszeiten für viele Menschen immer kürzer, wenn sie auch für wenige Menschen in leitenden Funktionen immer mehr zunehmen. Einen großen Anteil der mechanischen Arbeit von Menschen hat vor allem in der Produktion die Maschine übernommen und wird sie in zunehmendem Umfang übernehmen. Die Umstellung zu einer Dienstleistungsgesellschaft ist zwar deutlich im Gange, so schnell kann jedoch die hohe Kapazität an menschlicher Arbeitsleistung dort gar nicht zum Einsatz kommen, wie sie in der Produktion von Maschinen übernommen wird. Gleichzeitig verlangt die andere Ausrichtung der Arbeit, zum einen bei der Dienstleistung und zum anderen in der Entwicklung neuer Verfahren und Produkte, fortwährendes und sicherlich lebenslanges Lernen. Ein Teil der freien Zeit, also der Freizeit, wird dabei künftig durch dieses notwendige lebenslange Lernen gebunden. Trotzdem bleibt viel Freizeit übrig, die zu gestalten auch erlernt sein muss. Aus meiner Sicht gehört es künftig mit zur Aufgabe der Schule, auch die Freizeit und Möglichkeiten sinnvoller Freizeitnutzung zu berücksichtigen und in den Bildungsauftrag einzubeziehen. Viele Inhalte der Schule hätten gerade in diesem Bereich herausragende Anwendungsfelder, die bisher viel zu wenig beachtet und genutzt werden.

Differenzierte Freizeitangebote ermöglichen dem einzelnen Kind und Menschen auch neue Erfahrungen. Die persönliche Zufriedenheit steigt, positive Erfahrungen wecken neue Begehrlichkeiten. Solche Begehrlichkeiten und vor allem der Anspruch auf persönliche Zufriedenheit wird fast selbstverständlich auch auf die **Arbeitsplatzqualität** übertragen; angefangen von der angenehmen Arbeitsumgebung bis hin zu Möglichkeiten der Selbstverwirklichung auch am Arbeitsplatz. Gleichrangig stehen vermutlich auch noch die damit verbundenen Einkunftsmöglichkeiten, die direkt oder indirekt auch eine Wertschätzung der geleisteten Arbeit darstellen. Arbeitsplatzqualität erfahren auch bereits Kinder in der Grundschule. Für sie ist ihr Platz in der Schule ein Arbeitsplatz, den sie im günstigen Fall einnehmen können, im ungünstigen Fall täglich einnehmen müssen. Auch sie wollen bereits zu Recht eine angemessene und angenehme Lernumgebung und vor allem auch eine entsprechende Wertschätzung ihrer Arbeit.

3. Das Kind als Individuum

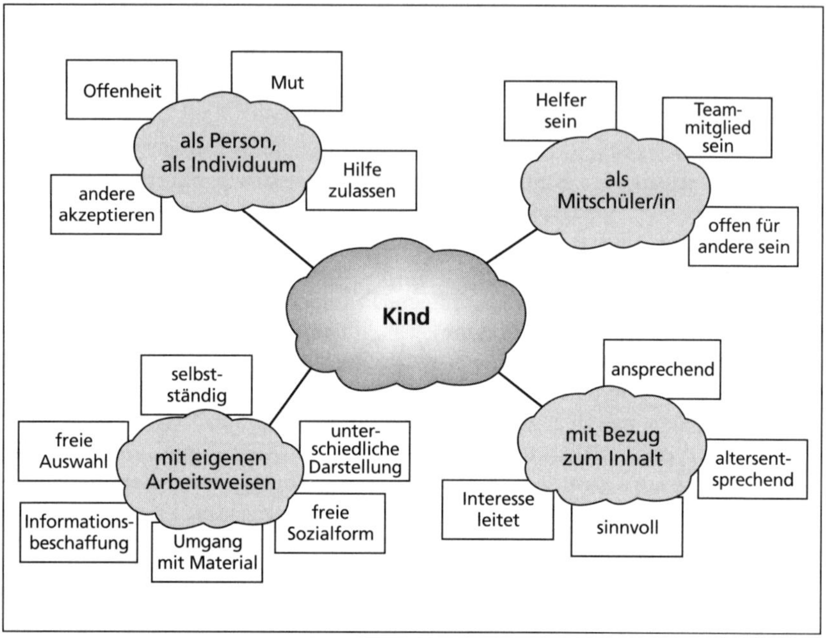

Abb. 3: Kind im Mittelpunkt

3.1 Unterschiedliche Voraussetzungen und Bedingungen im Überblick

Jedes Kind ist anders, jedes Kind denkt anders, jedes Kind bringt individuelle Voraussetzungen im umfassenden Sinne mit. Umfassende Unterschiede beginnen bei der äußeren Erscheinung, dem Körperbau, der Haarfarbe und was sonst noch an äußeren Merkmalen zu beobachten ist. Vergleichbare nichtsichtbare Unterschiede sind jedoch auch bereits im Grundschulalter im Zusammenhang mit Gefühlen, dem Denken, dem Spielen oder Arbeiten, dem Lernen und den Verhaltensweisen insgesamt vorhanden. Dazu gehören eine bereits mit der Geburt vorhandene Grundstruktur in der **Schwerpunktbildung der beiden Gehirnhälften**; es gibt eher „Linkshirnorientierte" und eher „Rechtshirnorientierte" und die damit verbundene Schwerpunktbildung beim Denken und Lernen. In den ersten Lebensmonaten sind nach Frederic Vester (1997) die „Verdrahtungen" im Gehirn weitgehend abgeschlossen, hat sich der junge Mensch seiner Umgebung angepasst. Schwerpunkte in der **Ausprägung der Eingangskanäle** haben dann bereits festgelegt, auf welchen Ebenen ein Mensch spontan wahrnimmt oder sich äussert. Demnach gibt es Menschen,

die eher über das Sehen, über das Hören oder aber auf der kinästhetischen Ebene wahrnehmen und verarbeiten. Vester fasst unter der kinästhetischen Ebene sowohl das gefühlsmäßig Wahrnehmen als auch die sensorische Wahrnehmung über die Haut oder Bewegung zusammen und integriert auch das Olfaktorsiche (Riechen) und das Goustatorische (Schmecken).
Weitere Ebenen, die das Denken und Lernen stark beeinflussen, sind die sogenannten **Denkmuster**. Sie legen fest, ob ein Mensch sich eher an Gleichheiten oder Alternativen orientiert, ob er eher reaktiv in seinem Verhalten ist oder eher proaktiv auf Dinge (und Menschen) zugeht. Es gibt Menschen, die sich mit Ihren Gedanken und Überlegungen zunächst am Problem orientieren oder aber aus dem Problem sogleich ein Ziel ableiten und sich in ihrem Denken und Handeln an diesem Ziel orientieren.
Neben diesen Voraussetzungen, die individuell zum einzelnen Menschen gehören, zunächst ohne Rücksicht auf seine soziale Umgebung, treten nun all die vielen Faktoren, die eben aus diesem **sozialen Umfeld** bestimmt werden. Mehr als 1/3 aller Kinder leben in so genannten Einkindfamilien und haben damit zumindest in der direkten Wohnumgebung keine Geschwistererfahrung. Dasselbe gilt für die Einelternfamilien, wie familiäre Strukturen genannt werden, bei denen nur ein Elternteil auf Dauer in der häuslichen Gemeinschaft lebt, also alleinerziehend ist. Es gibt Eltern, die sich sehr viel Zeit für ihr Kind oder ihre Kinder nehmen und dabei teilweise überbetreuen, und andere, die selten oder nie ein gemeinsames Frühstück mit ihren Kindern einnehmen. Manche Kinder werden schon sehr früh an sportliche und musische Aktivitäten herangeführt, andere nie. Egal in welchen Familienformen auch immer, durch die Mechanisierung und Ausgestaltung der Haushalte haben Kinder nur noch selten im Alltag Nützliches und vielleicht auch Bewundernswertes erarbeiten oder herstellen können. Sie müssen sich in dieser Richtung selten bewähren. Andere Formen in der Arbeitswelt und die teilweise vorhandene Arbeitsplatzferne mit der oft geforderten Mobilität nehmen in der Regel auf Kinder wenig Rücksicht und schaffen damit eher neue Abgeschiedenheit und Rückzug auf Bildmedien, als dies in unserer Jugendzeit der Fall war.
Mit großer Verwunderung habe ich vor einigen Wochen die Erzählung eines Ausländermädchens gehört, das mit Stolz berichtete, dass sie nun ein neues Bett bekommen hätte. Auf Rückfrage stellte sie klar, dass sie nun, als Mädchen im zweiten Schuljahr, ein eigenes Bett erhalten hätte und nicht mehr wie bisher das Bett mit ihrem älteren Bruder teilen müsse. In der gleichen Klasse sind Kinder, die ein eigenes Kinderzimmer, natürlich mit Fernsehgerät und Computer haben, in dem sich noch ein zweites Bett befindet, damit im Bedarfsfall der Freund ohne große Umstände auch mal da übernachten kann.
Noch größer werden die Unterschiede im Bereich der tatkräftigen und materiellen Unterstützung der Kinder in ihrer Umgebung. Es gibt genug Kinder, die nach der Schule nach Hause kommen und dort eine leere Wohnung vorfinden. Im günstigsten Fall steht Essen zur Verfügung oder wird in der Mikrowelle bereitet. Hausaufgaben können von solchen Kindern wenigstens noch unge-

stört erledigt werden, wenn auch ohne jegliche fremde Hilfe. Andere Kinder teilen mit dem Rest der Familie den Esstisch, der sowohl zum Essen als auch als Arbeitsplatz, unter Umständen für mehrere Kinder gleichzeitig, als einziger Arbeitsplatz zur Verfügung steht.
Mit diesen wenigen Beispielen soll lediglich verdeutlicht werden, dass es neben den individuellen unterschiedlichen Voraussetzungen auch ganz einschneidende Unterschiede bei Kindern gibt, die sich aus ihrem direkten Umfeld ergeben.

3.2 Schlussfolgerungen

Menschen denken und handeln unterschiedlich und nutzen, wenn es ihnen möglich ist, diese Strukturen auch, um zu lernen und zu arbeiten. Im entsprechenden Teil dieses Buches werden die Grundveranlagungen überwiegend in ihren Extremausprägungen beschrieben. Sie treten selbstverständlich nie in Reinformen, sondern immer in allen möglichen Mischformen auf. Sie sind jedoch da und sollten in der Schule berücksichtigt werden, wenn wir das Grundrecht ernst nehmen wollen, dass jeder Mensch eine seiner Art und seinen Neigungen entsprechende Ausbildung erhalten soll. Also müssen zumindest Grundansätze von Links- oder Rechtshirnorientierung ebenso berücksichtigt werden wie der Wunsch, zeitweise innerhalb seines bevorzugten Lerneingangskanals zu arbeiten. Soll der Lernprozess für den Lernenden möglichst optimal ablaufen, sind auch verschiedene Denkstrukturen zu berücksichtigen.
In einem gleichschrittigen, lehrerorientierten Unterricht lässt sich dies, wenn überhaupt, nur mit sehr großem Aufwand und Organisationstalent des Lehrenden verwirklichen.
Häufig begegnen mir im Anschluss an diesbezügliche Ausführungen zwei grundsätzliche Denk- und Argumentationsweisen:

a) „Der Mensch muss sich doch vor allem in diesen Dingen üben, die er noch nicht kann."
b) „Unter diesen Gesichtspunkten wäre es doch sinnvoll, Klassen mit gleichen Grundstrukturen und Arbeitszeiten zu bilden."

Beide Aussagen machen jedoch nur die in unserem „schulorientierten Denken" vorhandenen Strukturen wieder deutlich. Wir meinen aus unserer Sicht als Lehrerinnen oder Lehrer, dass Dinge geübt werden sollen, die Kinder noch nicht so gut können, statt ihnen die Chance zu geben, sich über aktives Tun an den Dingen zu freuen, die sie schon können und bei denen sie Selbstvertrauen, Sicherheit und damit auch Selbstbewusstsein aufbauen können. Nur krankhaft veranlagte Kinder bleiben sehr lange an bisherigem Tun und bisherigen Inhalten, „normale" Kinder wollen sich weiterentwickeln, wollen etwas Neues bearbeiten, lernen, wenn wir ihnen die Möglichkeit geben, ihren Sicherheitsstandard zu erreichen und auf ihrem Sicherheitsstandard aufzubauen.

Häufig erhalten jedoch vor allem schwächere Kinder diese Möglichkeit selten oder nie. Sie müssen, um den Anschluss nicht zu verlieren, unmittelbar nach ersten „Verständnisanzeichen" höherwertige Aufgaben oder Anwendungen bearbeiten, ohne in den Grundlagen bereits Sicherheit erzeugt zu haben. Solche Kinder benötigen dann auch immer neuen „Anschub" und neue Aufforderung zum Weitermachen, da sie bei mangelnder Sicherheit keine von innen kommende Motivation aufbauen können.
Klassen mit gleichen Grundstrukturen würden zum einen bald Eintönigkeit erzeugen, sich selbst eine große Bandbreite ausschließen. Der Wunsch, gleiche Lerntypen in eigenen Klassen zusammenzufassen, macht einerseits deutlich, dass Lehrkräfte homogene Gruppen bevorzugen würden, und zeigt andererseits, dass der Wille, sich auf eine große Bandbreite unterschiedlicher Kinder einzulassen, noch wenig entwickelt ist. Diesem Wunsch liegt ein zu vereinfachtes und starres Schema von Grundstrukturen zu Grunde.

4. Erkenntnisse über das Lernen

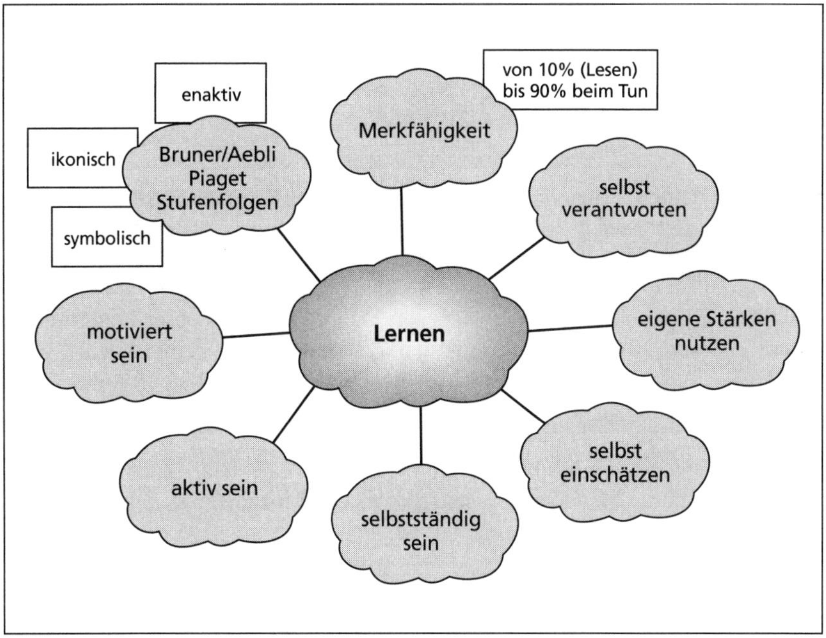

Abb. 4: „Lernen"

4.1 Überblick

Lernen ist ein höchst individueller Prozess. Trotzdem lernten viele von uns in ihrer Ausbildung, ihren Unterricht an einem Mittelwert, einem „Durchschnittsschüler" auszurichten. Sehr treffend formulierte es Bastian: „Die Ausrichtung der Lehre an einem gedachten Mittelwert aller Schüler/innen ist nur eine Hilfskonstruktion." (J. Bastian, in PÄDAGOGIK 1997, Heftnummer 7, Seite 5)

Der Entwicklungspsychologe **Piaget** hat aus seinen Beobachtungen und Forschungen Erkenntnisse abgeleitet, die zwar teilweise modifiziert wurden, im Kern jedoch ihre Gültigkeit behielten. Damit sind zunächst die Stufen der Denkentwicklung gemeint. Bei Grundschülern kann davon ausgegangen werden, dass sie sich in seinem Sinne auf jeden Falle in der Phase konkreter Denkoperationen befinden. Viel wichtiger scheint für mich jedoch, dass Piaget im Zusammenhang mit Denken immer wieder darauf verweist, dass Kinder über ihre Fragen häufig weit mehr über ihr Denken verraten als über ihre Antworten.

Jerome S. Bruner hat parallel zu Piaget und in Anlehnung an dessen Erkenntnisse sich ebenfalls mit Denken und Lernen intensiv beschäftigt. Besonders beachtenswert sind die von ihm beschriebenen Stufen im Lernprozess, die ein Kind nacheinander durchläuft:

- enaktive Stufe (Handlungsebene),
- ikonische Ebene (bildliche Darstellung) und
- symbolische Ebene (Beschreibung mit Symbolen, also Buchstaben und Zahlen).

Sehr entscheidend für die schulische Arbeit ist Bruners Erkenntnis, dass Lernen am besten dann stattfindet, wenn von einer Ebene in die andere umgewandelt wird. Lernen in diesem Sinne gibt es also bei der Übernahme eines Tafelanschriebs ins Heft kaum, denn dabei wird lediglich eine symbolische Darstellung kopiert. Wenn dagegen Erfahrungen aus einer Handlung in einem Bild oder in einer Beschreibung dargestellt werden, findet Lernen statt. Der Vollständigkeit halber seien andere Umwandlungsmöglichkeiten auch noch genannt:

- Einen Text in eine Handlung umsetzen
- Einen Text in eine Zeichnung oder in eine Strukturskizze umsetzen
- Zu einer bildlichen Darstellung (Skizze oder Bild) einen Text schreiben oder eine Handlung aufbauen

4.2 Lernen durch Anwendung bevorzugter Eingangskanäle

Wer Kindern Freiheit lässt und sie dann beobachtet, wird schnell und immer wieder feststellen, dass sie sich ganz individuell immer für ähnliche Aufgabenstellungen oder Materialien entscheiden. Es gibt Kinder, die sich für Legespiele, Bastelarbeiten oder auch Rollenspiele, Theateraufführungen und Ähnliches begeistern und unter einem freien Angebot sofort solche Angebote auswählen und natürlich auch durchführen. Fast immer steckt ihre Vorliebe für **Kinästhetisches** hinter diesem Wollen. Solche Kinder fassen auch gerne Dinge an, suchen körperliche Nähe. Andere Kinder, meist mit Schwerpunkt im **Visuellen**, entscheiden sich vorrangig für Aufgabenblätter mit Bildern, malen gerne an und schreiben in der Regel auch viel lieber, als sich z. B. mit einer Bastelaufgabe zu beschäftigen. Im Unterricht stören häufig die Kinder, deren Eingangskanal in erster Linie der **Auditive** ist. Sie können sich Dinge, die sie hören, in der Regel sehr gut merken und reden deshalb auch gerne, mit sich und mit anderen. Solche Kinder suchen sich auch gerne ein anderes Kind und lesen diesem etwas vor oder lassen sich vorlesen oder erzählen.

Kinder nutzen ihre Stärken, sofern sie die Möglichkeit dafür erhalten. Doch häufig werden sie durch die Lehrkräfte (zu) rasch aufgefordert, auch andere Dinge zu tun, die sie in der Regel von sich aus kaum auswählen würden. Auch hier höre ich von vielen Lehrkräften dieselbe Argumentation: Kinder müssen doch auch das lernen, was nicht unbedingt ihre Stärke ist. Gerne lasse ich mir bei meinen Veranstaltungen von Lehrerinnen und Lehrern nennen, was sie lieber machen und was sie eher ungern angehen. Die Einsicht für eine Arbeit in den eigenen Stärken wächst dann sehr schnell, wenn ich die Teilnehmer von Veranstaltungen auffordere, nun doch bitte gleich mal das zu lernen, was sie eigentlich ungern machen.

Den Erwachsenen geht es dann wie den Kindern auch. Sie wenden enorm viel Energie dafür auf, sich diesem unangenehmen Aufgabenfeld zu entziehen und anderes zu tun. Aus meiner Sicht sind dies Energien, die doch sehr viel sinnvoller **für** eine gewinnbringende Arbeit eingesetzt werden.

Also bitte den Kindern (und Erwachsenen) erst die Möglichkeit einräumen, in ihren Spezialbereichen und ihren Eingangskanälen Sicherheit zu gewinnen, bevor sie sich auch in anderen, weniger bevorzugten Feldern neue und gewinnbringende Erfahrungen zutrauen.

Unabhängig von den Eingangskanälen einzelner Kinder gibt es Durchschnittswerte, was die Behaltensquote (Speicherkapazität) bei Kindern und bei Menschen überhaupt betrifft:

Der Mensch speichert (behält) von dem, was er ...

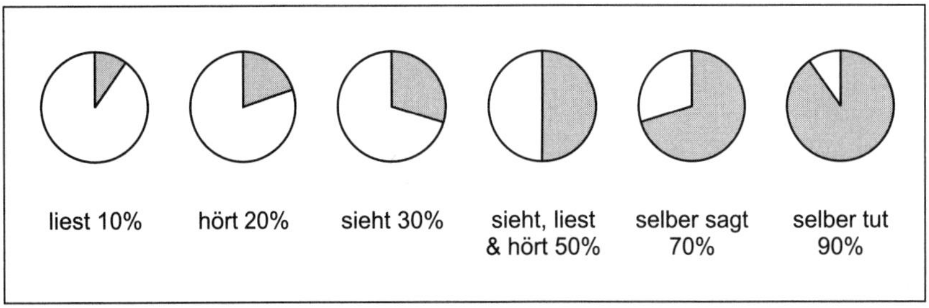

Abb. 5: Speicherkapazität bei Menschen (Durchschnittswerte)

4.3 Motivation als Grundvoraussetzung für produktives Arbeiten und Lernen

Die erste Grundvoraussetzung für Motivation ist die Annahme oder die Einsicht, dass das Verlangte auch zu leisten ist. Dies wird als Fähigkeitsprinzip bezeichnet. Nur wer sich in der Lage fühlt, eine von ihm erwartete Leistung auch vollbringen zu können, kann Motivation aufbauen. Oder anders formuliert: Wenn sich jemand nicht in der Lage fühlt, die von ihm erwartete Leistung zu erbringen, kann er auch keine Motivation aufbauen.
Danach können unterschiedliche Ursachen für die Motivation genannt werden: Neugierde, ein Widerspruch, eine Neuigkeit, ein Rätsel usw. In einem unveröffentlichten Manuskript hat Prof. Dr. Diethelm Wahl diese Aussagen zur Motivation zusammengestellt und unter den Stichwörtern Neuigkeitseffekt, Rätseleffekt, Widerspruchseffekt und Risikoeffekt beschrieben.

4.4 Regeln aus der Lernbiologie beachten

Nach Frederic Vester funktionieren die Verbindungen im Gehirn bei Spaß und Freude besonders gut, Stress bewirkt das Gegenteil. Er hat bereits 1978 (Vester: Denken, Lernen, Vergessen. 1978 Aktualisierte Neuauflage 1998) 13 Regeln aufgestellt, die für das Lernen förderlich sind. Stichwortartig seien sie an dieser Stelle erwähnt:

1. Der Lernende soll die Lernziele kennen.
2. Das Wissen über die Nutzanwendung verbessert die Verankerung im Gehirn.
3. Aufbau von Neugierde kompensiert „Fremdeln“.
4. Im Lernprozess ist es sinnvoll, Neues alt zu verpacken.
5. Das Skelett hat Vorrang vor dem Detail.
6. Interferenzen (Zusatzwahrnehmungen ähnlichen Inhalts) vermeiden.
7. Erklärungen von Zusammenhängen vor der Einführung von Begriffen.
8. Zusätzliche Assoziationen schaffen.
9. Lernspaß ermöglichen.
10. Möglichst viele Eingangskanäle ansprechen.
11. Mit der Realität verknüpfen.
12. Neue Informationen in sinnvollen Abständen wiederholen.
13. Dichte Verknüpfung von Fakten im Unterricht verstärkt zuvor genannte Punkte.

4.5 Erkenntnisse über das Lernen – Zusammenfassung

Zu einem kindorientierten Unterricht gehört die Beachtung der wichtigsten Regeln der Lernbiologie und Lernpsychologie:

- Möglichst viele Sinnesorgane und damit Eingangskanäle beteiligen und damit Lernvorgänge positiv beeinflussen.

- Trotz individuell beliebter Lernart ist ein Wechsel der Eingangskanäle für den Lernprozess von Vorteil.
- Individuelle Lerngewohnheiten können unter behutsamer pädagogischer Anleitung weiter entwickelt und verändert werden (z. B. auch andere Eingangskanäle einbeziehen).
- Da die Sinne über die Empfangsbereitschaft entscheiden, sollten möglichst alle Sinnestypen angesprochen werden.
- Je sinnlicher eine Botschaft, desto größer ist die Lust beim Empfänger; daher können unsere „Botschaften", unsere Angebote nie genug strahlen, duften, schmecken, klingen und sich reiben.
- Der handelnde Umgang mit Dingen ist kaum zu ersetzen. (Klavier spielen lernt man weder durch Zusehen noch durch Zuhören; mit vielen Unterrichtsinhalten verhält es sich ebenso.)
- Möglichkeiten und Anregungen für „Umwandlungen" bei den Repräsentationsebenen sind als Grundlage für „sinnhaftes" und denkendes Lernen notwendig. So erhalten Taten, Reden und Geschriebenes einen Sinn: anderweitige Erfahrungen für sich und/oder andere festhalten oder darstellen.

5. Lernumgebung – Lernbegleitung

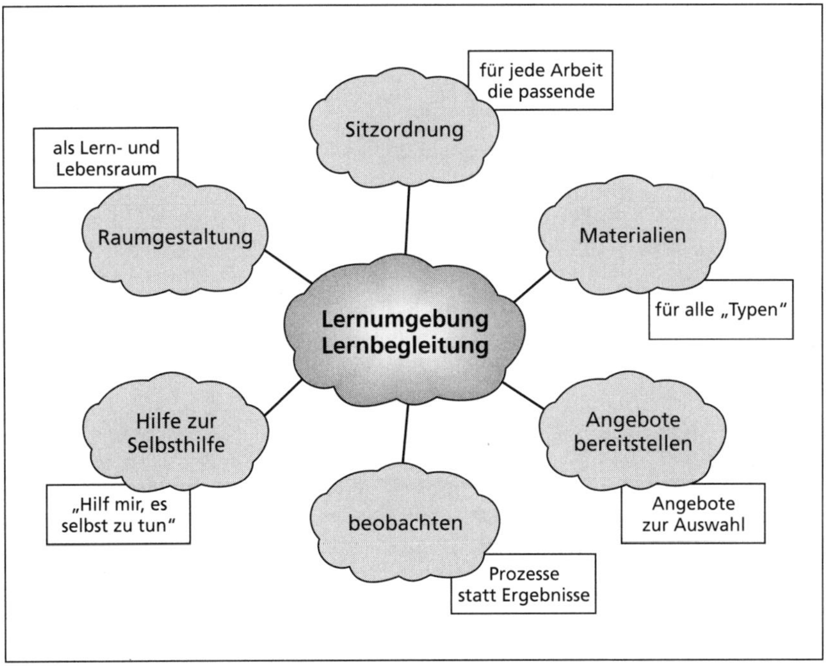

Abb. 6: Lernumgebung – Lernbegleitung

5.1 Die Lernumgebung beeinflusst das Lernen

In meiner eigenen Grundschulzeit saß ich noch in einem Klassenzimmer, in dem die untere Reihe der Glasscheiben in den Fenstern weiß und damit undurchsichtig war. Damit sollten störende Einflüsse von außen abgehalten werden. Es sollte eine Lernumgebung geschaffen werden, die die Kinder auf das Wesentliche, das Geschehen, das Angebotene im Klassenzimmer konzentriert. Dafür, so erinnere ich mich, waren wir nicht mehr auf unseren Plätzen zu halten, wenn ungewohnte Geräusche oder gar deutliche Signale von außen in das Klassenzimmer drangen. Alle rannten zu den Fenstern und wollten durch das dann geöffnete Fenster oder die zweite, milchglasfreie Fensterreihe beobachten, wenn z. B. ein Martinshorn zu hören war.
Kinder benötigen eine anregende Lernumgebung, mit Materialien, Bildern, Zeitschriften, Leseecken, Bastelecke usw. Dabei ist sehr wichtig, dass es nicht zu einer bloßen Anhäufung und Aufstellung einer Unmenge von Material kommt, sondern dass die Kinder Strukturen im Material erkennen und anwenden können. Wer sich hier bei Montessori erkundigt und in solchen Klassen die Einrichtung betrachtet, erhält mit Sicherheit viele positive Anregungen und vor allem einen Eindruck von kindgerechten und geradezu optimalen Ordnungskriterien.

5.2 Raumgestaltung - Sitzordnung

Ein Klassenzimmer ist heute ein Lernraum und gleichzeitig ein Lebensraum. Darin sollten sich Kinder und Lehrkräfte gerne aufhalten wollen und wohl fühlen.
Die Sitzordnung ist dabei zweitrangig. Sie sollte den jeweiligen Bedürfnissen aktuell angepasst werden.
Um untereinander in Kleingruppen ins Gespräch und zur Arbeit zu kommen ist es ideal, Gruppentische zu stellen. Allerdings sind Gruppentische durch ihre direkte Blickrichtung und optimalen gesprächsanregenden Rahmen äußerst ungünstig, wenn Kinder in Einzelarbeit, womöglich noch dasselbe arbeiten sollen; sie werden dabei laufend abgelenkt oder durch die Sitzform selbst zum Reden angeregt.
„Omnibussitzweise“ ist sehr gut geeignet, wenn z. B. von der Tafel abgeschrieben werden soll. Andererseits steht diese Sitzform der Arbeit miteinander, dem Gespräch untereinander diametral entgegen. Kinder können sich bei einem Gespräch schon gar nicht richtig sehen oder reden z. B. fast nur gegen Hinterköpfe, wenn sie in hinteren Reihen sitzen und Redebeiträge einbringen. Für ein Gespräch, bei dem möglichst alle Kinder beteiligt sind und jedes Kind und die Lehrerin „Gleichrang“ haben, gibt es nichts Besseres als einen Sitzkreis oder Stuhlkreis. Dort können sich Redende und Zuhörer sehen und dort gibt es kein Vorne und Hinten und damit fast automatisch keine Rangplätze.

5.3 Materialien und Lernangebote

Abb. 7: Folgerungen für Lernangebote

Materialien bringen selbstverständlich aus inhaltlicher Sicht (Fachstruktur/ Fachdidaktik) bereits viele Anforderungen mit. Aus der Sicht der Kinder sollten sie jedoch zusätzlich möglichst viele „Typen" berücksichtigen (Eingangskanäle, Großhirndominanz, Denkstrukturen usw.).
Gleichzeitig müssen sie auch Hilfen für alle Kinder anbieten, die einen lerntypengerechten Umgang mit Materialien noch nicht kennen. Was helfen die besten Materialien, wenn die Kinder immer erst fragen müssen, was damit zu tun ist. Bildliche Darstellungen, Hinweise und Beschreibungen können Hilfen im Sinne von Montessori anbieten: „Hilf mir, es selbst zu tun."
Es sollte deutlich geworden sein, dass Materialien zur Auswahl für einen kindgerechten Unterricht unabdingbar sind.

5.4 Lernbegleitung - Lernbeobachtung

Die Lehrkraft erhält in einer derartigen Lernumgebung eine andere Aufgabe. Sie ist natürlich beratend und vor allem ganz häufig beobachtend unterwegs. Anregungen geben, zu anderen Denkrichtungen anregen, einzelne Kinder im Rahmen ihres Lernprozesses zum „lauten Denken" anregen oder dazu auffordern, bringt beide, Lernenden und Beobachter, weiter als die häufig vorhandene Fixierung auf das Ergebnis bzw. die Rückmeldung „richtig“ oder „falsch“. Was im Zusammenhang mit Lerndefiziten oder Lernschwächen schon längst selbstverständlich ist, nämlich Kinder zu beobachten und Ursachen für ihr Verhalten oder ihr Lernen zu ergründen, sollte für jedes Kind in der Grundschule ebenfalls eine Selbstverständlichkeit werden. Lernprozesse bei Kindern können nur dann sinnvoll und optimal beeinflusst oder gesteuert werden, wenn die bisherige Situation und die bisherigen Lernprozesse überhaupt erst bekannt sind.

5.5 Zusammenfassende Darstellung der Überlegungen zum Lernen im weiteren Sinne

Abschließend sind unterschiedliche Betrachtungen zum Lernen nochmals in anderer Form zusammengefasst:

- **Lernen ist individuell**

Jedes Kind bringt unterschiedliche Erfahrungen und Vorkenntnisse mit. Es besitzt ganz individuelle Möglichkeiten der Verarbeitung der Lerninhalte. Kinder gehen ganz unterschiedlich mit Unbekanntem um und sollten deshalb auch die Chance erhalten, sich in *ihrer* Zeit und mit *ihren* Möglichkeiten Neues und Unbekanntes zu erschließen.

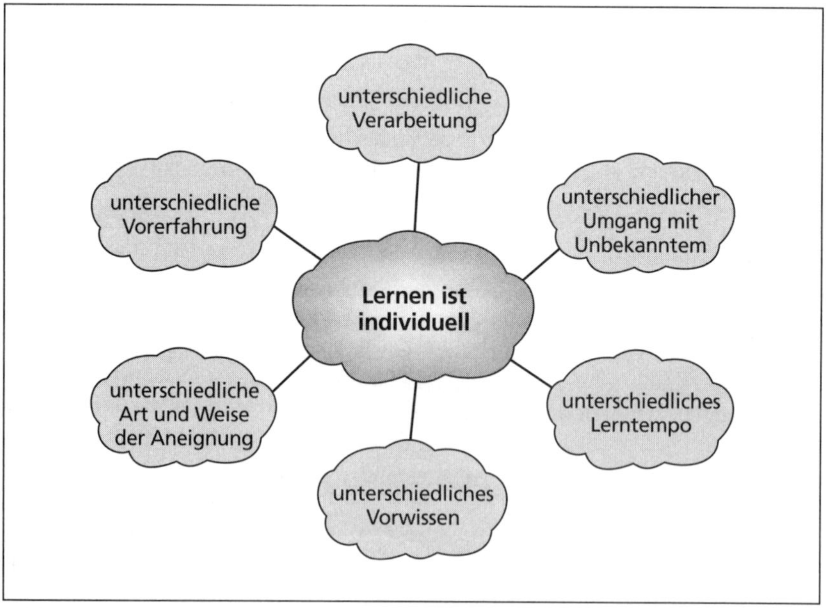

Abb. 8: Lernen ist individuell

Lernen ist mehr als Wissenserwerb

In herkömmlichen Systemen wird das Lernen in erster Linie als ein einsam erlebter Vorgang verstanden. Im Zusammenhang mit „Lernenden Organisationen" wird Lernen in sozialen Systemen gesehen. Damit ist verbunden, dass das Umgehen miteinander und damit der Erwerb von sozialer Kompetenz untrennbar zum Lernen gehört. Wenn dabei die Selbstständigkeit gefördert und unterstützt wird, bedeutet dies, dass auch die Selbstverantwortung unterstützt werden muss. Selbstverantwortung zulassen heißt noch lange nicht, alles gewähren zu lassen. Es ist aber, sowohl bei der Selbsteinschätzung als auch bei der Verantwortung für seine Arbeit, zunächst das Kind gefordert. Lehrerinnen und Lehrer beraten und geben qualifizierte Rückmeldungen, die natürlich auch kritisch sein können, übernehmen jedoch nicht für alles und jedes selbst die Verantwortung.

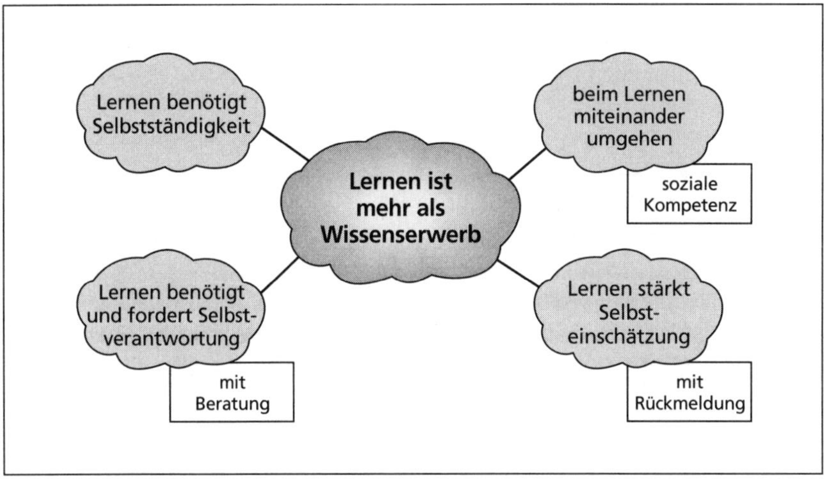

Abb. 9: Lernen ist mehr als Wissenserwerb

Lernen bedeutet aktiv sein

Da in der Schule vor allem die Kinder lernen sollen, ist klar, dass die Aktivität beim Kind liegen sollte. Beim „Belehrtwerden" ist meist der Belehrende aktiv, was bedeutet, dass Lernen das Gegenteil von „Belehrtwerden" ist. Ziel ist also ein Zustand, bei dem möglichst alle Kinder in einer Klasse aktiv werden können und aktiv sind. Wenn auch durch den Mangel an Material dieser Zustand nicht erreicht wird, so sollte doch das vorhandene genutzt werden, damit möglichst viele Kinder unterschiedliche Tätigkeiten zur gleichen Zeit durchführen und unterschiedliche Lernprozesse durchlaufen können.

Diese Art der Arbeit bedingt dann zwangsläufig eine andere Lehrerinnenrolle oder Lehrerrolle.

Veränderte Rolle als Lehrerin oder Lehrer

Berater/in sein, individuell Anregungen und Rückmeldungen geben, die jedoch auf den Lernprozess gerichtet sind und nicht mehr nur (wie bisher häufig) auf das Lernergebnis. Zuhörer sein können, bei Fragen der Kinder und natürlich auch bei Aussagen, bei Antworten. Umwege zulassen oder gar zur Suche nach Umwegen auffordern, dann können Kinder selbst Sachverhalte durchdringen und auf mehreren Ebenen mit verschiedenen Blickrichtungen untersuchen. Sicherlich ist dann die Lehrkraft nicht mehr Mittelpunkt und kann auch nicht mehr immer und für alle da sein. Sie kann und muss dann auch nicht mehr nur ihren Unterschied im Wissenstand zu den Kindern nutzen, sondern lässt dies auch bei Kindern zu:

Die Lehrerin bzw. der Lehrer bringt sich in eine derartige Schule und einen solchen Unterricht als Person, als Individuum ein, mit den in der Grafik genannten Punkten. Die Lehrperson ist dann in der Folge vor allem auch Vorbild, Vorbild im Umgang mit anderen und in ihren Arbeitsweisen. Sie hat die Aufgabe, für die Kinder sinnvolle Bezüge zu den Inhalten zu schaffen und durch sich selbst auch Interesse bei den Kindern zu wecken.

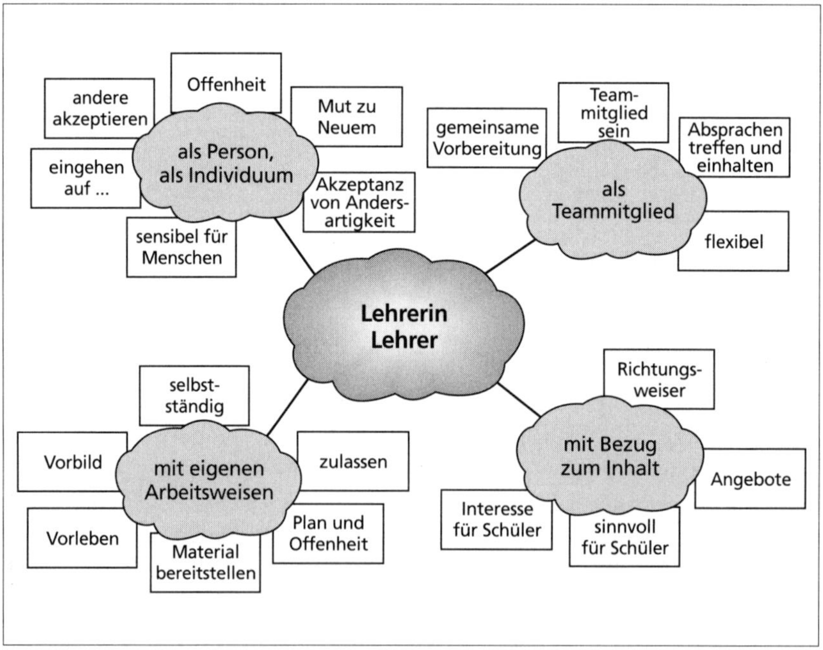

Abb. 10: Lehrerin/Lehrer

Lernen nutzt Unterschiede

Kinder, die unterschiedliche Dinge bearbeiten oder – akzeptierterweise – auf einem unterschiedlichen Wissens- und Erkenntnisstand sind, regen sich schon allein dadurch an. Sie wecken untereinander Interesse. Wichtig ist dabei nur noch, dass sie auch untereinander Hilfe leisten, auch untereinander Hilfe holen und natürlich Hilfen anbieten. In einem eher gleichschrittigen Unterricht läuft sowohl das aktive Hilfeholen als auch das Anbieten von Hilfe meist über die Lehrkraft. Sie bietet Hilfe an, bei ihr ist Hilfe abzuholen. Mit einem solchen Konzept von Unterricht im Hinterkopf erscheinen dann so aberwitzige Berechnungen, dass eine Lehrkraft in einer 45-Minuten-Stunde nur maximal zwei Minuten für jedes Kind zur Verfügung hat. Ja, wenn alles über die Lehrkraft läuft. Auch solche Aussagen verdeutlichen, dass die Unterschiede, die Kinder mitbringen und auch während der Schulzeit immer haben werden, viel zu wenig berücksichtigt und positiv genutzt werden. Unterschiedlichkeit ist eine Chance, die wir im Zusammenhang Lehrer – Schüler (Hochschullehrer und Student auch) schon immer nutzten. Unterschiedlichkeit ist eine Chance für die Schule; auch für das Kind, das „besser" ist: Es kann Inhalte oder Verfahren an andere erklärend weitergeben, was die Höchstform des Lernens darstellt. Andere Kinder können sich aktiv Anregungen oder Hilfen abholen und sind nicht nur auf die oft doch stark erwachsenenbezogenen Erklärungen der Lehrerin oder des Lehrers angewiesen. Wer nun die Angst hat, dass sich „bessere" Kinder dann nicht mehr so weiterentwickeln können, wird in der Praxis eines Besseren belehrt. Diese Kinder entwickeln sich zum einen schlicht dadurch immer weiter, dass sie anderen etwas erklären oder darstellen können, und zum anderen lernen diese Kinder auch sehr schnell, sich von übermäßigen Hilfsanfragen abzugrenzen, was auch ein sehr wichtiges soziales Lernergebnis darstellt.

Selbsteinschätzung entwickeln und stärken

Wenn die Kinder in einer Klasse meist zur selben Zeit dasselbe tun, wird ihnen ein umfassender Vergleich mit anderen Kindern verwehrt. Sie können sich jeweils nur auf den aktuellen Fall beziehen und sich dabei an oder mit anderen messen, Stärken oder Schwächen erkennen. Leider bezieht sich dies häufig nur auf die Arbeitsgeschwindigkeit. Wenn Kinder an unterschiedlichen Dingen arbeiten, gibt es auch für schwächere Kinder Situationen, bei denen sie anderen Kindern voraus sind, ihnen etwas erklären können usw.

Kinder sollen und müssen erfahren, dass ihre Stärke z. B. in der Ausgestaltung von schriftlichen Arbeitsergebnissen liegt, sie aber z. B. für manche Arbeiten einfach mehr Zeit benötigen. Wichtig ist, dass sie von der Lehrerin oder dem Lehrer auch erfahren, wie sie mit diesen Stärken und natürlich auch Schwächen umgehen können. Dass sie z. B. im Gegensatz zu anderen Kindern bei manchen Dingen einfach in ihrer Freizeit nacharbeiten müssen, um den Zeitfaktor zum Teil auszugleichen.

Sie sollten erfahren, dass sie bei manchen Dingen eher direkte Zugangsweisen nutzen und bei anderen Dingen mit Hilfen (Zeichnung machen, eine Handlung durchführen usw.) zu ihrem Ziel kommen.
Damit bekommt die Selbsteinschätzung für die Kinder einen anderen Stellenwert und andere Bedeutung für das Leben: Neben der bisherigen Rückmeldung oder Selbsteinschätzung „ich bin beim Lösen von ... (z. B. Sachaufgaben) langsamer als viele andere" kommt die Zusatzkomponente „und muss deshalb beim Bearbeiten von ... eben zusätzliche Zeit aufwenden oder folgende Hilfsmittel anwenden".

6. Grundschule als ein Abschnitt in der Lernbiografie

Oft meinen und erfahren sowohl Eltern als auch Kinder, dass mit der Grundschule, mit dem Schuleintritt der „Ernst des Lebens" beginnt. Gewiss ist einiges an Wahrheit an diesem Ausdruck, denn mit dem Schuleintritt beginnt eine Zeit der Pflicht, zumindest der Pflicht, zu vorgegebenen Zeiten in der Schule anwesend zu sein.
Lange Zeit wurde dem Begriff der Schulreife hohe Priorität beigemessen. Reif sein, um den Anforderungen der Schule gerecht zu werden. In vielen Bundesländern gibt es diesen Begriff erfreulicherweise nicht mehr. Er wurde z. B. durch den Begriff „Grundschulfähigkeit" ersetzt. Dieser Begriff beinhaltet, dass bestimmte Fähigkeiten vorhanden sein sollten, um den Anforderungen der Grundschule gerecht zu werden. Aus diesem Satz wird schon deutlich, wie sehr die Anforderungen der Grundschule beachtet werden. Es ist gut, wenn die Grundschule ihre Anforderungen und möglichst parallel dazu auch ihre Art, damit umzugehen, den Eltern und den Kindern bewusst macht. Gleichzeitig sollte sie aber akzeptieren, dass Kinder auch Anforderungen mitbringen, die vielleicht zwischenzeitlich ganz andere sind, als sie die Schule für sich definiert hat.
Was haben Kinder vor dem Schuleintritt nicht schon alles gelernt, ohne schulische Hilfe. Man denke nur an die Muttersprache, das Essen, Gehen, vielleicht Rad fahren, den Umgang mit technischen Geräten, evtl. sogar dem Computer usw. Viele Kinder können auf jeden Fall im Zusammenhang mit Zahlenreihen weit mehr als die Anforderungen in den ersten beiden Schuljahren vorsehen. Es soll aber damit nicht vorschnell gegen eine ausführliche Grundlagenschaffung im Zusammenhang mit Zahlenkenntnis argumentiert werden. Das spräche für eine Unkenntnis der Wichtigkeit unterschiedlicher Zahlenaspekte und deren Einfluss auf späteres Lernen.
Zurück zum Schulanfang. Wenn die Grundschule sich als einen Abschnitt in der Lernbiografie von Kindern versteht, dann muss sie sich in der Vorbereitung auf den Schulanfang und auf den Übergang in weiterführende Schulen in anderer Form kümmern, als dies häufig bisher der Fall ist.

Kinder und Eltern haben einen Anspruch darauf, dort abgeholt zu werden, wo sie sind, und über den vor ihnen liegenden Weg (in der Grundschule) etwas zu erfahren. Dasselbe gilt für die Zeit gegen Ende der Grundschule und damit auch für den Übergang nach der Grundschule.
Fragestellungen bzw. Informationsinhalte in diesen Übergangssituationen können sein:

- Beziehungen aufbauen und damit Vertrauen schaffen.
- Vorstellungen von Lernen verdeutlichen.
- Schlussfolgerungen für die Arbeit in und außerhalb der Schule verdeutlichen.
- Den neuen (künftigen) Lebensraum Schule kennenlernen und er**leben** können.
- Erfahren, dass man in der Schule etwas lernen kann - und nicht nur beschäftigt wird.
- Erfahren, dass Vorkenntnisse, Vorerfahrungen und Einstellungen gut sind, ernst genommen und angenommen werden.

Nach solchen gegenseitigen Informationen und Zusammenkünften müssen sich Kinder hoffentlich nicht mehr schnell zurücknehmen, wenn ihnen bewusst wird, dass sie mit ihrer schon vorhandenen Lesefertigkeit eher negative Außenseiter sind als willkommene gute Lerner oder Könner.
Eltern und Kinder müssen bereits vor dem Schuleintritt das berechtigte Gefühl haben, dass sich hier Personen und eine Institution um die optimale Annahme und Förderung des Einzelnen bemüht. Dabei wird unter Förderung nicht nur verstanden, möglichst gute Ergebnisse im Heft und in den Zeugnisheften zu haben, sondern das herausragende Bemühen aller, dem Verfassungsauftrag gerecht zu werden, dass jedes Kind eine seinen Interessen und Möglichkeiten entsprechende Ausbildung erhält und zu einem „verantwortungsfreudigen Bürger“ erzogen wird.
Sie sollten erfahren und kennen lernen, dass in der Schule gelebt wird, was der Erziehungsauftrag vorgibt, dass auf der Grundlage einer freiheitlich demokratischen Ordnung zur Würde und Achtung vor dem Anderen, dem Leben usw. erzogen wird.
In diesem Zusammenhang ist der richtige Platz, den Eltern und indirekt in anderer Form auch den Kindern zu verdeutlichen, was zu einer kindgerechten Schule gehört (s. S. 127 ff.).
Zu diesem Zeitpunkt kann die Grundschule bereits sehr früh verdeutlichen, welche Anforderungen sie an Kinder hat bzw. welche Dinge sie fördern möchte. Dann wird deutlich, welche Vorstellungen die Lehrkräfte und damit die Grundschule von der neuen Rolle des Mitschülers haben. Schule und Lehrkräfte können aufzeigen, mit welchen Arbeitsweisen sie Lernen ermöglichen wollen und vor allem auch welche Ziele und Erwartungen sie auf der Inhaltsebene haben. Ich gehe noch weiter: Für mich hat die Schule die Pflicht, vorzustellen und darzustellen, was *sie* bereit ist zu leisten, um mit den Voraus-

setzungen der Kinder umzugehen und um den Kindern optimales und individuelles Lernen zu ermöglichen. Sie hat nicht das Recht, Eingangsforderungen an die Kinder zu stellen.

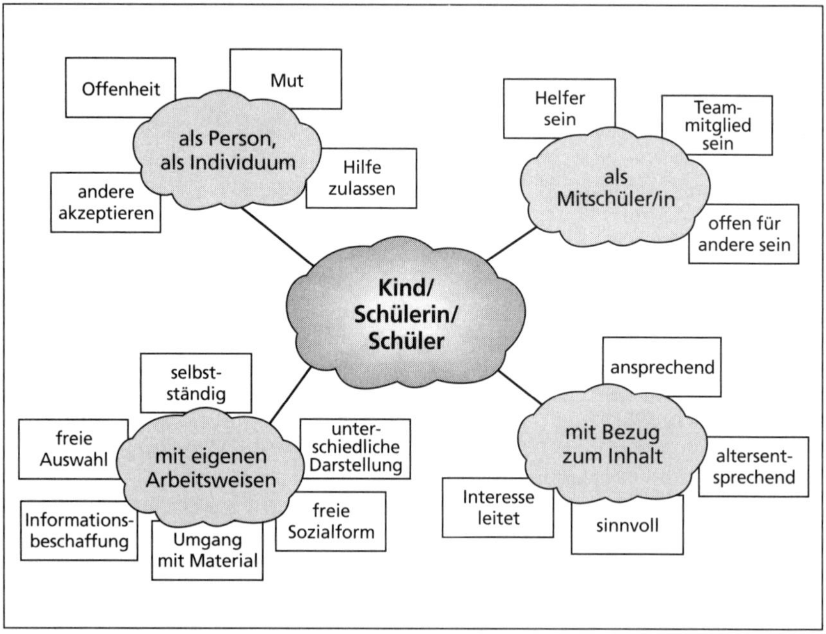

Abb. 11: Kind/Schüler

Eltern können bereits vor dem Schuleintritt und natürlich auch während dem Grundschulbesuch zusätzliche Dinge über ihre Kinder erfahren. Wie sie sich beim Lernen in der Schule verhalten. Welche Stärken zu beobachten sind, in welchen Dingen sie auch Grenzen akzeptieren müssen.
Die Auslesefunktion der Grundschule wird von beiden Seiten, der Schule und den Eltern oft als Belastung angesehen. Ich sehe darin auch eine große Chance, die der Schule und den Eltern bewusst werden sollte: Die Erfahrungen in der Schule können und sollten bei einem guten Verhältnis und dem redlichen Bemühen um optimale Förderung auch dazu beitragen, dass die Kinder von der Schule und den Eltern in ihrer Art und mit ihren Möglichkeiten angenommen werden. Ein Ziel der Grundschule ist dann, die Voraussetzungen und die Möglichkeiten der Kinder anzunehmen, die Kinder in ihrer Art zu bejahen. Dies ist jedoch nur möglich, wenn Kinder und Eltern erfahren, wie sie mit den Möglichkeiten und ihrer spezifischen Art umgehen können. Welche Hilfsmittel oder Wege (Arbeitsmethoden, Arbeitsweisen, Schullaufbahn usw.) für sie richtig, angemessen und evtl. sogar notwendig sind. Damit wird die Grundschule zu einem wichtigen Abschnitt in der Lern- und Lebensbiografie.

7. Die Kernaufgabe der Schule: „Unterricht“

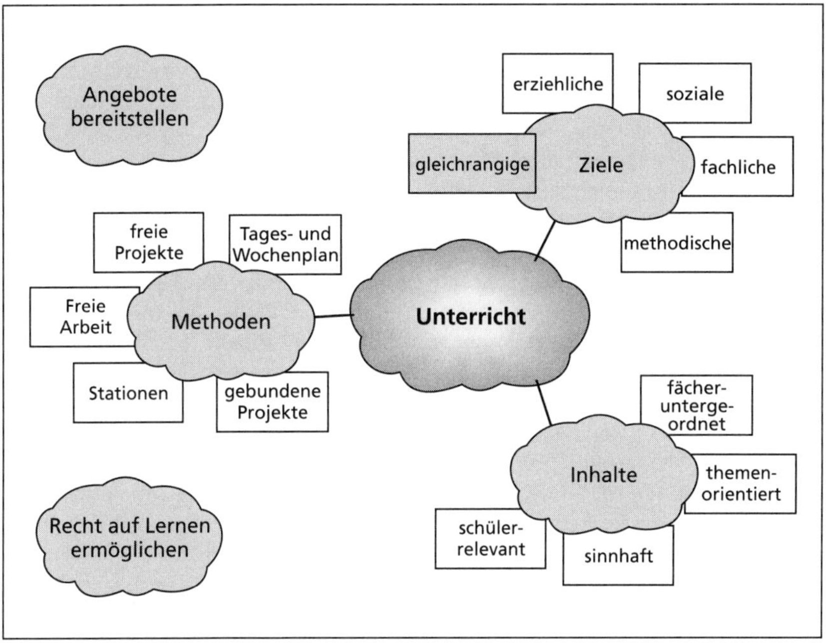

Abb. 12: Unterricht

7.1 Unterricht aus der Sicht der Schule

Der Unterricht hat die Aufgabe, in der Schule das verfassungsmäßige Recht auf Lernen zu ermöglichen. Vielleicht sollte die Begrifflichkeit in diesem Zusammenhang geändert werden, um die frühere Vorstellung von „Unterrichten“ nicht mehr mitzutragen, oder um wenigstens die Assoziation zu vermeiden, die „unten“ beinhaltet, oder noch härter: „die da unten, die ‚gerichtet‘ werden müssen“. Leider habe ich auch keine sinnvolle Alternative, denn Lernmöglichkeit, Lernbegleitung, Lernanregung usw. sind alles Begriffe, die zwar Teilinhalte meiner Vorstellung von Grundschule beschreiben, jedoch keiner im gewünschten umfassenden Sinne.
Also lasse ich es doch beim Begriff Unterricht und versuche durch die Ergänzungen „Recht auf Lernen“ und „Angebote“ meine Denkrichtung zu unterstreichen.
Um die Ziele nicht dem Unterricht unterzuordnen, sondern den Unterricht an den Zielen auszurichten, scheint es mir wichtig, unterschiedliche Zielebenen von Unterricht voranzustellen:

Fachliche Ziele

(Fast) alles, was wir im Leben bei Überlegungen oder Entscheidungen benötigen, lässt sich direkt oder indirekt einem Schulfach zuordnen. Angefangen bei den Kulturtechniken Lesen, Schreiben, Rechnen bis hin zu Möglichkeiten, Musik und Kunst zu verstehen oder sich damit selbst auszudrücken. Die Bildungspläne geben den Auftrag und aus der Sache lässt es sich ebenfalls begründen: Diese Dinge sind für das spätere Leben sehr wichtig. Doch oft vergessen wir, dass sich diese Kulturtechniken im Laufe der Zeit entwickelt haben und in ihrem jetzigen Zustand auch nur einen Zwischenstand darstellen. Ich bin überzeugt davon, Kinder haben zumindest teilweise ein Recht darauf, diesen Entwicklungsprozess der jeweiligen Inhalte in einfacher Form nachzuvollziehen, um genau diesen heutigen Stand zu verstehen und um sich mit diesem dann aus Einsicht eher zu beschäftigen. Wie viele Inhalte werden den Kindern lediglich beigebracht, ohne ihnen Einblicke und Erkenntnisse über deren Sinnhaftigkeit und Zusammenhänge zu ermöglichen. Um bei meinem zuvor schon erwähnten Beispiel im Umgang mit den Zahlen zu bleiben: Kinder wissen bereits beim Eintritt in die Schule, dass es Zahlenfolgen gibt, dass Zahlen einen Namen haben und eine bestimmte Reihenfolge. Dass die Zahlen jedoch im Laufe der Zeit auch noch andere Funktionen übernehmen, ist ihnen meist kaum oder gar nicht bewusst. Zu was wurden Zahlen denn irgendwann verwendet? Sie beschreiben bestimmte Anzahlen (Kardinalzahlaspekt) oder bestimmen eine Reihenfolge (Ordinalzahlaspekt) und dienen in vielen Bereichen nur einer Codierung (z. B. Telefonnummer, Passnummer usw. – Kodierungsaspekt).

Kinder entwickeln andere Einstellungen zu Inhalten und gehen anders damit um, wenn sie direkt oder indirekt etwas über die Entstehung solcher Strukturen erfahren und diese Strukturen dann auch bei ihrem Denken anwenden können.

Zusammenhänge in den Mittelpunkt stellen

Die Kinder bringen in die Schule bereits enorm viel Wissen mit und erweitern dieses im Unterricht. Gleichrangig sehe ich die Notwendigkeit, dieses Wissen in Zusammenhänge zu bringen. Zusammenhänge zu erkennen ist sehr schwer und wird doch oft den Lernenden überlassen. Durch die Verknüpfung zum Lebensbezug und zur direkten Verwendung in ihrem Leben erkennen sie Zusammenhänge. So erhält die fachliche Ebene eine andere, eine auf die Alltagserfahrung und Lebenswelt der Kinder bezogene Funktion. Was bringt das Wissen über Bäume, im Unterricht in herausragender Weise erarbeitet und strukturiert, wenn es nicht mit dem Baum vor der Schule oder dem Baum im Garten in Zusammenhang gebracht wird. Fachliche Ziele, z. B. im Rechtschreiben deutlich vorhanden und in der Grundschule (leider) zu stark auf rein fachlicher Ebene in den Mittelpunkt gestellt, erhalten doch eine ganz andere Dimension, wenn die Vereinheitlichung der Schrift als eine Grundlage für gegenseitiges Verstehen erkannt wird. Wenn sich Kinder schriftlich etwas mitteilen wollen, fragen sie irgendwann selbst nach der „richtigen" Schreibweise, weil sie wollen, dass andere Kinder ihre Mitteilung verstehen und in gleicher Form Mitteilungen erwartet werden.

Methodische Ziele

Ich unterstelle allen Lehrkräften in der Grundschule, dass ihr Unterricht methodisch zielgerichtet ist. Leider erfahren Kinder von diesen methodischen Zielen sehr wenig, oft nur indirekt oder auch gar nichts. Es ist doch sehr wichtig, Methoden innerhalb der Fächer, beim Lernen, beim Denken, im Gespräch usw. *bewusst* anzuwenden. Dann haben sie es auch verdient, dass ihnen neben den rein fachlichen Überlegungen Gleichrang eingeräumt wird. Ich sehe hier viele Zusammenhänge mit den Überlegungen von Goleman zur Intelligenz. Er beschreibt in seinem Buch (Daniel Goleman: Emotionale Intelligenz, EQ. 1997[11]) sehr treffend, dass die Intelligenz (IQ) alleine noch recht wirkungslos ist, dass erst die emotionale Intelligenz (EQ) entscheidend für den Lebenserfolg ist. Es geht ihm in seinen Überlegungen neben der Feststellung des bloßen Vorhandenseins von Intelligenz vor allem um die Frage, wie mit dieser umgegangen wird, wie sie eingesetzt wird, wie sie in Einklang mit den Emotionen angewandt wird. So sehe ich auch den Zusammenhang von Inhalt und Methode. Entscheidend für das Leben ist es, inhaltliches Wissen anwenden zu können, richtige Zusammenhänge zu knüpfen und vor allem das Wissen in verantwortlichen Handlungen mit entsprechenden Methoden anzuwenden.

Soziale Ziele

Unter diesem Begriff lassen sich all die Verhaltensweisen und Umgangsformen des Kindes mit sich selbst und mit anderen fassen, die für ein erfülltes und gleichberechtigtes Leben notwendig sind. Angefangenen von der Möglichkeit, eigene Gefühle wahrzunehmen, ansprechen zu können und zu lernen, mit ihnen angemessen umzugehen, bis hin zu der Fähigkeit, mit Mitmenschen auch in Konflikten noch angemessen umgehen zu können. Kontakte zu anderen zuzulassen und aufzunehmen, anderen zuhören zu können und auf deren Aussagen eingehen zu können, eigene Wünsche auch mal zurückstellen zu können, Zeiten der Aufmerksamkeit und Zuneigung von Erwachsenen mit anderen neidlos teilen zu können sind sicherlich ebenso soziale Ziele, wie anderen behilflich zu sein, Hilfesituationen überhaupt erst zu erkennen und daraus angemessene Handlungen abzuleiten oder aber auch sich gegen überzogene Hilfeforderungen abzugrenzen. Im Unterricht, in der Schule überhaupt, erhalten dann Beobachtungen von Kindern mit folgenden Schwerpunkten neben den Beobachtungen von richtigen Inhalten und schönen Hefteinträgen hoffentlich einen höheren Stellenwert, im wünschenswerten Falle Gleichrang:

Fragestellungen, die zum Beobachten sozialen Verhaltens und Lernens anregen

- Helfen sich Kinder gegenseitig?
- Arbeiten die Kinder auch als Partnergruppen oder in Gruppen?
- Stören sich Kinder gegenseitig beim Arbeiten?
- Hören sich Kinder zu, wenn andere etwas sagen?
- Sind Gesprächsformen und die Einhaltung von allgemeinen Gesprächsregeln beobachtbar?
- Möchten sich Kinder gegenseitig etwas mitteilen?
- Möchten Kinder von anderen etwas erfahren? Fragen sie danach?
- Wie arbeiten Kinder in einer Gruppe zusammen?
- Gibt es in der Gruppe eine situationsgerechte Rollenverteilung?
- Sind die Gruppenmitglieder in die Gruppe integriert?
- Gibt es in der Gruppe Außenseiter (wegen ihrer Stärke/Schwäche)?
- Wie ist die Einsatzbereitschaft einzelner Kinder?
- An was kann ich die Einsatzbereitschaft feststellen?
- Zeigen die Kinder Einfühlungsvermögen? Wie?
- Wie gehen einzelne Kinder mit Konflikten um?
- Wie wird Kritik geäußert? Von wem?
- Wie gehen einzelne Kinder mit Kritik um?
- Kann ich tolerantes Verhalten beobachten? In welchen Zusammenhängen und Formen?
- Übernehmen einzelne Kinder auch für andere Verantwortung?
- Wie äußert sich die Übernahme von Verantwortung für andere?
- Wie zuverlässig sind Kinder im Zusammenhang mit Aussagen, Versprechen und Vereinbarungen?
- Wo kann ich Gewissenhaftigkeit beobachten?
- Äußern Kinder sich zu Gedanken, Gefühlen, Einstellungen?
- Wie gehen andere mit solchen Äußerungen um?
- Kann ich umsichtiges Verhalten beobachten? Wo und wie?

Erzieherische Ziele

Nach dem Grundgesetz steht den Eltern das erste Erziehungsrecht zu. Ebenso ist die Erziehung ihrer Kinder ihre vorrangige Pflicht. Wenn wir nun die Erziehungsziele der unterschiedlichsten Eltern betrachten und daraus eine Erziehungsvorstellung der Schule entwickelten, erhielten wir sicherlich keine praxistaugliche, alle Zielvorstellungen berücksichtigende Basis für die Arbeit in Schulen. Sehr weit sind die Ansichten oft auseinander, mögen beispielsweise nur Grundüberlegungen von stark patriarchalisch geprägten und noch auf körperliche Auseinandersetzung gerichtete Erziehungsziele oder religiös motivierte Vorstellungen von Unterricht seitens extrem agierender Fundamentalisten auf der einen Seite und extrem emanzipatorische Ansätze auf der anderen Seite zueinander in Beziehung gebracht werden. Hier bietet eine kindgerechte Grundschule viele Ansätze und Dialogmöglichkeiten, um dieses Spannungsfeld nicht zu einer Zerreißprobe für Kinder werden zu lassen. Sich mit Eltern über Werte und Erziehungsziele zu verständigen und gleichzeitig die im Grundgesetz ausgeführten und in den Bildungsplänen umgesetzten Erziehungsziele in ihrer Deutlichkeit anzusprechen und aufzuzeigen wird dann im Interesse der Kinder eine Aufgabe der Schule.

Ziele zum Lern- und Arbeitsverhalten

Spätestens in diesem Bereich zeigt sich im täglichen Unterricht die „andere Ausrichtung" des Unterrichts. Ist bisher die Beobachtung stark auf die Erledigung vorgegebener Arbeiten ausgerichtet und steht damit vor allem das Ergebnis im Mittelpunkt, so erhalten bei prozessorientiertem Unterricht Lern- und Arbeitsverhalten im Zusammenhang mit Selbstständigkeit viel höheren Stellenwert. Diese Beobachtungen helfen mit, Kinder in ihrer Art anzunehmen und zu unterstützen, ihnen mögliche Hilfen anzubieten, künftig Lern- und Arbeitsprozesse angemessen und mit den vorhandenen Möglichkeiten sinnvoll zu gestalten und zu durchlaufen. So können wir sowohl in der Schule als auch bei den Eltern mithelfen, vorhandene Fähigkeiten zu bejahen und den Umgang damit zu lernen.
Hier lassen sich als Beobachtungsgrundlage oder als Richtschnur für andere Zugangsweisen und Schwerpunktsetzungen des Unterrichts entsprechende Fragen anschließen, die **zum Beobachten des Lern- und Arbeitsverhaltens anregen**:

- Wählen Kinder selbstständig Aufgaben aus?
- Setzen sich Kinder selbst Arbeitsziele?
- Können Kinder erreichte Ziele erkennen (und sachangemessen beurteilen)?
- Erkennen Kinder ihren Leistungsstand? (Wie sichtbar?)
- Gibt es Äußerungen oder sonstige Feststellungen, die erkennen lassen, dass Lernende Defizite bei sich erkennen und einschätzen?
- Wie gehen Kinder mit (eigenen oder fremden) Äußerungen zu Lern- oder Leistungsdefiziten um?
- Erhalten oder holen sich Lernende Hinweise zur Verbesserung ihrer Arbeitshaltung?
- Erhalten oder holen sich Lernende Hinweise zur Verbesserung ihrer Lernleistung?
- Können Kinder Hilfe erbitten (und annehmen)?
- Bieten Einzelne auch anderen Hilfe an? Wie?
- Sind Arbeitsregeln zu beobachten? Wie äussert sich das?
- Können Kinder Arbeitsanleitungen selbstständig ausführen?
- Fassen Kinder neue Inhalte rasch auf?
- Erkennen sie wesentliche Zusammenhänge?

- Gibt es Situationen, in denen einzelne Kinder Schlussfolgerungen aus ihrem Handeln und Arbeiten sowie aus ihren bisherigen Ergebnissen ziehen?
- Sind sie aktiv bei Ihrer Sache? Woran ist das erkennbar?
- Suchen einzelne Kinder andere Lösungswege? Kreativität?
- Dokumentieren Kinder ihren individuellen Arbeitsprozess?
- Kann ich „Zeiteinteilung“ beobachten?
- Benutzen Kinder unterschiedliche Präsentationsmöglichkeiten?
- Wie reagieren andere darauf?
- Sind Strukturen beim Lernen erkennbar?
- Ändern Kinder auch ihre Strukturen beim Lernen? Zufällig? Gezielt?

7.2 Unterrichtsformen, welche den Kindern und äußeren Ansprüchen gerecht werden

Freies Spiel - Freie Arbeit

Kinder kennen aus dem Kindergarten alle das „Freie Spiel“, sofern sie im Kindergarten waren. Auf jeden Fall kennen dies Kinder aus ihrem Alltag: Sie entscheiden sich selbst für ein Spielzeug oder eine Sache und spielen damit. Sie halten sich entweder an vorgegebene „Spielregeln“, verändern diese vielleicht auch im Spiel oder erfinden gemeinsam oder alleine neue Spiele oder Spielformen. Mit dieser Grunderfahrung sind Kinder bereits am ersten Schultag in der Lage, in der Schule mit Freiarbeit umzugehen. Wie beim Freien Spiel entscheiden sie sich für eine Sache, einen Inhalt, ein Spiel usw., mit der oder dem sie umgehen. Sie gehen in bekannten Formen damit um, entdecken vielleicht auch ganz Neues oder entwickeln im Umgang damit neue Formen und Wege. Hinweise auf eine mögliche Dokumentation oder Vorstellung der Erfahrung oder des Gelernten, zusätzliche Anregungen durch andere Kinder oder die Lehrkraft verdeutlichen Möglichkeiten und Sinn von strukturiertem Umgang oder zielgerichtetem Lernen.
Es bedarf nicht erst langer Trockenkurse und Eingewöhnungszeiten in der Schule oder der Klasse, wenn offene Formen oder Erfahrungen aus solchen Situationen einfach aufgegriffen und weiterentwickelt werden.
Nach dem Schulanfang sollte die Freie Arbeit fester Bestandteil des Schulalltags als eine Zeit sein, in der Kinder entsprechend ihrer Neigungen und Möglichkeiten sich selbst Inhalte auswählen, selbstständig bearbeiten oder vertiefen und vor allem, in denen sie sich ihre Zeit selbst einteilen. Wichtig scheint mir nur, dass Kinder diese Zeit bewusst auch als Lernzeit erfahren und einschätzen. Dieser Anspruch kann erzeugt oder verstärkt werden, wenn Kinder über ihre Arbeit in der Klasse (oder auch am Elternabend) berichten, evtl. ihre Erfahrungen in einem Lernbuch darlegen oder z. B. auch auf einer Kassette als sprachliche Darstellung dokumentieren.

Freie Projekte

Bei Kindern beobachte ich immer wieder mit viel Freude, mit welcher Hingabe und welchem Eifer sie arbeiten, wenn sie sich ganz bewusst in Rahmen eines freien Projekts mit einer Sache beschäftigen und anschließend auch entsprechende Rückmeldung und Anerkennung erhalten. Hier sind Gestaltungsmöglichkeiten für Informationstafeln oder -blätter genauso denkbar wie die Herstellung von Gegenständen, die Einrichtung eines Terrariums usw. Wichtig scheint mir nur, dass den Kindern (und Eltern) der Sinn und die Ernsthaftigkeit von freien Projekten bewusst ist, dass sie ihren Stellenwert im Schulalltag auch eingeräumt bekommen.

Gebundene Projekte

Als Bindeglied zwischen der Verfolgung von eigenen Wissens- und Könnensfeldern sehe ich auch schon ab Beginn der Grundschule gebundene Projekte. Bei diesen Projekten, die gemeinsam in der Klasse vereinbart und festgelegt werden, sind sowohl Inhalte aus dem „Pflichtbereich“ integriert als auch Interessen der Klassengemeinschaft berücksichtigt. Schwerpunkte dieser Arbeit stellen sich im Einigungsprozess auf ein gebundenes Projekt dar, auf der Inhaltsebene und vor allem aber auch im ständigen Abgleich der Ansichten über den weiteren Verlauf der Projektarbeit. Selbstverständlich stehen solchen Ansprüchen klare Vorgaben und eindeutige Festlegungen von Inhalten durch die Lehrkraft entgegen. Wie sollen Kinder lernen, Ansprüche der Gemeinschaft, des Lehrplans mit unterschiedlichen Vorschlägen zur Vorgehensweise in einer zielgerichteten Arbeit zusammenzuführen, wenn ihnen dies alles entweder vorgegeben oder letztendlich doch einfach durch die Lehrkraft festgelegt wird? Derartige Projekte sind das Übungsfeld für Klassenkonferenzen und Gespräche schlechthin.

Tagesplan und Wochenplan

Sich die Zeit einteilen lernen, Pflicht- und Küraufgaben in richtige Relationen setzen, unterschiedliche Bearbeitungszeiten für unterschiedliche Aufgaben und Fächer ermöglichen und auch ausgleichen sowie auf diese Art, Pflichtaufgaben in einen noch mitgestaltbaren „Zeitrahmen“ bringen sind die Hauptziele derartigen Arbeitens. Gemeinsam mit den Kindern kann ein Tages- oder möglichst bald ein Wochenplan erarbeitet und auch erledigt werden. So können Kinder in die Verantwortung für ihr Arbeiten und in die Verantwortung der Lehrkraft für bestimmte Inhalte und Vorgehensweisen integriert werden.

Lernen an Stationen

Meist an Inhalten einzelner Fächer oder ganzer Themenfelder orientiert, werden möglichst auf der Grundlage bisheriger Erfahrungen und Fragestellungen der Kinder Lernstationen erstellt. Diese bearbeiten die Kinder in freier Auswahl und Abfolge.

Arbeitsstationen müssen so gestaltet sein, dass sie von den Kindern ohne weitere Hinweise oder Erklärungen bearbeitet werden können. Der Schwerpunkt liegt dabei auf der Bearbeitung von Inhalten oder Übungsmaterialien, die möglichst viele Aspekte unterschiedlichen Lernens berücksichtigen. Die inhaltliche Struktur lässt sich durch Farbgebung oder entsprechende Überschriften bei den einzelnen Stationen sehr gut darstellen. Über Organisationsformen und Anwendungsgebiete finden sich viele Aussagen in dem Band *Lernen an Stationen in der Grundschule* (Roland Bauer, Berlin 1997). Viele bereits erprobte und bewährte Materialien sind in den Themenheften der Reihe „Lernen an Stationen in der Grundschule“ erschienen (Cornelsen Verlag Scriptor, Berlin).

Gemeinsame Arbeit/Einführungs-, Reflexions- und Gesprächsphasen

Wenn die eigentliche Arbeit, das Lernen, stärker auf das einzelne Kind ausgerichtet ist, dann erhalten die stattfindenden gemeinsamen Phasen in der Klasse eine herausragende Bedeutung. Kinder sollen sich gegenseitig informieren, Notwendigkeiten und Formen für Gesprächsabläufe und -regeln kennen lernen und anwenden und vor allem gemeinschaftsfördernde und gemeinschaftstragende Elemente in der Schule kennen lernen und mitgestalten. Hier ist ein idealer Übungsraum für Sozialverhalten und Sprachverhalten in der Gruppe und die Basis für Vereinbarungen für den Umgang miteinander. Am konkreten Fall angeknüpft, können so Lösungsmöglichkeiten und Regeln erarbeitet und mögliche Reaktionen bei Nichteinhaltung von Vereinbarungen diskutiert und gemeinsam festgelegt werden. Kinder erfahren im konkreten Fall unterschiedliche Möglichkeiten des Miteinanders, der Konfliktbearbeitung und des Umgangs mit unterschiedlichen Ansprüchen.

7.3 Inhalte, die einem kindorientierten Unterricht gerecht werden

Die Grundschule soll sich an den Voraussetzungen und Anforderungen der Kinder orientieren. Für Kinder ist das Leben keine aus verschiedenen Fächern oder Fachinhalten konstruierte Welt. Sie erkennen und erfahren Sachverhalte ganzheitlich, themenorientiert. So sollten sich die Inhalte in der Grundschule auch einbringen. Erst im Laufe der Grundschulzeit kristallisieren sich die Fächer heraus und finden zunehmend mehr Beachtung. All denjenigen, die bei der Entwicklung von Lehrplänen beteiligt waren, und all denjenigen, welche die Lehrpläne zu verantworten haben, unterstelle ich, dass sie von der Relevanz und Sinnhaftigkeit der Inhalte für die Kinder ausgegangen sind und noch ausgehen. Sollte trotzdem mal die Fachstruktur die Inhalte stark beeinflusst oder bestimmt haben, so ist es unsere Aufgabe als Lehrkräfte in der Grundschule, den Sinn und die Relevanz aus der Sicht der Kinder und nicht der Fächer herzustellen.

8. Organisation von Schule und Unterricht

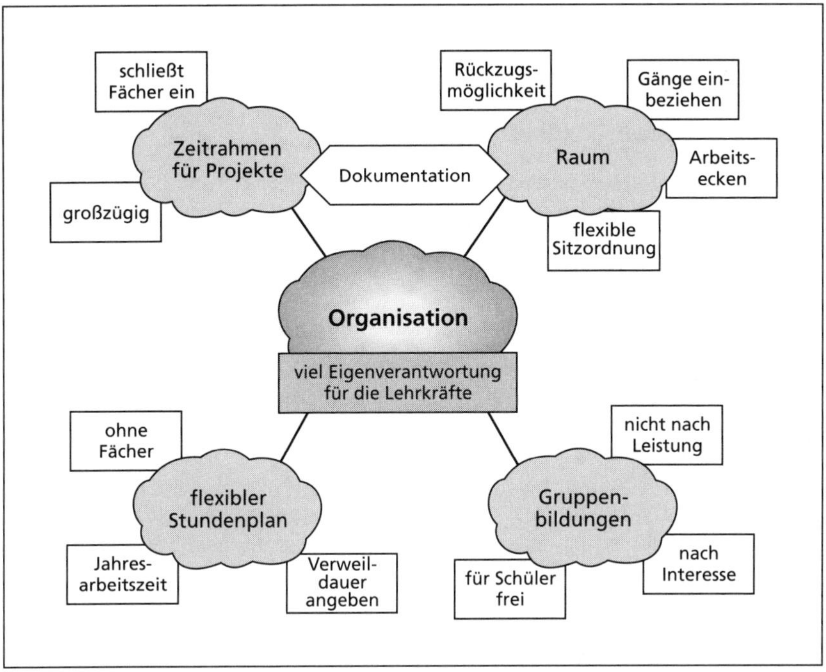

Abb. 13: Organisation – Eigenverantwortung für Lehrkräfte

8.1 Organisation in der Schule, Verantwortung

Eine kindgerechte Grundschule gibt Verantwortung an die Kinder ab. Die Führung einer solchen Grundschule muss auch mehr Verantwortung an die Lehrkräfte abgeben!

Wer einer Lehrerin oder einem Lehrer 25 Kinder anvertraut und ihr oder ihm den verantwortlichen Umgang mit den Kindern und den Dingen in der Schule zutraut, sollte auch das Vertrauen in einen verantwortlichen Umgang mit der Zeit und den Inhalten in der Schule haben. Eine Verwirklichung der bisher dargestellten Ansätze und Vorstellungen ist mit einem im 45-Minuten-Takt gegliederten Schulvormittag und der sturen Auflistung und geforderten Einhaltung von Unterrichtsfächern unvereinbar. Solche Arbeitsweisen benötigen einen Rahmen, der in erster Linie die Verweildauer in der Schule beschreibt und die jeweils verantwortlichen Personen angibt. Es lohnt sich, z. B. aus der Wochenarbeitszeit der Lehrerinnen und Lehrer und dem Angebot an die Kinder eine Wochenstunde zu entnehmen und diese als frei verfügbare Projektzeit innerhalb des Jahres und der Jahresarbeitszeit der Lehrkräfte in angemessene und an der Situation und der Sache orientierte Arbeitsblöcke auszugestalten. Damit sehe ich in keiner Weise einen Ersatz für außerunterrichtliche Aktivitäten und Unternehmungen, jedoch eine Erweiterung der Möglichkeiten, die sich aus organisatorischer Sicht bei der Durchführung und Bearbeitung von entsprechenden Unterrichtsvorhaben ergeben.

8.2 Zeitrahmen innerhalb der Klasse

Die Strukturierung des Unterrichtsvormittags muss sich nun fast zwangsläufig an den übrigen Bedingungen und Anforderungen ausrichten und nicht umgekehrt. Die Kinder benötigen in diesem Alter verlässliche Rahmenbedingungen und ebenso dazu gehörende Freiräume. Ein vereinbarter Zeitrahmen für freies Arbeiten ist dazu genauso unabdingbar wie Zeiten für freie und gebundene Projekte und das gezielte Arbeiten an eher lehrgangsorientierten Unterrichtsphasen sowie das Arbeiten mit musisch-sportlich orientierter Schwerpunktsetzung.
Die Strukturierung eines solchen Unterrichtsvormittags lässt sich sehr gut an dem Bild eines Baumes darstellen (s. S. 45). Ein offener Anfang ermöglicht es den Kindern, mit der anschließend zur Verfügung gestellten Zeit in freier Arbeit oder an freien Projekten entsprechend ihren Möglichkeiten zu arbeiten. Der Übergang entweder in eine gemeinsame Gesprächsphase oder aber in Angebote zu Pflichtinhalten kann sich anschließen. Und wechselt sich dann ab. In einem weiteren Block sind gemeinsame Aktivitäten bei Einführungen, für gebundene gemeinsame Projekte und gemeinsame Aktivitäten im musisch-sportlichen Bereich möglich.
Im letzten Teil des Tages sind individuelle organisierte oder festgelegte Aktivitäten zur Vertiefung, weiteren Bearbeitung usw. möglich.

8.3 Raumgestaltung - Raumnutzung

Innerhalb der Klassenzimmer ist in den Grundschulen in den vergangenen Jahren oder Jahrzehnten ein deutlicher Wandel feststellbar. Aus Lernräumen sind echte Lebensräume geworden, die sowohl durch die Möblierung als auch die Ausgestaltung der Räume kindlichen Anforderungen entsprechen. Es gibt Rückzugsmöglichkeiten, Leseecken, Ablagemöglichkeiten für Arbeitsergebnisse, Ausstellungstische, gegebenenfalls fachlich orientiertes Material zur selbstständigen Arbeit usw.
Gleichzeitig gibt es aber noch Räume und Gänge in den Schulen, die sich bisher kaum verändert haben: Fachräume werden nur für Fachunterricht genutzt und stehen nie oder nur selten als zusätzliche Rückzugsmöglichkeiten für ungestörtes oder aber auch forschendes Arbeiten zur Verfügung. Dasselbe gilt für die Gänge oder Freiflächen in der Schule, die sich so gut für zusätzliche Tische, Nischen, Leseecken usw. eignen. Noch oft werden Kinder sofort vorwurfsvoll oder misstrauisch befragt, wenn sie sich während der (geschlos-

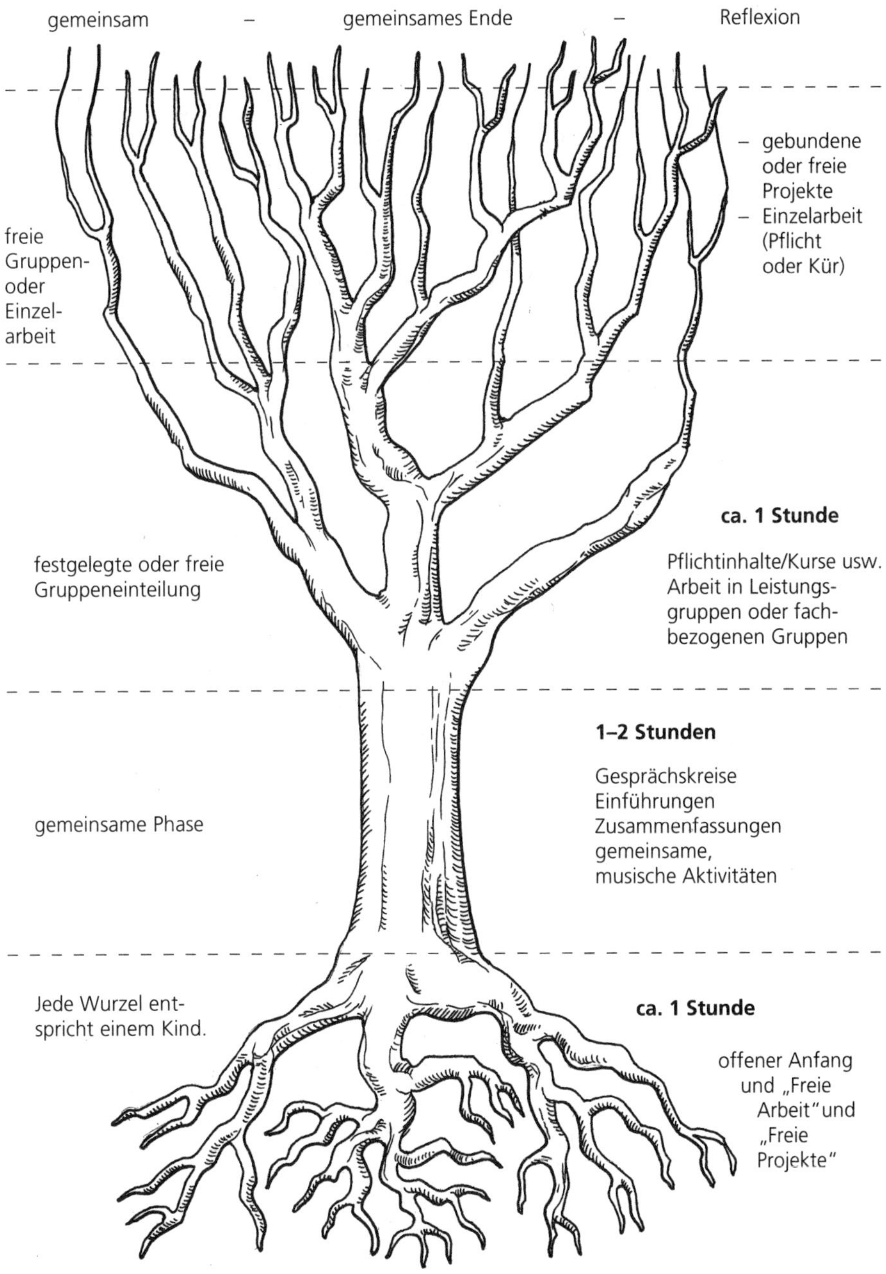

Abb. 14: Baum-Modell (Strukturen an Unterrichtstagen)

senen) Unterrichtsstunden außerhalb eines Klassenzimmers aufhalten. Diese Rückfragen erhalten sie auch häufig dann noch, wenn deutlich „Arbeitssituationen“ zu beobachten sind. Hier ist noch erkennbar, wie ängstlich wir mit Arbeitsformen und Raumnutzungen umgehen, die mit unserer bisherigen Schulvorstellung und vermutlich auch eigenen Erfahrung unvereinbar sind.
So wie Kinder im Spiel Räume sinnvoll nutzen, so können sie bei entsprechenden Rahmenbedingungen bisher einseitig genutzte Räume und Freiflächen auch in ihre Arbeit einbinden bzw. dort ihre Arbeit und ihr Lernen gegebenenfalls in einem ungestörten oder andere nicht störenden Rahmen selbst sinnvoll gestalten. Gleichzeitig erfüllen wir einen Erziehungsauftrag und machen die Wichtigkeit auch deutlich: Kinder zu „verantwortungsbewussten und verantwortungsfreudigen Bürgern zu erziehen“, ganz im Sinne des Grundgesetzes. Wer dies erreichen soll, dem müssen wir den Rahmen für Verantwortungsbewusstsein und Verantwortungsfreude bereitstellen – auch bei der Nutzung von Räumen! Dann ist eine entsprechende Gestaltung der Freiflächen und Gänge unabdingbar, die sowohl feuerpolizeiliche Vorgaben als auch Gefahrenmomente **und** die Interessen und Möglichkeiten der Kinder berücksichtigt!

9. Miteinander: Eltern und Schule

Ich habe oft den Eindruck, dass der Eintritt in die Grundschule für viele Eltern eine sehr viel ernstere Sache und teilweise auch ein größeres Problem darstellt als für ihre Kinder. Ich verstehe dies teilweise, geben sie doch mit diesem Zeitpunkt ihr wertvollstes Gut, das eigene Kind, zumindest zeitweise an die Schule ab. In der bisherigen Kindheit hatten sie das alleinige Sorge- und Erziehungsrecht und nun wissen sie noch gar nicht, ob die Schule ihre bisherigen Erziehungsbemühungen fortsetzt oder wenigstens unterstützt. Oft verbinden sie ihre eigene Schulerfahrung mit ihren Erwartungen oder auch Befürchtungen.
Nebhen den eher skeptischen Eltern gilbt es aber auch jene Eltern, die an die Schule und damit den Schulanfang große Erwartungen haben. Diese Erwartungen sind ganz unterschiedlicher Art und durch die beiden Extrempositionen umschrieben:

- Die Kinder sollen in der Grundschule optimal gefördert und möglichst auf eine höhere Schule gut vorbereitet werden; die Erwartungen liegen also vor allem in einem guten und gymnasialorientierten Abschluss.
- Andere Erwartungen richten sich vor allem auf die Übernahme der Erziehungsfunktion durch die Schule. Eltern erwarten, dass die Schule vor allem erzieherische Funktion übernimmt und die Kinder entsprechend „richtet“. Das Ziel ist in diesem Falle, die Kinder zu einem Verhalten zu erziehen, welches die Eltern bisher kaum erreichen konnten oder vielleicht auch nicht erreichen wollten.

Hohe Ansprüche auf beiden extremen Seiten, wobei sich die Grunderwartungen wiederum decken: Die Schule soll richten oder zum Guten wenden, was die eigene Erziehung bisher nicht erreichen konnte oder wollte oder aber was die vorhandenen Anlagen des Kindes zulassen.
An diesen Erwartungen orientiert sich oft auch die Elternarbeit der Schule: Wichtig ist die Zufriedenheit der Eltern im Hinblick auf möglichst hochwertige Übergänge in weiterführende Schulen und die Stimmigkeit des äußeren Rahmens, der vor allem in Disziplin, Konsequenz, Ordnung usw. zu erkennen ist. Gegenseitige Ansprüche bestimmen dann jedoch schnell das Miteinander. Eltern geraten beim Elternabend wieder in die Schülerrolle, Lehrerinnen werden ihrer Lehrerinnenrolle gerecht und häufig sind hinterher alle unzufrieden. Im Alltag sind Eltern und Lehrerinnen zufrieden, wenn sie wenig voneinander hören. Es ist immer noch stark verbreitet, dass der Kontakt mit dem anderen Partner erst beim Auftreten von Problemen oder Schwierigkeiten zustande kommt. Kinder spüren diese polorientierte Denk- und Verhaltensweise, nutzen sie entweder oder müssen evtl. vorhandene Spannungen aushalten.
„Vertrauensbildende Maßnahmen", die bereits vor dem Schuleintritt die Zusammenarbeit auf tragfähigen Boden stellen, wären der falsche Terminus, wenn es darum geht, Eltern bereits vor der Schule auf die Arbeit in der Schule und die gemeinsamen Ziele vorzubereiten. Vertrauen bilden – ja! Den Eltern die Chance geben, dass sie ihre Kinder in der Schule vorstellen, dass sie uns über deren Stärken und auch Schwächen informieren und dass wir damit gemeinsam Pläne entwickeln, wie wir damit umgehen. So könnte die Anmeldung in der Schule auch aussehen. Eine derartig begonnene Elternarbeit schafft Vertrauen und zeigt sowohl die gemeinsame Verantwortung auf als auch die Grenzen der Möglichkeiten in der Schule. Es erfordert, dass wir den Eltern mitteilen, was wir über das Lernen wissen, wie wir dieses Wissen umsetzen, was uns in der Schule wichtig ist, wie wir diese „Wichtigkeit" entsprechend in der Schule in die Tat umsetzen. Mit viel Freude konnte ich an Elternabenden für Schulneulinge schon erfahren, dass (eingeladene und anwesende) Eltern der letztjährigen Schulanfänger ihre Erfahrungen mit der Schule und den Umgang mit ihren ursprünglichen Befürchtungen und Erwartungen einbringen und sich als Anwälte der veränderten Schule und des gegenüber eigener Schulerfahrung veränderten Arbeitens darstellen.
Wir können und wissen auch nicht alles und haben damit auch nicht auf alles eine Antwort. Wer dies in der Zusammenarbeit mit Eltern spüren lässt, ohne sich natürlich überall darauf zurückzuziehen, verdeutlicht damit auch, was Sache ist. Oft ist es einfach angesagt, gemeinsame Wege und Lösungen zu suchen. Eltern kennen ihr Kind aus Situationen außerhalb der Schule und wir kennen die Kinder und ihr Verhalten in der Schule; der Austausch von Beobachtungen ergänzt damit jeweils das Bild des anderen, ohne dessen Bild damit in Frage zu stellen.
Es lohnt sich, sich über die Gemeinsamkeiten oder über die unterschiedlichen Vorstellungen zu verständigen und auszutauschen. Es ist doch wichtig, von-

einander zu wissen, wie sich der Umgang in der Familie oder Schule mit entsprechenden Beobachtungen oder Handlungen gestaltet. Welche Werte sind an welcher Stelle wem wichtig? So können wir im Sinne einer gemeinsamen Erziehungsverantwortung für Kinder einen verlässlichen Rahmen schaffen.
Rückmeldungen an Eltern, einfach so, ohne konkreten Anlass, vor allem aber ohne „Probleme" oder den Wunsch nach tatkräftiger Hilfe schaffen ebenfalls Vertrauen und signalisieren, dass uns gegenseitige Information wichtig ist, nicht nur gegenseitige Wünsche, Aufträge oder gar Anschuldigungen. Jedenfalls löst aus meiner eigenen Erfahrung ein (meist auch noch unerwarteter) Anruf bei Eltern viel Erstaunen und gleichzeitig Freude aus, wenn lediglich die Mitteilung erfolgt, dass mit dem Kind zur Zeit alles gut geht und gegebenenfalls eine aktuelle Erfahrung positiv erwähnt werden kann. Dasselbe gilt natürlich auch umgekehrt: Auch Lehrerinnen und Lehrer freuen sich, wenn sie (unerwartet) und ohne ganz konkreten Anlass auch mal positive Rückmeldung von Eltern erhalten.
Miteinander ins Gespräch kommen und nicht übereinander! Im Gespräch sein und nicht im Gerede! Sich über die eigenen Vorstellungen, Werte, Erwartungen und Hoffnungen austauschen und sich dabei jeweils respektieren und akzeptieren, ohne sich gleich wieder gegenseitig überzeugen zu wollen, das sind Ansätze, welche die gemeinsame Verantwortung für die Kinder stützen und die versuchen, eine gemeinsame Grundlage im Sinne der Kinder zu schaffen.
Wir brauchen die Eltern in der Schule! Wir brauchen sie nicht nur bei Festen, um Kuchen beizusteuern, sondern um ihre Kompetenz einzubringen, ihre Kenntnisse und Erfahrungen mit den Kindern, und als Rückmeldung, wie unser Handeln bei den Kindern ankommt, was es verursacht und wie die Kinder damit umgehen. Was die Kinder aus der Schule mitnehmen und was sie in der Schule und im Unterricht gerne anders hätten.
Jeder Dienstleistungsbetrieb ist auf die Rückmeldungen seiner Kunden angewiesen: Kinder sind unsere Kunden und Eltern sind damit auch unsere Kunden. Ich meine mit Dienstleistungsbetrieb nicht, dass wir etwas anbieten, das bei Bedarf einfach abgeholt werden kann. Für mich ist der Dienstleistungsbetrieb Grundschule durch seinen Auftrag definiert: Grundschule dient der optimalen Förderung der Kinder, damit sie sich entsprechend ihren Möglichkeiten, Fähigkeiten und Neigungen entwickeln und Grundlagen für die Gestaltung ihres weiteren Lebensweges schaffen können.
Im Zusammenhang mit Elternarbeit erlaube ich mir als Abschluss eine vielleicht provozierende, aber sicherlich richtige Aussage: Ohne Eltern gäbe es keine Kinder, ohne Kinder keine Zukunft und keine Grundschule und ohne Grundschule gäbe es keine Grundschullehrerinnen und Grundschullehrer! Wir benötigen einander jetzt und für die Zukunft und haben es auch alle verdient, dass wir uns gegenseitig als Persönlichkeiten beachten, achten und ernst nehmen: die Lehrerinnen und Lehrer, die Mütter und Väter und vor allem auch die uns allen anvertrauten Kinder.

Wo geht's denn hier zur Schule? - Kindgerechter Übergang vom Kindergarten in die Grundschule

Annette Schumpp/Bruno Metzger

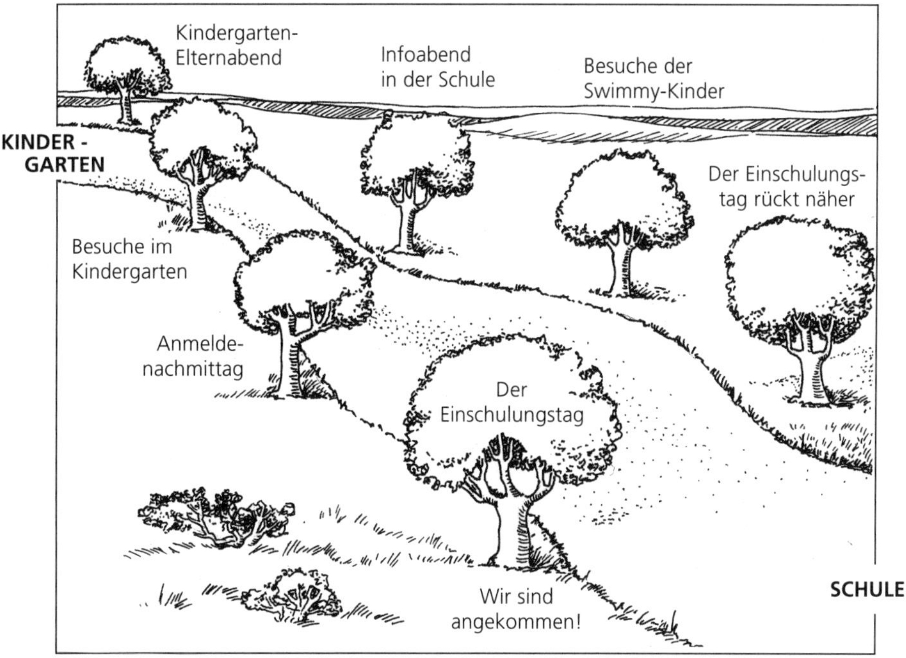

Die Einschulung in Baden-Württemberg ist wie in allen Bundesländern ein durch Landesverfassung und Schulgesetz vorgeschriebener Verwaltungsakt, mit dem der Staat sehr massiv in die freiheitlich-demokratisch geschützte Individualsphäre der Familie eingreift - juristisch, rechtlich, vom Ablauf her exakt definiert: Schul Gesetz Baden-Württemberg § 73.1:
„Mit dem Beginn des Schuljahres sind alle Kinder, die bis 30. Juni des laufenden Kalenderjahres das 6. Lebensjahr vollendet haben, verpflichtet, die Grundschule zu besuchen. Dasselbe gilt für die Kinder, die bis zum 30. September des laufenden Kalenderjahres das 6. Lebensjahr vollendet haben und von den Erziehungsberechtigten in der Grundschule angemeldet wurden."
Das künftige Schulkind scheint so lediglich zum Objekt von Entscheidungen zu werden:

- von Eltern getroffen
- von der Schulleitung angenommen oder abgelehnt
- unter Umständen durch pädagogisch-psychisches Gutachten überprüft
- vom Amtsarzt abgesegnet

Diese Sichtweise einer der wichtigsten Veränderungen im Leben eines Kindes ist auch für uns so erschreckend oder schockierend, dass wir uns fragten, wo nehmen Kinder eigentlich die Vorfreude auf die Schule her?
Daraus erwuchs für uns die Motivation, in Zusammenarbeit und gegenseitiger Beratung zwischen Kindergarten, Eltern und Schule einen Weg zu gestalten, der Vertrauen, Vorfreude, Mut und Zuversicht bei Kindern und Eltern wachsen lässt. Der hier beschriebene Weg entwickelte sich im Verlaufe der letzten zehn Jahre und diese Entwicklung ist sicher nicht abgeschlossen.

Kindergarten-Elternabend

Zu Beginn des neuen Kindergartenjahres laden die Erzieherinnen die in die Kooperation eingebundenen Kolleginnen und Kolleginnen sowie eine Vertreterin der Schulleitung zum ersten Elternabend ein. Hier ist es möglich, erste Kontakte zwischen den Eltern und der Schule zu knüpfen. An diesem Abend wird den Eltern das mit dem Kindergarten abgesprochene Kooperationsverfahren vorgestellt. So haben wir die Möglichkeit, von Anfang an eventuell vorhandene Unsicherheiten und Ängste (Was passiert mit unserem Kind? Was will die Schule im Kindergarten?) abzubauen oder erst gar nicht aufkommen zu lassen und somit die Grundlage für ein vertrauensvolles Miteinander und einen offenen und ehrlichen Austausch zu legen.
Es hat sich gezeigt, dass vor allem folgende Schwerpunkte im Rahmen der Kooperation auch oder gerade für die Eltern von besonderem Interesse sind:

- einen schulischen Ansprechpartner kennen lernen
- regelmäßige Kontakte der Kinder zu Lehrerinnen aus der Schule aufbauen
- eine Grundlage für vertrauensvolle Beratungsgespräche schaffen
- im Austausch mit den Erzieherinnen Arbeitsweisen und Rituale gegenseitig vorstellen und so Anknüpfungspunkte für die ersten Schulwochen schaffen
- konkrete Organisationsformen, Inhalte und zeitliche Abfolge der einzelnen Kooperationsmaßnahmen vorstellen und eine Beratung dazu anbieten (vgl. Ausführungen zu den weiteren Wegstationen)

Unsere Erfahrungen belegen, dass es so möglich ist, in einer offenen Atmosphäre bereits im Kindergarten, also noch im außerschulischen Bereich, mit Eltern über das ganze Spektrum an individuellen Förderungsmöglichkeiten für ihre Kind zu sprechen bis hin zur Einbeziehung von sonderpädagogischen Einrichtungen.

Aus datenschutzrechtlichen Gründen bitten wir die Eltern um schriftliche Zustimmung zur Einbeziehung ihres Kindes in all diese Bausteine im Jahr bis zur Einschulung (s. Kopiervorlage 1, S. 59).

Besuche im Kindergarten

Kolleginnen aus der Grundschuleingangsstufe und die hauptverantwortliche Kooperationslehrerin besuchen die Kindergartengruppen und insbesondere die „Swimmy-Kinder", wie die künftigen Schulkinder bei uns in den Kindergärten genannt werden. Die hierzu notwendigen organisatorischen Rahmenbedingungen werden in einem ersten Besuch mit den Erzieherinnen abgesprochen:

- Festlegung der vierzehntägig stattfindenden Termine (in der Regel ein bis zwei Stunden) über das Kindergartenjahr
- Aufteilung der „Swimmy-Kinder" entsprechend den Gruppengrößen auf die einzelnen Kooperationslehrerinnen
- Vereinbarung regelmäßiger Gesprächstermine mit den Erzieherinnen selbst und Sprechstunden für die Eltern im Kindergarten

Jan-David Helen Jonas Tobias
Mateas Gianluca Maike

Daniela
Jessica
Isabell
Oliver
Katharina

Pia Anna Sabrina Lorenz

Die Bandbreite der Aktivitäten im Kindergarten mit den Kindern erstreckt sich vom einfachen Dabeisein, Mitmachen in der Gruppe und Beobachten bis hin zu besonderen Angeboten für die neuen Schulkinder wie z. B. Basteln, Vorlesen, Spielen ...; einfach Aktivitäten, die den Kindern Spaß machen.
Wir erleichtern uns das Kennenlernen der Kinder, indem wir sie in ihren Gruppen fotografieren und die Bilder dann mit den entsprechenden Namen beschriften. So können wir bereits ab dem zweiten Besuch Kinder persönlich mit ihrem Namen ansprechen.
Unsere Hauptanliegen bei all diesen Aktivitäten sind:

- eine Atmosphäre zu schaffen, in der sich die Kinder wohl fühlen können
- gemeinsam Spaß zu haben
- ein positives Miteinander zwischen Kindern und Lehrerin zu ermöglichen und damit Vertrauen zwischen Kind und Schule insgesamt aufzubauen
- das Kind darin zu unterstützen, von sich ein positives Selbstbild als Schulkind zu entwickeln

Auf keinen Fall dürfen diese Kooperationsbesuche in irgendeiner Form Leistungs- oder gar Überprüfungscharakter haben. Sollten entsprechende Maßnahmen (nach vorheriger Absprache mit den Eltern) z. B. in Zusammenarbeit mit sonderpädagogischen Einrichtungen bei einzelnen Kindern erforderlich sein, erscheint es uns wichtig, dass diese räumlich, zeitlich und personell getrennt von den üblichen Kooperationsbesuchen ablaufen.

Info-Abend in der Schule

In den ersten sechs Monaten hat die Kooperation ihren Schwerpunkt im Kindergarten. Dann verlagert sie sich zusätzlich in die Schule und startet hier ebenfalls mit einem Informationsabend. In jedem Jahr steht eine pädagogische Fragestellung im Mittelpunkt des Abends, zu dem über Gemeindenachrichten und persönliches Anschreiben eingeladen wird (s. Kopiervorlage 2, S. 60).
Damit für Eltern der erste Besuch in der Schule zu einer positiven Erfahrung wird und so eine bejahende Grundeinstellung zu Schule aufgebaut werden kann – und für viele Eltern ist es in jedem Jahr auch tatsächlich der erste Besuch einer Schule seit ihrer eigenen Schülerzeit –, versuchen wir diese Begegnung in einer angenehmen Atmosphäre zu gestalten. Hierzu tragen aus unserer Erfahrung besonders bei:

- ansprechende Gestaltung des Versammlungsraumes (je nach Gruppengröße evtl. ein Klassenzimmer der Eingangsstufe) mit Gruppentischen und Getränken
- abgestimmt auf das Schwerpunktthema liegen alltägliche Unterrichtsmaterialien zum Anschauen und Ausprobieren auf den Gruppentischen bereit

- „Türöffner“ wie z. B. Partneraufgaben: „Male gemeinsam ein Haus“ (s. unten folgende visuelle Spielanleitung), „Brücken bauen mit Papier und Klebstoff“; symbolträchtige Gegenstände als „Begrüßungsgeschenk“ überreichen (Murmeln, ein Stück Baumrinde, Muscheln ...); Geschichten zur Einstimmung ins Thema (z. B. „Adler steigen keine Treppen“ von Célestin Freinet; aus: „Handbuch Freinet-Pädagogik“ Ingrid Dietrich (Hrsg.) Weinheim und Basel 1995 S. 32)
- Wechsel von Informationsblöcken und Eigenaktivitäten der Eltern mit der Möglichkeit, die im Raum ausgelegten Materialien auszuprobieren und Erkenntnisse zu formulieren sowie ihre Bedeutung im Lernprozess der Kinder zu entdecken, untereinander und mit Lehrerinnen und Lehrern ins Gespräch zu kommen, evtl. vorhandene Sorgen und Ängste anzusprechen
- Die eingeladenen Erzieherinnen dokumentieren durch ihre Anwesenheit die vertrauensvolle Kooperation und gegenseitiges Interesse.

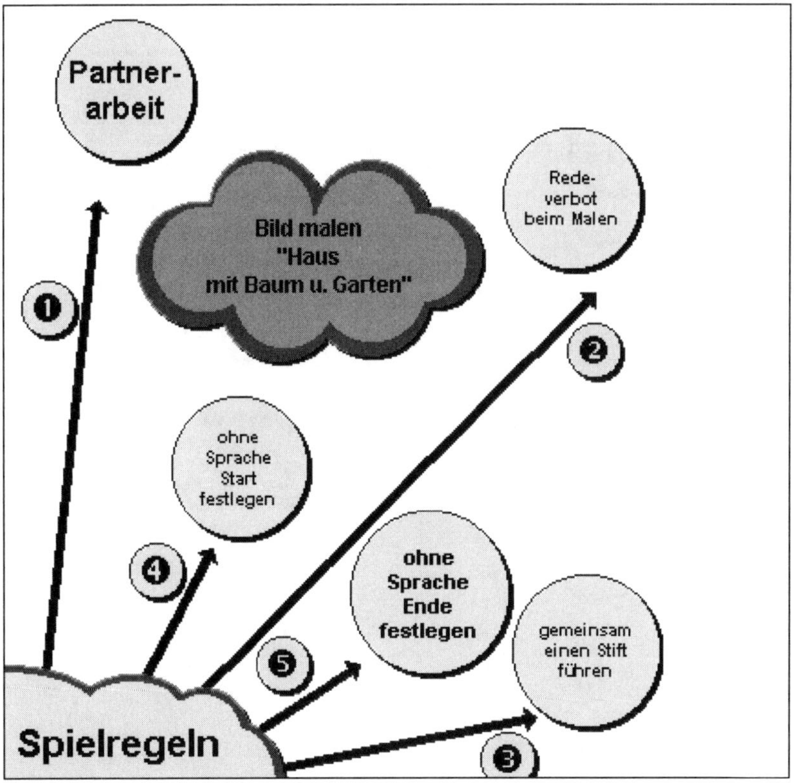

Weitere Schwerpunktthemen, die bei den Eltern und Erzieherinnen großen Anklang fanden, waren:

- Kinder entdecken Schrift – vom Schreibenlernen in Druckschrift bis zum Übergang zur Schreibschrift
- Enträtseln Sie mit uns eine Geheimschrift und machen Sie dabei eigene **Erfahrungen beim Lernen.**
- Mathematisches Lernen im Anfangsunterricht – Materialien und Möglichkeiten der Freiarbeit
- Lernen lernen – Erkenntnisse der Lernbiologie und wie wir als Lehrerinnen versuchen, diese im Anfangsunterricht umzusetzen, bzw. wie Sie als Eltern Ihre Kinder beim Lernen unterstützen können (Lerntypentest: Welcher Lerntyp bin eigentlich ich? – Selbsterfahrung)
- Themenzentriertes Lernen im Anfangsunterricht – Rhythmisierung des Schuljahres

Mit der folgenden Grafik wollen wir beispielhaft den Ablauf des Infoabends mit dem Thema: „Mut zum ersten Schritt oder wie Kinder in den ersten sechs Wochen lernen" vorstellen.

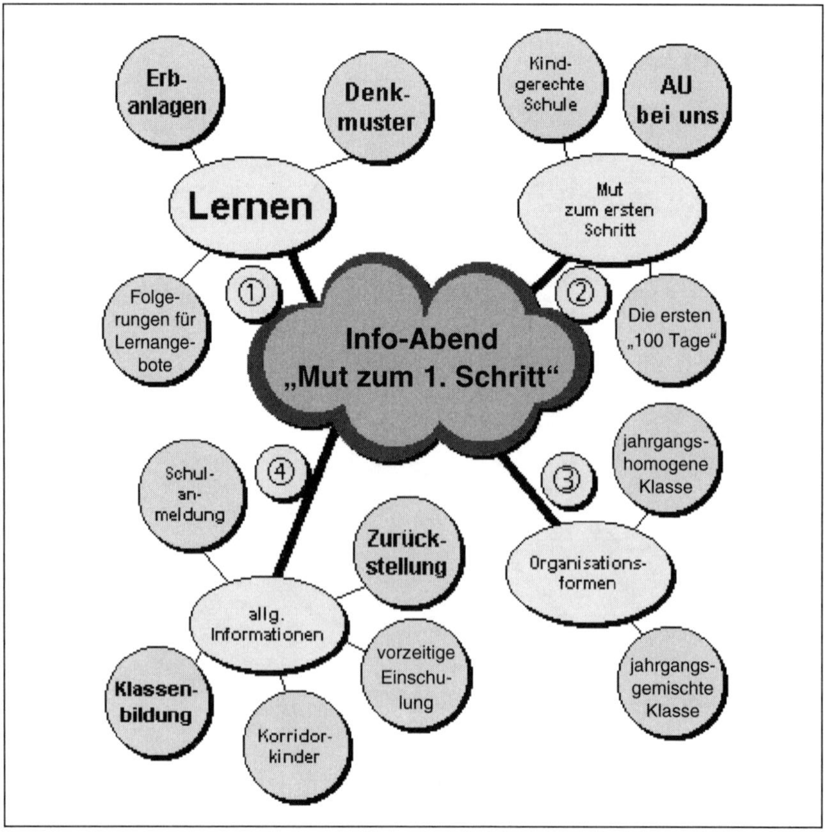

1. Nach o. g. „Türöffner“ stellten wir den Eltern Erkenntnisse der Lernbiologie und deren Bedeutung für das menschliche Lernen in einem ersten Info-Block vor, visuell unterstützt durch mehrere Folien.
2. In einem Wechsel zwischen kurzen Erläuterungen (vgl. Kopiervorlage 3 und 4; S. 61) und praktischem Ausprobieren von ausgelegten Lernmaterialien gewinnen die Eltern einen Eindruck vom Anfangsunterricht an unserer Schule und seinen pädagogischen Hintergründen. Aus dem eigenen Tun der Eltern entwickeln sich Kontakte und Gespräche sowohl untereinander als auch mit den Lehrerinnen aus der Eingangsstufe.
3. An unserer Schule haben die Eltern eine Wahlmöglichkeit zwischen der Einschulung ihrer Kinder in eine jahrgangsgemischte bzw. eine jahrgangshomogene Klasse. Gemeinsamkeiten und Unterschiede werden aufgezeigt.
4. Zum Abschluss gehen wir auf Fragen rund um das Einschulungsverfahren, Ablauf Schulanmeldenachmittag, Einschulung, Klassenbildung, Zurückstellung und vorzeitige Einschulung sowie Korridorkinder ein.

Anmeldenachmittag

Im Frühjahr - ca. ein bis zwei Wochen nach dem Informationsabend - findet an unserer Schule der Anmeldenachmittag statt. Hierzu erhalten Eltern und Kinder eine persönliche Einladung zu ihrem „ersten Unterrichtsnachmittag“, an dem die Kinder in für sie bekannten Gruppen (im vorgestellten Beispiel „Tiger“, „Bär“ und „Tigerente“) spielen, basteln, eigene Ideen entwickeln, Bücher anschauen/„lesen“, einfach Schule entdecken (s. Kopiervorlage 5 und 6; S. 62 und 63). Jede Gruppe wird von 4–5 Erzieherinnen und Grundschullehrerinnen „betreut“.
Gleichzeitig verbringen die Eltern bei Kaffee und Kuchen den Nachmittag in der Schule und melden ihr Kind an.
Ein Erfahrungsaustausch über die an diesem Nachmittag sowie in den vorausgehenden Monaten der Kooperation gewonnenen Einsichten zwischen allen beteiligten Erzieherinnen, den Grundschulkolleginnen und der Schulleitung beschließen diesen Nachmittag. Sollten (was nur in seltenen Einzelfällen vorkommt) Bedenken gegen eine Einschulung bestehen, so werden sie bereits im Vorfeld des Anmeldenachmittags oder im Einzelgespräch unmittelbar danach bzw. nach der amtsärztlichen Untersuchung geklärt.
Eindrücke zum Ablauf des Anmeldenachmittags vermitteln das Einladungsschreiben und die folgende Bildzusammenstellung.

„Dort geht es zu meinem Klassenzimmer!“

„Ich kann schon meinen Namen lesen und finde meine Mütze.“

Gemeinsamer Anfang im Kreis

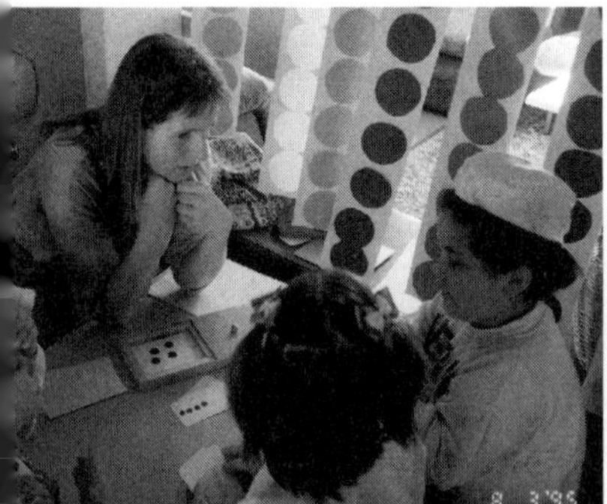

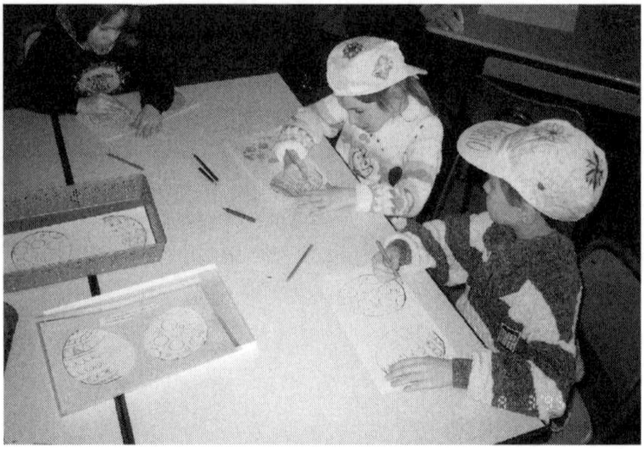

Eindrücke ...

Besuche der Swimmy-Kinder im Anfangsunterricht

Zum Anfangsunterricht erhalten die zukünftigen Schulkinder im Kindergarten von einer Klasse kurz nach dem Anmeldenachmittag erneut eine Einladung. Die könnte so aussehen:

> ***Liebe Bärenkinder,***
> heute schicken wir euch aus der Schule einen herzlichen Gruß.
> Seit eurem „ersten Schultag", an dem euch eure Eltern bei uns hier in der Schule angemeldet haben, ist einige Zeit vergangen. Wir sind die Kinder aus der Sonnenblumen-Klasse und laden euch ganz herzlich ein, uns in den nächsten Wochen einige Male mit eurer Erzieherin in unserer Klasse zu besuchen, damit ihr die Schule noch besser kennen lernt,
> Wir freuen uns, wenn ihr an den folgenden Donnerstagen **um 9.15 Uhr** zu uns in die Schule kommt.
>
> | **10. Juni** | **24. Juni** | **8. Juli** |
> |---|---|---|
>
> Wir werden miteinander richtig Schule erleben und natürlich machen wir auch eine Pause. Bringt darum auch etwas zu essen mit.
> Mit unserer Lehrerin Frau Schumpp freuen wir uns sehr auf euch.

Wie selbstverständlich mischen sich die zukünftigen unter die eigentlichen Schulkinder und werden von diesen in ihr Lernen und Arbeiten aufgenommen. Nach einem gemeinsamen Beginn im Stuhlkreis zu einem für die Klasse aktuellen Thema (z. B. „Zirkus") arbeiten alle Kinder thematisch oder an selbst gewählten Freiarbeitsmaterialien weiter.

Der Einschulungstag rückt näher

Vor den Sommerferien, nach Einteilung der Klassen, besuchen die zukünftigen Klassenlehrerinnen ihre Kinder im Kindergarten und stellen sich vor. In der Regel sind sie den Kindern durch das Kooperationsverfahren bekannt. Gleichzeitig erhalten die Eltern einen Brief, in dem sie über alles Wichtige im Zusammenhang mit der Einschulung informiert werden (s. Kopiervorlage 6, S. 64 f.).
Nach verschiedenen Rückmeldungen durch die Eltern wissen wir, dass die zukünftigen Erstklässler mit Spannung auf ihre persönliche Einladung in die Schule warten (s. Kopiervorlage 7, S. 66). In der Regel erhalten sie diesen Brief,

immer begleitet durch einen kleinen „Einschulungskalender" mit einer ersten „Hausaufgabe" von ihrer Klassenlehrerin zehn Tage vor dem ersten Schultag. „Tiger und Bär und Tigerente" werden die Kinder in der Schule weiterbegleiten und um sie dreht sich das Lernen in den ersten Wochen bis zu den Herbstferien. Das „Kalenderblatt" zum Anmalen wird dann zum Titelblatt des ersten eigenen Buches, das die Kinder individuell für sich erarbeiten.

Der Einschulungstag oder: Wir sind angekommen!

Höhepunkt des ganzen Einschulungsverfahrens ist natürlich der **Einschulungstag** selbst. Nach einem ökumenischen Schulanfängergottesdienst – thematisch vorbereitet von den Kindergärten – werden die neuen Erstklässler, begleitet von Eltern, Paten, Verwandten, Erzieherinnen, Pfarrer und den Klassenlehrerinnen auf dem Schulgelände in die große Schulgemeinschaft aufgenommen. Der Einschulungstag ist deshalb auch ein Donnerstag, um die Aufnahme in eine lebendige – nicht leere Schule zu gewährleisten.
Die Begrüßung durch den Schulleiter und die älteren Mitschüler, die Einteilung der Klassen, das Überreichen von Brot und Salz, die Schülerpatenbetreuung auf den letzten Metern zum neuen Klassenzimmer, die erste richtige Unterrichtsstunde (ohne Eltern) und eine anschließende Vorführung für Kinder und Eltern in der Aula lassen den Einschulungstag zum Fest werden.

Während die Kinder ihre erste richtige Unterrichtsstunde erleben, die im Zusammenhang mit der vorbereitenden „Hausaufgabe" aus dem Ferienbrief und der Thematik des Einschulungsgottesdienstes steht, treffen sich die Eltern und erwachsenen Gäste mit dem Schulleiter zum Sektempfang. Ansprache, einige Informationen zur Klasseneinteilung und zu den ersten Unterrichtswochen sowie weitere organisatorische Informationen überbrücken die Wartezeit, bis die neuen Schülerinnen und Schüler stolz nach ihrem ersten richtigen Unterricht zur Vorführung in die Aula kommen.
Zum Abschluss führen die Kinder ihre Eltern und Gäste in ihr Klassenzimmer zu ihren Plätzen und zeigen ihre ersten Unterrichtsergebnisse.

Kindergarten-Elternabend

Schule: ______________________________

____

Kooperation „Schule – Kindergarten"

Liebe Eltern,

in knapp einem Jahr beginnt für Ihr Kind mit dem Übergang in die Schule ein neuer Lebensabschnitt. Dabei stellt sich dieser durch den heutigen Anfangsunterricht in den Klassen 1 und 2 als ein gleitender Übergang von den eher spielerischen Arbeitsformen im Kindergarten zu dem zunehmend lernorientierten Arbeiten in der Schule dar.

Durch unsere Kooperationsbesuche im Kindergarten, einen Informationsabend für Eltern im Frühjahr 1999, den in Klassenatmosphäre gestalteten Schulanmeldenachmittag (März/April 1999) und verschiedene Gruppenbesuche der Schulneulinge mit ihren Erzieherinnen im Anfangsunterricht in den Klassen 1 und 2 versuchen wir zum einen den personalen Bezug zwischen den Kindern und der Schule anzubahnen und den Übergang vom Kindergarten in die Schule zu erleichtern. Andererseits wollen wir auch in Gesprächen und durch spielerischen Umgang mit den Kindern bereits im Vorfeld der Schule noch mehr Sicherheit für eine Beratung im Zusammenhang mit eventuellen Fragen zur Einschulung gewinnen.

Dies ist nur mit Ihrer schriftlichen Zustimmung möglich, um die wir im Interesse eines fließenden Überganges vom Kindergarten in die Schule bitten.

Mit freundlichen Grüßen

____

(Schulleitung)

- -

Bitte geben Sie diesen Abschnitt im Kindergarten ab!

Ich/Wir erkläre(n) uns einverstanden, dass mein/unser Kind

____

an der Kooperation Schule – Kindergarten teilnehmen darf.

__________	______________________	______________________
Datum	Unterschrift der Mutter	Unterschrift des Vaters

Info-Abend in der Schule

Schule: ______________________________

____

(Adresse) ______________________________

____

____

__________, den ____________

Liebe Eltern,

wir wollen Sie herzlich zu einem **Informationsabend** in unsere Schule einladen.

Bei dieser Veranstaltung möchten wir Ihnen vor allem Gelegenheit geben, unsere Schule kennenzulernen. Außerdem können Sie sich in gelockerter Atmosphäre miteinander bekannt machen, und Sie erfahren gleichzeitig Wissenswertes über das **Einschulungsverfahren** und die **unterrichtliche Arbeit im Anfangsunterricht.**

Wir treffen uns am __________, um _____ Uhr
Ort: ____________________

Als besonderes Rahmenthema haben wir uns dieses Jahr vorgenommen:

Mut zum ersten Schritt
oder
Wie Kinder in den ersten sechs Wochen lernen

Wie Ihre Kinder im Anfangsunterricht der Grundschule lernen werden, Schulanfang auf neuen Wegen, allgemeine Fragen zur Einschulung, unterschiedliche Angebote und Ihre Wahlmöglichkeiten sind weitere Schwerpunkte dieses Abends.

Außerdem haben Sie Gelegenheit, untereinander und natürlich auch mit uns ins Gespräch zu kommen.
Falls Sie im Vorfeld hierzu Fragen haben, stehen wir Ihnen gerne zur Verfügung. Sie erreichen uns in Schule unter der Rufnummer ____________.

Auf Ihr zahlreiches Kommen freuen sich

____

(Schulleitung)

Anlagen: – ein Brief an Ihren Sohn/Ihre Tochter und
– eine Einladung zur Schulanmeldung

Info-Abend in der Schule „So kann Schule gelingen"
Für unsere Schule wichtige Rahmenbedingungen

Info-Abend in der Schule „Kinder finden ihren eigenen Lernweg"
Folie zu den ausgelegten Lernmaterialien

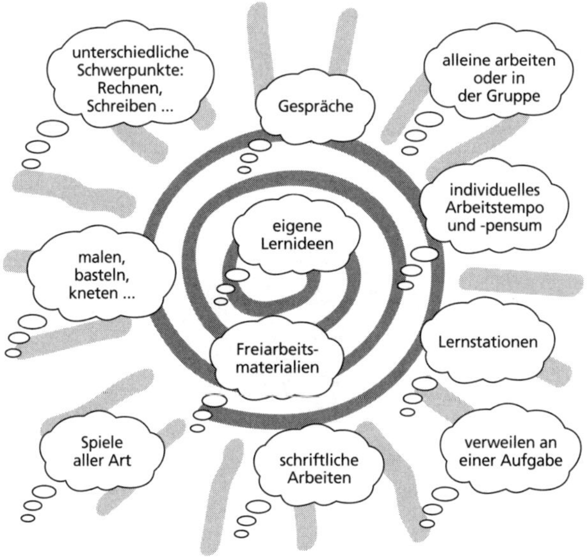

Anmeldenachmittag

Lieber ________________,

wir laden dich und deine Eltern ganz herzlich ein,

am ___________ um ___________ Uhr

unsere Schule kennen zu lernen.

Dies wird dann dein allererster Schultag sein.

Da darfst du dann bereits zwei Schulstunden in einem richtigen Klassenzimmer verbringen. Hier wirst du Freunde und Freundinnen und Erzieherinnen aus dem Kindergarten treffen. Es werden auch andere Kinder und mehrere Lehrerinnen da sein, die du noch nicht kennst, und beim Basteln, Malen oder Spielen werdet ihr euch sicher bald verstehen.

Die ***kleine Tigerente*** auf deinem Brief ist für dich ein Wegweiser. Du triffst die anderen Kinder in dem Klassenzimmer, an dessen Tür die ***Tigerente*** hängt.

Im Zimmer findest du dann auf den Tischen Papier zum Malen, Spiele, Bilderbücher und vieles mehr. So kannst du hier dann ausprobieren, wie es in einer richtigen Schule so zugeht.
Wir glauben, es wird dir bei uns gefallen. Gegen __________ Uhr ist die Schule wieder zu Ende und du wirst mit deinem Vater oder deiner Mutter wieder nach Hause gehen.

Wir freuen uns, dich bald kennen zu lernen. Grüße deine ganze Familie von den Lehrerinnen und Lehrern unserer Schule.

Das beiliegende Bild von der Tigerente darfst du behalten und anmalen.

____

(Unterschrift)

Anmeldenachmittag

Schule: ________________________________

____

(Adresse) ________________________________

____

____

__________, den ____________

Liebe Eltern,

am __________ werden Sie Ihr Kind in unserer Schule **anmelden**. Dieser Tag ist ein bedeutender Tag für die ganze Familie.

Wir möchten, dass dieser Anmeldetag Ihrem Kind als erster richtiger Kontakt mit der Schule bewusst wird. Deshalb laden wir Sie und Ihr Kind ein, einen Nachmittag zusammen mit uns in der Schule zu verbringen. In dem für Ihr Kind ausgesuchten Klassenzimmer bereiten wir Spiele, Bücher, Mal- und Bastelutensilien vor, so dass die zukünftigen Schulneulinge schon mal etwas Schulluft schnuppern können.

Dieser Schulnachmittag kann aber nur ein besonderes Ereignis werden, an das sich Ihr Kind gerne erinnert, wenn Sie sich die Zeit nehmen und Ihr Kind mit in die Schule begleiten.

Wir beginnen um __________ Uhr und schließen gegen __________ Uhr.

Während Ihr Kind unter Anleitung von Grundschullehrerinnen und Kindergärtnerinnen spielt, malt oder bastelt, melden Sie Ihre Tochter oder Ihren Sohn im Neubau an. Gleichzeitig haben Sie die Gelegenheit, bei Kaffee und Kuchen (gegen einen kleinen Unkostenbeitrag fürs Schullandheim der bedienenden Siebtklässler) Kontakte mit den anderen Eltern zu knüpfen.

Wir freuen uns auf diesen Nachmittag und grüßen Sie herzlich.

____

(Schulleitung)

Der Einschulungstag rückt näher

Schule: ____________________________________

____

(Adresse) ____________________________________

____

____

__________, den ______________

Liebe Eltern,
Ihr Kind beginnt mit seinem Schuleintritt einen wichtigen neuen Lebensabschnitt. Sie vertrauen uns Ihr Kind an in der Erwartung, dass wir als Lehrer Ihrer Tochter oder Ihrem Sohn eine gute schulische Bildung und Erziehung angedeihen lassen. Wir betrachten es als unsere Pflicht, in enger Zusammenarbeit mit Ihnen dieser Aufgabe gerecht zu werden, und bitten Sie gleichzeitig um Ihre führende Unterstützung.

Wenn auch vieles fließend vom Kindergarten in die Grundschule übergeht, so wird Ihr Kind doch neue Formen des Lernens entdecken und kennenlernen und wird ausgehend von seiner nächsten Umgebung mit dem Schreiben, Lesen und Rechnen beginnen und auch alltägliche Dinge bewusster sehen sowie seinen Erfahrungsraum erweitern. Dabei wird Ihr Kind allmählich lernen, sich in eine neue Gruppe mit anderen Kindern hineinzufinden. Bestimmte Ordnungsformen und Regeln müssen von Anfang an beachtet, andere erst gefunden werden. So entsteht mit der Zeit eine Klassengemeinschaft; aus dem Klassenzimmer wird ein Ort, in dem Leben und Lernen eng zusammengehören. Es sollte unser gemeinsames Ziel sein, in der Schule einen Ort zu schaffen, an dem sich die Kinder wohl fühlen und wo sie „daheim" sind. Dazu brauchen sie Zeit; wir sollten sie den Kindern geben.

Die Schule ist immer auf Ihre Offenheit und Ihr Interesse angewiesen, wenn es darum geht, dass Ihr Kind in der Schule Gelerntes in den häuslichen Kreis einbringen kann. Bitte sprechen Sie mit Ihrem Kind über die Schule, bestätigen Sie auch den kleinen Lernerfolg. Nicht der „allgemeine Stand der Klasse" ist das Maß der Dinge, sondern allein Ihr Kind mit seinen ganz persönlichen Lern- und Arbeitsvoraussetzungen. Ihr Kind erhält deshalb auch Ende des 1. Schuljahres kein Versetzungszeugnis, sondern einen Schulbericht, der nicht am Klassendurchschnitt ausgerichtet ist, sondern ganz gezielt Stärken, u. U. auch Schwächen speziell Ihres Kindes beschreibt. Kinder lernen Dinge ganz verschieden schnell; dazu gehören nicht nur die so genannten „Lernfächer", sondern auch das Lernen von Verhaltensformen anderen gegenüber, Malen, Basteln, Singen und Turnen. Wir wollen versuchen, Ihr Kind in seiner Gesamtpersönlichkeit zu sehen. Ist das auch Ihre Sichtweise?

Deshalb laden wir auch Sie, liebe Eltern, zum

ersten Schultag am ____________________

sehr herzlich ein und würden uns freuen, wenn Sie sehr zahlreich den ersten Schultag Ihres Kindes begleiten würden. Beginnen wollen wir mit einem ökumenischen Gottesdienst

um __________ Uhr in der __________.

Anschließend werden die „neuen" Schülerinnen und Schüler gegen ________ **Uhr** von den beiden zweiten Klassen auf dem Schulgelände empfangen und in die zukünftigen Klassenzimmer zum ersten Unterricht begleitet, der bis ca. __________ **Uhr** dauert.

Während des Unterrichts darf ich alle Eltern und Angehörigen zu einem kleinen Empfang einladen.

Den ersten Schultag Ihres Kindes beschließen Aufführungen der zweiten Klassen.

In den Ferien erhält Ihr Kind von seiner zukünftigen Klassenlehrerin bzw. von seinem zukünftigen Klassenlehrer (Sonnenblumen-Klasse), einen kleinen Brief, in dem sie bzw. er sich Ihrem Kind vorstellt.

Ich wünsche Ihnen und Ihrer Familie einen schönen Sommerurlaub und bereits heute Ihrem Kind ein erfolgreiches erstes Schuljahr.

Mit freundlichen Grüßen

____

(Schulleitung)

Anlagen: Liste über Unterrichtsmaterialien
Ferienplan

Der Einschulungstag rückt näher

Lieber David,

weißt du, wie der kleine Tiger lesen lernt?

Er sammelt einfach seine Lieblingswörter und ...

Aber darüber werden wir dir an deinem 1. Schultag, an dem du mit deinem Schulranzen und deiner Schultüte in die Schule kommst, noch mehr erzählen.

Einige der Lieblingswörter vom kleinen Tiger haben wir auf dem Bilderbogen gesammelt. Wenn du jeden Tag ein Bildchen anmalst, merkst du, wie die Tage bis zu deinem 1. Schultag vergehen. Den kleinen Tiger kannst du ja heute schon anmalen. Die Sonne und die Sonnenblume haben die Kinder aus unserer Sonnenblumen-Klasse für dich angemalt, die sich mit mir auf dich freuen. Das sind

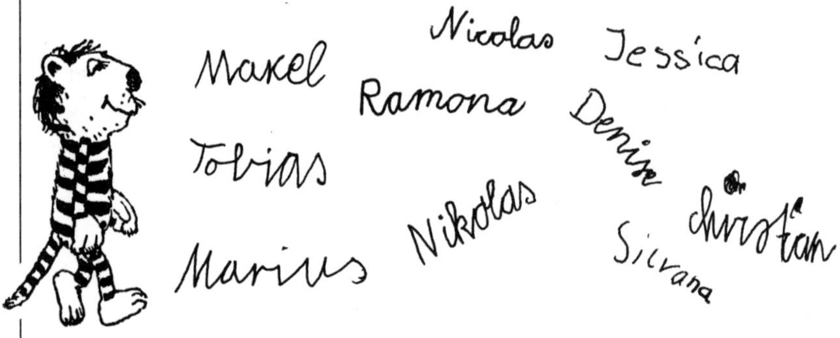

Hast du auch ein Lieblingswort? Vielleicht machst du es wie der kleine Tiger, nimmst Papier und Farben und malst ein Bild davon – und bringst es dann am 1. Schultag zusammen mit deinem angemalten Bilderbogen in die Schule mit.

Bis dahin schicke ich dir ganz liebe Grüße.

Deine Klassenlehrerin Dein Klassenlehrer

Die Persönlichkeit der Kinder annehmen und bei Lernangeboten berücksichtigen

Roland Bauer/Jutta Maurach

1. Persönlichkeitsprägende Merkmale - Übersicht

Auch Schulanfänger in der Grundschule sind bereits Persönlichkeiten. Ihre Erbanlagen und bisherigen äußeren Prägungen haben in vielerlei Hinsicht Grundlagen angelegt und bereits ausgeprägt. Der Einfluss der Erbanlagen zeigt sich augenfällig in den äußeren Merkmalen wie Körperbau, Körpergröße, Haarfarbe, Gesichtsform und Bewegungsformen. Diese nehmen wir in der Regel als gegeben hin und akzeptieren das Vorhandene.

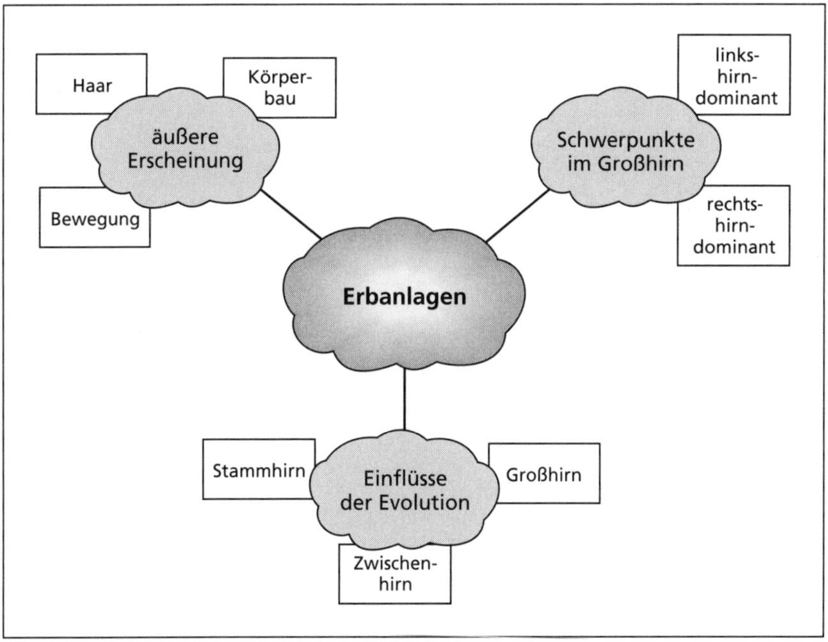

Abb. 1: Erbanlagen

Vergleichbare Prägungen sind jedoch auch in Schwerpunktbildungen des Gehirns, bei den Eingangskanälen und im Zusammenhang mit Grundmustern beim Denken zu einem hohen Maße bereits über die Erbanlagen bei den einzelnen Kindern angelegt.

Nimmt man diese Prägungen nicht an und versucht dauerhaft gegen diese zu wirken, bedarf das eines großen Kraftaufwands. Bleiben wir bei dem Vergleich mit vorgegebenen äußeren Körpermerkmalen, so wird sehr schnell deutlich, welchen Aufwand wir betreiben müssen, um z. B. die Haarfarbe oder die Haarform ein Leben lang zu verändern. Der finanzielle und zeitliche Aufwand dafür ist enorm und tut dem Haar selbst in der Regel nicht gut.
Dasselbe gilt auch für das Lernen! Wer versucht, ein Leben lang (oder auch nur in der Grundschule) gegen seine Grundanlagen zu lernen, wird dafür enorm viel Zeit aufwenden und sehr viel „Lehrgeld" bezahlen müssen.
Wir stellen im Folgenden Schwerpunkte dieser persönlichkeitsbestimmenden Merkmale dar und zeigen ihren Einfluss auf das Lernen auf.
An Beispielen aus dem Mathematik- und Deutschunterricht werden Arbeitsaufträge bzw. Lernhilfen verdeutlicht, die unterschiedlichen Lerntypen gerecht werden.

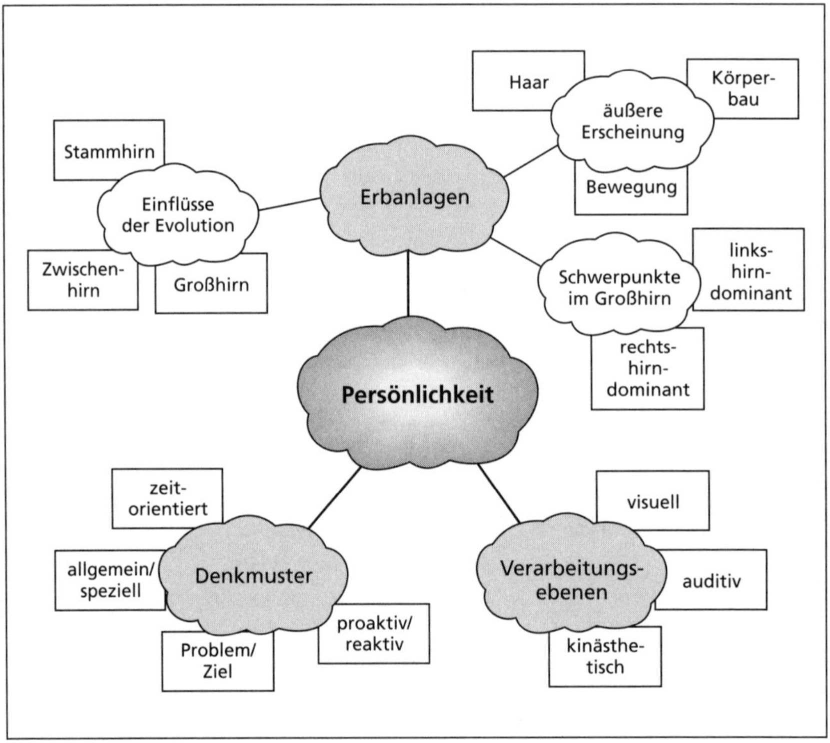

Abb. 2: Persönlichkeit eines Kindes

2. Einflüsse der Großhirndominanz – Hemisphärenspezialisierung

Grundlagen

Der amerikanische Neurophysiologe Roger Sperry bekam für seine Entdekkung, dass die beiden Großhirnhälften unterschiedliche Aufgaben wahrnehmen und in bestimmter Weise spezialisiert sind, 1981 den Nobelpreis. Neben Hans Schachl, Barbara Meister Vitale und vielen anderen stellte neuerdings Daniel Goleman in seinem Beitrag zur Emotionalen Intelligenz umfassende Untersuchungen dar, die den Einfluss von Dominanzen der Gehirnhälften auf Aneignungs- und Denkprozesse aufzeigen. Gustav Keller (Keller 1999) bietet in seinen diversen Veröffentlichungen und auch in seinem neuesten Werk auf der gleichen Grundlage viele Anregungen für individuelle sinnvolle Lernmethoden an (zu den Literaturangaben s. S. 109).
Eine kurze und zusammenfassende Darstellung der Schwerpunktsetzungen im menschlichen Gehirn, unter Beachtung der Hemisphärenspezialisierung, ist bei Barbara Meister Vitale (1996[8], Seiten 10 und 12) zu finden. Gleichzeitig werden von dieser Autorin Erkennungsmuster für entsprechende Dominanzen und ganz praktische Hilfen für die Verbesserung des Lernens angeboten.

Linke Hemisphäre	Rechte Hemisphäre
Fähigkeiten unter dem Gesichtspunkt der Hemisphärenspezialisierung	
Handschrift	haptische Wahrnehmung
Symbole	räumliches Empfinden
Sprache	Formen und Muster
Lesen	Gesang und Musik
Laute	Farberkennung/-unterscheidung
Differenzierung von Details und Fakten	Mengen und mathem. Zahlenverständnis
einfaches Zahlenverständnis	künstlerischer Ausdruck
Erzählen und Berichten	kreative Eingebungen
Aufgaben erledigen	Visualisation
Zuhören	Gefühle
Gegenüberstellung von linken und rechten Bewusstseinsformen	
linear	holistisch/ganzheitlich
symbolisch	konkret
sequenziell	zufällig/planlos
logisch	intuitiv
verbal	nonverbal
realitätsorientiert	fantasievoll
zeitbezogen	zeitlos
abstrakt	analog

Abb. 3: Hemisphärenspezialisierung

Bernhard Cleveland bietet neben Informationen über das Lernen und die Arbeitsweisen des Gehirns in seinem Buch *Das Lernen lehren* (1992) ein umfangreiches Lernprogramm für Lehrerinnen und Lehrer an. Die von ihm beschriebenen erfolgreichen Unterrichtstechniken orientieren sich aber noch überwiegend an einem auf die Lehrkraft ausgerichteten Unterricht und sind durch die beschriebenen Beispiele eher den Klassen 3 bis 4 zuzuordnen.

Beschreibung der Eigenheiten, Beispiele

Im Folgenden sind Beispiele und Beschreibungen zur Verdeutlichung und zum besseren Verständnis etwas polarisierend dargestellt. Selbstverständlich ist eine so extreme Sichtweise unangemessen. Bei Menschen treten immer Mischformen auf, Belastungs- und Stresssituationen jedoch verstärken natürliche Schwerpunktbildungen. Ist die Stärke von eher „Linkshirnorientierten" das lineare Vorgehen, der Umgang mit Symbolen (Buchstaben, Zahlzeichen, Rechenzeichen und Satzzeichen sowie die Sprache), so liegt die Stärke von eher „Rechtshirnorientierten" beim ganzheitlichen, intuitiven Erfassen von Sachverhalten und Beziehungen.
Das heißt, dass die linke Hemisphäre durch den Umgang mit Buchstaben, Zahlen, Begriffen usw. optimal angesprochen wird, die rechte dafür eher bildliche Darstellungen, Muster, Umrisse, Formen usw. bevorzugt. Selbst beim Leselernprozess wird dies deutlich: Eher rechtshirnorientierte Kinder sind für die Ganzwortmethode geradezu prädestiniert, während eher linkshirnorientierte Kinder mit dem systematischen Aufbau über einzelne Buchstaben viel mehr anfangen können. Schon daran wird deutlich, dass es nicht die „beste" Methode gibt, sondern für jeden individuell unterschiedlichen, die für ihn passende Zugehens- und Aneignungsweise.
Ein Beispiel verdeutlicht dies auch für Erwachsene: Wir nutzen z. B. bei Rechtschreibproblemen die unterschiedliche Struktur unseres Gehirns. Wenn uns über das „Faktenwissen" die genaue Rechtschreibung eines Wortes (z. B. mit oder ohne h) nicht mehr geläufig ist, notieren wir mögliche Schreibweisen und entscheiden dann auf der Grundlage des uns als bekannt erscheinenden Wortbildes. Hier kann die linke Gehirnhälfte die symbolisch orientierten genauen Sachverhalte nicht liefern; über den Schreibversuch können die eher in der rechten Gehirnhälfte gespeicherten Wortbilder zum Vergleich aktiviert werden und Übereinstimmung signalisieren.

Vorgehensweise

Eher linkshirnorientierte Menschen haben ihre Stärke im linearen Vorgehen und bei den Lehrkräften dann auch in der Forderung und Umsetzung von linear aufgebauten Programmen. Die Rechtshirnorientierung möchte Dinge zunächst ganzheitlich und intuitiv wahrnehmen, bevor aus Eigeninteresse Detailfragen anstehen.

Rechtshirnorientierte Menschen setzen während des Lernprozesses als Hilfen Dinge gerne in Zeichnungen oder Handlungen um, da sowohl Formen und Muster, Farberkennung und Farbunterscheidung als auch die haptische Wahrnehmung (anfassen und im wahrsten Sinne des Wortes „begreifen") ihre bevorzugten und die für sie sehr wichtigen Lernkanäle sind. Häufig vermitteln diese Kinder den Eindruck eher planlosen Arbeitens und haben oft auch viel Mühe mit der Heftführung oder gar dem Anlegen einer Loseblattsammlung. Ihnen helfen Farbkennzeichnungen sowohl im Zusammenhang mit Zuordnungen zu einzelnen Fächern als auch zur Strukturierung einzelner Inhaltsgebiete. Im Musisch-künstlerischen liegt die positive Grundveranlagung dieser Menschen, so wie sie bei linkshirnorientierten Menschen eher im logischen, aufbauenden, sprach- und textbetonten Arbeiten liegt.

Umgang mit der Zeit

Eine „von Natur aus" gute Zeitorientierung hilft eher linkshirnorientierten Kindern sich sowohl an vorgegebene Zeitstrukturen zu halten als auch ihre Lernzeit selbst und angemessen einzuteilen. Kinder, die ihre Stärken in der rechten Gehirnhälfte haben, sind weniger von vorhandenen oder selbst gesetzten Zeitstrukturen in ihrem Tun beeinflusst und benötigen in diesem Zusammenhang Hilfen durch die Lehrperson.

Grundeinstellungen

Rechtshirnorientierte Menschen lassen sich gerne von ihren Gefühlen leiten, von der jeweiligen Gefühlslage überhaupt. Sie benötigen eine von innen kommende positive Einstellung zum Lernen, die sie weniger auf Argumenten aufbauen als auf ihrer vorhandenen oder von außen erzeugten Begeisterung für Inhalte oder Verfahren.

Hier helfen auch die besten und logischen Argumente wenig. Begeisterung aufbauen, ohne bereits die Inhalte und ihre Erledigung in den Mittelpunkt zu stellen, ist für diese Kinder Grundvoraussetzung für sinnvolles Lernen und Arbeiten. Diese Menschen machen in ihrer Extremausprägung durch eine zentrale Eigenschaft auf sich aufmerksam, die zunächst vielleicht als störend empfunden wird, im Unterricht jedoch sehr kreative und neue Gedanken und Arbeitsweisen nach sich zieht bzw. integriert: Sie versuchen sehr oft, die Welt ihren Bedürfnissen anzupassen, was sich gerne in der Fragestellungen bzw. Rückfragen auf Hinweise anderer bezieht: „Kann ich das auch so ... machen?" oder „Können wir das nicht auch so ... machen?"

Musische Fächer, auch sachunterrichtliche Themen entsprechen durch ihre Art und den meist ganzheitlichen Zugang eher auch den „rechtshirnorientierten" Kindern, die mit der „Symbolorientierung" in Deutsch und Mathematik ihre Schwierigkeiten haben.

3. Der Einfluss der „Eingangskanäle" auf die sinnorientierten Lern- und Denkarten

Visuell, auditiv und kinästhetisch sind nach Frederic Vester die Grundmuster. Er fasst das olfaktorische (Riechen) das gustatorische (Schmecken), und das haptische Erfassen, gemeinsam mit der Gefühlsebene als kinästhetischen Eingangskanal zusammen. Es gibt also Menschen (Kinder sowie Schülerinnen und Schüler), die besser über das Sehen, andere über das Hören und wieder andere über das eigene Tun oder andere Sinneseindrücke wahrnehmen und die Wahrnehmungen auch schwerpunktmäßig so verarbeiten und abspeichern.
Nach den Darstellungen von Grinder oder Cleveland haben diese Schwerpunkte einzelner Menschen auch direkten Einfluss auf ihren eigenen optimalen Lern- und Arbeitsstil:
Welch gravierende Auswirkungen dies bis zu Grundsatzdiskussionen z. B. über die Vorgehensweise von vernetztem Denken und Lernen hat, sei hier kurz aufgezeigt: Mit vernetztem Denken bringen visuelle Menschen zunächst ein Netzwerk in Verbindung. Sie sehen dies, benötigen auch den Überblick, das Netz als Einstieg in derartiges Denken. Erst nach diesem Überblick richtet sich ihr Interesse auf die tragenden Verankerungspunkte, also das zuständige bzw. notwendige Grundwissen. Anders empfinden es Menschen, deren Schwerpunkt die Kinästhetik darstellt: Ihre Vorstellung von einem Netzwerk beginnt bei den Verankerungspunkten. Diese müssen erst vorhanden sein, dann können Netze (Seile, Verbindungen) dort befestigt werden. Kommen nun Anhänger beider Schwerpunkte in eine Klasse, in einem an der Gemeinsamkeit orientierten Unterricht zusammen, wird der eine erst den Überblick fordern, während der andere sich erst um die notwendigen Grundlagen für spätere Verbindungen bemüht. Noch konkreter: Erst den Überblick, die Verbindungen, um sich dann den notwendigen Grundlagen zuzuwenden, oder erst die (für den anderen als zusammenhanglos empfundenen) Grundlagen und dann die Bearbeitung der Zusammenhänge.
Stark visuell orientierte Menschen benötigen Bilder und bildliche Darstellungen, betrachten gerne auch Strukturskizzen oder erzeugen solche, freuen sich an Details, während eher kinästhetisch betonte Menschen Dinge anfassen möchten, bewegen, zusammenfügen usw., dagegen von Bildern eher weniger angesprochen werden. Nur ein ganz geringer Anteil in der Bevölkerung, also auch nur wenige Kinder, haben ihren Scherpunkt im akustischen Bereich, nehmen also schwerpunktmäßig über das Hören auf bzw. geben Dinge vor allem über das Sprechen weiter. Vor allem musikalisch orientierte Kinder können z. B. Melodien über das Hören aufnehmen und sich dauerhaft merken. Da sie häufig auch ein Instrument spielen, fällt es ihnen sehr leicht, einmal gehörte Musikstücke auch schnell wiederzugeben. Solche Kinder (und Erwachsene) können auch Sprache, Liedtexte, Melodien usw. sehr gut aufneh-

men und sich merken, ohne dass sie, wie es z. B. bei stark visuell betonten Kindern der Fall ist, den Text, Noten, Bilder o. Ä. parallel zum Gehörten benötigen, um sich dieses einzuprägen.
Lehrkräfte, welche die visuelle Ebene weniger bevorzugen oder auch benötigen, können dann gar nicht verstehen, dass es auch Kinder gibt, die z. B. beim Vorlesen gerne mitlesen und dadurch viel mehr erfassen und behalten können, als beim bloßen Zuhören. Anders beschrieben: Stark visuell ausgerichtete Menschen benötigen zum Erfassen Bilder oder Wortbilder oder geschriebene Begriffe, eben Visualisierung, wenn sie Dinge schnell und dauerhaft wahrnehmen sollen.
Solche Menschen können aus Vorträgen nur dann einen Gewinn ziehen, wenn sie wichtige Dinge mitschreiben und damit selbst visualisieren oder wenn ihnen parallel dazu über Folien, Wortkarten, Strukturskizzen usw. bereits visuelle Impulse angeboten werden.
Wer stärker akustisch ausgeprägt ist, benötigt zum Lernen Ruhe, weil er oder sie sich von wahrnehmbaren Geräuschen sofort ablenken lassen. Menschen mit visuellem Schwerpunkt können beim Lernen und Arbeiten viel mehr Lärm ertragen und werden z. B. durch paralleles Musikhören nicht abgelenkt.
Erfahrungen und Beobachtungen lassen Schwerpunkte bei unterschiedlicher Ausprägung erkennen und helfen damit sowohl Verhaltensweisen einzelner Kinder anzunehmen und zu verstehen als auch auf dieser Grundlage Lernangebote zu entwerfen oder Lernhilfen für einzelne Kinder anzubieten. Meist bevorzugen wir unbewusst unsere eigenen Muster und Schwerpunkte, die dann nur für genauso veranlagte Kinder deren optimalem Lernen und Arbeiten entsprechen. Bewusstes Umgehen mit den eigenen Schwerpunkten zieht zwangsläufig auch die bewusste Beachtung anderer Schwerpunkte nach sich.
Also: Angebote und Verständnis für unterschiedliche Lerntypen und damit natürlich differenzierte Arbeitsweisen zu ermöglichen ist dringend notwendig!

Übersicht: Verhaltensweisen bei unterschiedlicher Eingangskanaldominanz

Visuell

- Überblick und Ziel ist wichtig, bildliche Vorstellungen von Details helfen
- Liest lieber selbst, als beim Lesen zuzuhören
- Erinnert sich an Gesehenes
- Sieht die Wörter beim Rechtschreiben vor sich und kann sie buchstabieren, ist jedoch bei nie zuvor gesehenen Wörtern verwirrt
- Spricht weniger auf Musik an, bevorzugt visuelle Künste, Details wichtiger als das Gesamtwerk
- Schöne Schrift wichtig, die auch leicht gelernt wird

Auditiv
- Merkt sich Dinge schrittweise (wie bei der Sprache)
- Bewegt die Lippen, vokalisiert beim Lesen und liest oft langsam, da er gleichzeitig innerlich spricht
- Erinnert sich gut an Besprochenes
- Rechtschreibung nach dem Klang, buchstabiert eher rhythmisch
- Bevorzugt Musik, redet lieber über Stücke, als sie anzusehen, spricht wenig auf visuelle Künste an
- Im Sprechen besser als im Schreiben, spricht gerne beim Schreiben vor sich hin

Kinästhetisch
- Lernt durch Ausprobieren und aktives Tun
- Zeigt beim Lesen auf den Text
- Erinnert sich gut an einen Gesamteindruck
- Überträgt Buchstaben auch in Körperbewegungen und überprüft mit dem Gefühl
- Reagiert auf Musik mit Körperbewegung, bevorzugt Skulpturen und Plastiken, die er gerne anfasst
- Breite, eher verkrampfte Handschrift

Erkennungsmerkmale in der Verwendung der Sprache oder bei der Augenbewegung

Um Grundstrukturen zu erkennen, sind Erkenntnisse des NLP sehr hilfreich. Menschen verwenden unbewusst vor allem Begriffe und Wörter aus ihrem Wahrnehmungsschwerpunkt. Spontan Gesprochenes oder aber auch frei verfasste Texte geben also gute Hinweise auf mögliche Schwerpunktbildungen. Während visuelle Stärken an Begriffen wie klar, sehen, beobachten, Farben usw. erkennbar sind, werden sich auditive Begriffe im Zusammenhang mit Hör- und Sprechbarem zu erkennen geben: klingen, hören, sprechen, leise, raunen usw. Kinästhetische Begriffe haben viel mit Bewegung und Gefühlen zu tun, z. B. anordnen, zusammenbringen, verbinden, zuordnen, Lagebeziehungen, fühlbare Oberflächenbeschaffenheit sowie glücklich, traurig, müde. Wenn dann im Sinne von Vester noch das Riechen oder Schmecken dazukommt, sind derartige Begriffe ebenso Indikatoren für eine kinästhetisch geprägte Wahrnehmung: süß, sauer, frisch, heiß, kalt usw.
Typisch ist auch, dass beim visuellen Erinnern oder Nachdenken die Augen zumindest kurzzeitig nach oben gehen und dort „vor dem geistigen Auge" Bilder in Erinnerung gerufen oder konstruiert werden.
Kinästhetisch ausgerichtete Erinnerungen oder Vorstellungen (Konstruktionen), also auf der Gefühlsebene, geschmacklich oder bei Gerüchen, bedingen dagegen eine zumindest kurzfristige Augenbewegung nach unten, falls sie nicht sofort gegenwärtig sind.

4. Denkmuster berücksichtigen

Unterschiedliche Denkmuster beeinflussen die Lern- und Handlungsweise ebenfalls stark: Die meisten Menschen (auch schon Kinder in der Grundschule) haben auf Grund ihrer Veranlagung Schwerpunkte in den Zugangsweisen entwickelt, die mit folgender Darstellung in den Grundausprägungen beschrieben sind. Die Reihenfolge stellt dabei keine Rangfolge dar.

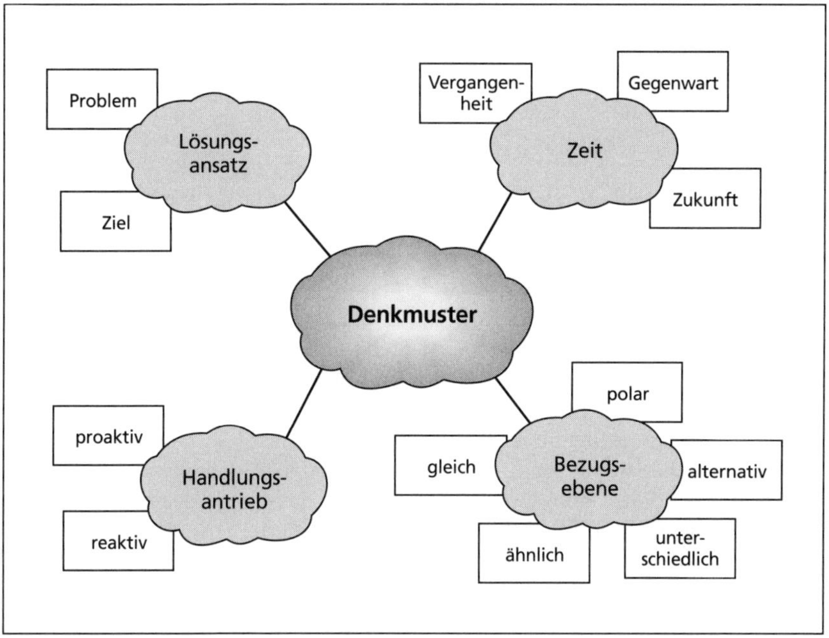

Abb. 4: Unterschiedliche Denkmuster

Zeitliche Grundorientierung

Die Grundorientierung in der Zeit ist dafür verantwortlich, auf welcher Ebene jemand sein Denken aufbaut. Wer sein Denken eher auf Erfahrungen aufbaut, also zu Beginn eines Lernprozesses sich des bisher Erlernten vergewissern muss, ist vergangenheitsorientiert. Eher gegenwartsorientierte Menschen beziehen ihr Tun stärker auf den aktuellen Zustand. Sie sind in der Regel sehr spontan und auf das Machbare oder Umsetzbare konzentriert. Kinder und Erwachsene, die ihr Denken und Handeln eher auf ihr künftiges Leben ausrichten, sind in diesem Sinne als zukunftsorientiert zu betrachten. Durch leicht abgewandelte Formulierungen werden wir dabei unterschiedlichen Kindern leicht gerecht.

Solche Grundorientierung kann z. B. bei Stundeneröffnungen auch gut beobachtet werden: Eher an der bisherigen Erfahrungen orientierte Lehrkräfte werden zu Beginn auf letzte Stunden verweisen oder an bisherige Erfahrungen anknüpfen, vielleicht sogar Kinder bisher Gelerntes zunächst kurz schildern lassen.
Gegenwartsorientierte Lehrkräfte beschreiben, meist auch mit dem Versuch, Begeisterung für die folgenden Aktivitäten zu wecken, das aktuelle Vorhaben oder die aktuelle vorgesehene Tätigkeit.
Wer sein Tun eher an der Zukunft ausrichtet, wird zu Beginn vermutlich zunächst den Sinn oder die Bedeutung für künftige Anwendungen oder Unternehmungen zum Ausdruck bringen.

Gleichheiten - Alternativen

Es gibt viele Menschen, die beschreiben Dinge durch das, was sie **nicht** sind, durch Alternativen: „Es ist nicht schwer." „Es ist nicht teuer ...", „Es ist nicht ..." Damit bieten sie dem Zuhörer an, selbst festzulegen, was diese Dinge sind. Aussagen, die sich eher auf Gleichheiten beziehen, beschreiben „direkter", z. B. „Es ist leicht ..." „Es ist billig", „Es ist ..."
Beide „Grundtypen" haben einen Anspruch mit ihrer Art zunächst umzugehen und diese als Grundlage für ihr Lernen zu nutzen. Im „normalen" Unterricht werden häufig nur die Menschen angesprochen, welche Gleichheiten suchen: „Hier hast du eine Aufgabe, suche die richtige Lösung."
In der Vorgehensweise beim Auswählen werden die beiden Grundtypen besonders deutlich: Wenn z. B. aus einer Liste nach vorgegebenen Kriterien ausgewählt werden soll, werden alternativ orientierte vermutlich all die Begriffe auswählen und durchstreichen, die **nicht** den geforderten Kriterien entsprechen. Wer Gleichheit sucht, kennzeichnet vermutlich sofort die Begriffe, die den geforderten Kriterien entsprechen.

Grundansatz „proaktiv" oder „reaktiv"

Die Begriffe erklären bereits, daß proaktive Menschen meist keine direkte Anweisung erwarten und auch meist nicht wollen. Sie gestalten gerne selbst, was sich beim Erhalt konkreter Arbeitsaufträge in Form von Rückfragen folgender Art darstellt: „Kann ich die Aufgabe auch ... (so) machen?" Menschen mit dieser Grundstruktur können sehr gut mit offenen Formen umgehen und holen sich bei Bedarf selbst direkt oder indirekt weitere Informationen oder Hilfen. Lernende mit einer eher reaktiven Grundstruktur ziehen direkte und konkrete Arbeitsaufträge vor, sie sind mit ganz offenen Formen zumindest beim Beginn ihrer Arbeit eher überfordert oder hilflos.
Dies heißt nun auf keinen Fall, dass Aufträge immer und gleich erledigt werden. Etwas gar nicht oder anders machen zu wollen ist auch eine Reaktion auf einen konkreten Arbeitsauftrag.

Freies Arbeiten ist für stark proaktiv ausgeprägte Kinder fast der Himmel auf Erden. Sie können in diesen Phasen ihren Interessen nachgehen und ihr Lernen und Arbeiten entsprechend ihrer Wünsche und Interessen gestalten. Eher reaktive Kinder stehen einem sehr offenen Angebot meist etwas hilflos gegenüber und ziehen sich dann eher zurück oder schließen sich im günstigen Fall anderen aktiven Kindern an. Ihnen helfen Hinweise, Angebote für Arbeits- und Lernmöglichkeiten, die sie in der Regel dankbar annehmen.
Die schönste Arbeit für proaktive Kinder ist, zu einem Thema ganz selbstständig Lernangebote zu erarbeiten. Eingeschränktere Freiheitsebenen können durch entsprechende Arbeitsaufträge wenigstens in der Art der Dokumentation, der Vorgehensweise usw. Offenheit anbieten und damit gleichzeitig mit einer Aufgabenstellung beiden Grundstrukturen gerecht werden. Die gezeigten Beispiele (s. S. 98 ff.) verdeutlichen, dass damit auch diejenigen Lehrerinnen und Lehrer umgehen können, denen die für eine Bearbeitung wichtige Form oder die Berücksichtigung entsprechender Inhalte wichtig sind und die darauf großen Wert legen.

Problem- oder zielorientiert

Als Letztes sei noch eine Beobachtung genannt, die den „Antrieb" steuert. Viele Menschen benötigen für Lösungsansätze ein vorhandenes „Problem". „Mein Problem ist ...", „Das Problem ist ...", „Es gibt folgende Probleme zu lösen ..." sind typische Aussagen. Falls es überhaupt als Gegenpol beschrieben werden kann, ist die andere Zugangsweise eher durch das zu erreichende Ziel definiert. Diese Lernenden benötigen für ihr Tun eine klare Zielbeschreibung, die Beschreibung des Zustandes, der erreicht werden soll. Leider fixieren problemorientierte Menschen ihre Gedanken immer wieder auf das Problem und können sich damit auch weniger um die Lösung des Problems, um ein Ziel kümmern. Hier helfen Rückfragen, die sich auf den Zustand der „Problemlosigkeit" beziehen: Wie müsste es sein, damit ... kein Problem mehr ist?

Andere Denkweisen im Interesse der Kinder

Häufig sind Unterrichtsinhalte an sich für Kinder nur aus einem für sie aus sich heraus entstandenen Problem oder Ziel interessant. Daraus folgt, dass Themen möglichst aus Sachsituationen heraus zu beschreiben sind. So kann das bloße Rechnen in Verbindung mit Geld oder Zeit oder anderen Größen sowohl einen problemorientierten als auch zielorientierten Umgang ermöglichen. Viele Inhalte aus dem Unterricht der Grundschule im Fach Deutsch sind für sechs- bis zehnjährige Kinder weder ein Problem noch ein selbst gewähltes Ziel. Denken Sie nur mal an Wortarten, Satzarten oder Einzelphänomene der Rechtschreibung. Erst wenn Kinder anderen Kindern Briefe schreiben, Artikel verfassen und diese auch veröffentlichen, also Können und Wissen praktisch anwenden, können solche Inhalte für sie zu einem echten Anliegen werden. Die Kinder wollen, dass andere ihre Texte auch verstehen und dass sie dann

in ihrer Wichtigkeit auch „den Regeln der Erwachsenen entsprechen". Dann ist zweitrangig, ob die Motivation durch das Problem gesteuert ist oder durch das Ziel.
In solchen Momenten bleibt ungeklärt, ob das Kind aus dem Wunsch heraus handelt, einen Brief zu schreiben, der für alle gut lesbar ist (wäre zielorientiert), oder weil eine Rückmeldung auf unverständliche Wörter das Problem bereitet. Wichtig ist lediglich, Lernangebote und Lernaufträge an die Kinder in Sinn- und Sachzusammenhänge zu stellen und sie nicht nur der Systematik des Faches wegen zu betreiben.

5. Umgang mit der Zeit

Jedes Kind geht unterschiedlich mit der Zeit um. Jedes Kind benötigt unterschiedlich viel Zeit, um ein und dieselbe Aufgabe zu erledigen. Der Zeitfaktor in einer durchschnittlichen Klasse ist mindestens 1:4, was bedeutet, dass ein langsam arbeitendes Kind für dieselbe Aufgabe mindestens die vierfache Zeit benötigt, die ein rasch arbeitendes Kind dafür aufwenden muss. Daneben gibt es auch deutliche Unterschiede im Zeitanspruch für unterschiedliche Arbeiten. Kinder, beim Schreiben vielleicht sehr langsam, können dafür beim Erzählen in kurzer Zeit in wohlformulierten Sätzen Sachverhalte umfassend darstellen. Dasselbe gilt natürlich auch für viele manuelle Arbeiten und vor allem auch für das Erfassen und dauerhafte Behalten von Zusammenhängen, Texten usw.
In diesem Zusammenhang sind Aufgabenstellungen gefragt, die noch Offenheit zulassen. Die Offenheit sollte eigene Zeitregelungen der Kinder zulassen und kann am einfachsten in der Anzahl der Aufgaben zum Ausdruck kommen. Beispiele sind: „Wähle mindestens drei Aufgaben aus" oder „übe so lange, bis du dich sicher fühlst".

6. Grundstrukturen sinnvollen Lernens berücksichtigen

Vor allem Jerome **Bruner** hat die im Mathematikunterricht und in der dortigen Vorgehensweise prägenden unterschiedlichen Repräsentationsebenen definiert, die sich im Lernprozess zunächst als Stufenfolge darstellen sollen:
- Handlungsebene (**enaktiv**)
- Bildliche/zeichnerische Ebene (**ikonisch**)
- Umgang mit Sprache und Schrift (**symbolisch**)

Wer jetzt nur auf einer Ebene arbeitet, kann lediglich mechanische Sicherheit gewinnen, jedoch nur schwer oder gar nicht grundlegendes Verständnis erzeugen.

Lernen wird in diesem Zusammenhang immer nur in der Umwandlung zwischen den unterschiedlichen Repräsentationsebenen gesehen. Lernen findet also dann sinnvoll statt, wenn eine Handlung (Versuch, Spiel, Rollenspiel usw.) in eine Skizze oder ein Bild umgesetzt wird oder in der Hochform in Beschreibungen, Erzählungen, Rechenausdrücke, Texte usw.
Ein Bild stellt im Zusammenhang mit Lernen dann die Ausgangsbasis dar, wenn das Bild oder die Skizze in eine Handlung (s. obige Beschreibung) oder aber wenn die Darstellung in einen Text, in Erzählungen, Beschreibungen oder auch wieder in andere, z. B. mathematische Darstellungen umgesetzt wird. Dasselbe gilt dann auch für symbolische Darstellungen, also Rechenausdrücke, Beschreibungen, Erzählungen oder Texte, die beim Lernen wiederum in Bilder o. Ä. oder aber in Handlungen umgesetzt werden.

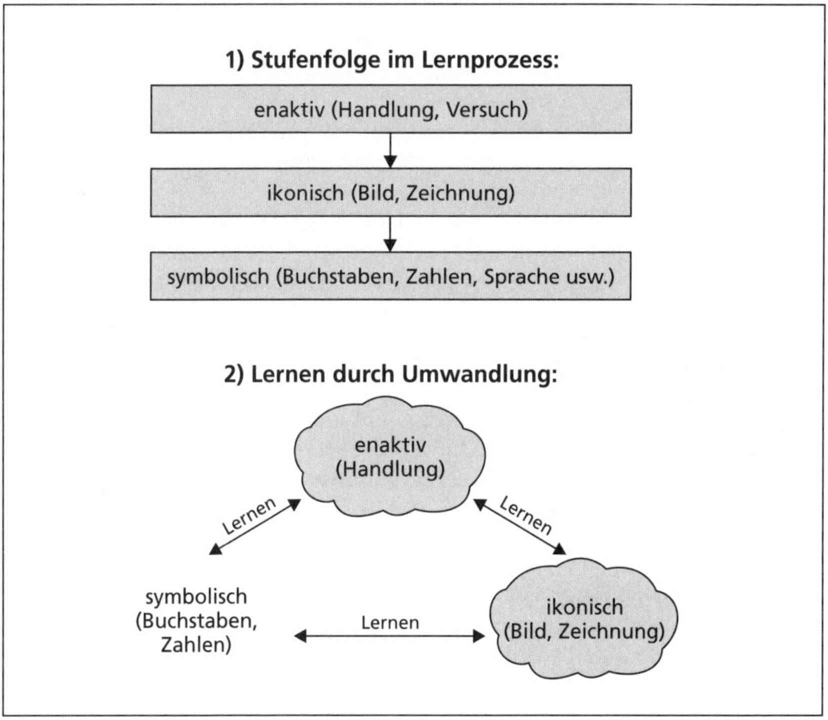

Abb. 5: Lernen durch Umwandlung

7. Zusammenfassung

Menschen denken und handeln unterschiedlich und nutzen diese vorhandenen Strukturen, um zu lernen und zu arbeiten, sofern für sie die Möglichkeit dazu besteht. Es sind hier Grundveranlagungen überwiegend in ihren Extremausprägungen beschrieben. Sie treten selbstverständlich nie in Reinformen auf, sondern immer in allen möglichen Mischformen. Sie sind jedoch da und sollten in der Schule berücksichtigt werden, zumal wenn wir das Grundrecht ernst nehmen, dass jeder Mensch eine Ausbildung entsprechend seiner Art und seinen Neigungen erhalten soll. Also müssen zumindest Grundansätze von Links- oder Rechtshirnorientierung ebenso berücksichtigt werden wie der Wunsch, zumindest zeitweise entsprechend seinem gewünschten Lerneingangskanal zu arbeiten. Soll der Lernprozess für den Lernenden möglichst optimal ablaufen, sind auch verschiedene Denkstrukturen zu berücksichtigen. In einem gleichschrittigen, lehrerorientierten Unterricht lässt sich dies, wenn überhaupt, nur mit sehr großem Aufwand und Organisationstalent des Lehrenden verwirklichen.
Häufig begegnen mir im Anschluss an Ausführungen über einen die Lerntypen und die unterschiedlichen Aneignungsformen berücksichtigenden Unterricht zwei Positionen:

a) „Der Mensch muss sich doch vor allem in den Dingen üben, die er noch nicht kann."
b) „Unter diesen Gesichtspunkten wäre es doch sinnvoll, Klassen mit gleichen Grundstrukturen und Arbeitszeiten zu bilden."

Beide Aussagen machen jedoch nur wieder die in unserem „schulorientierten Denken" vorhandenen Strukturen deutlich. Wir meinen aus unserer Sicht als Lehrerinnen oder Lehrer, dass Dinge geübt werden sollen, die Kinder noch nicht so gut können, statt ihnen die Chance zu geben, sich über aktives Tun an den Dingen zu freuen, die sie schon können und bei denen sie Selbstvertrauen, Sicherheit und damit auch Selbstbewusstsein aufbauen können. Nur krankhaft veranlagte Kinder bleiben sehr lange bei altbekanntem Tun und bereits gelernten Inhalten. „Normale" Kinder wollen sich weiterentwickeln, wollen etwas Neues bearbeiten, lernen, wenn wir ihnen die Möglichkeit geben, ihren Sicherheitsstandard zu erreichen und auf ihrem Sicherheitsstandard aufzubauen. Häufig erhalten jedoch vor allem schwächere Kinder diese Möglichkeit selten oder nie. Sie müssen, um den Anschluss nicht zu verlieren, unmittelbar nach ersten „Erkenntnisanzeichen" höherwertige Aufgaben oder Anwendungen bearbeiten, ohne in den Grundlagen bereits Sicherheit erlangt zu haben. Solche Kinder benötigen dann auch immer neuen „Anschub" und neue Aufforderung zum Weitermachen, da sie bei mangelnder Sicherheit keine von innen kommende Motivation aufbauen können.
Klassen mit gleichen Grundstrukturen würden zum einen bald Eintönigkeit in der Lernumgebung erzeugen, sich selbst eine große Bandbreite ausschließen.

Zum anderen wird an diesen Aussagen doch wieder deutlich, dass der Wunsch nach homogenen Gruppen bei den Lehrkräften sehr stark vorhanden und andererseits der Wille, sich auf eine große Bandbreite unterschiedlicher Kinder einzulassen und zu lernen, damit umzugehen, noch wenig entwickelt ist.

Beispiele, die die Unterschiedlichkeit der Kinder beim Lernen berücksichtigen

Die Beispiele sind bewusst eher grundlegenden Lernbereichen wie der Zahlenbereichserweiterung (Zahlenvorstellung) sowie Rechtschreibübungen im Zusammenhang mit Wortarten entnommen. Aus diesen „Basisthemen" lassen sich leicht Darstellungsformen auf weiterführende Bereiche wie z. B. Grundrechenarten im mathematischen und natürlich auch auf andere Bereiche des Deutschunterrichts übertragen. Musische Fächer oder auch Sachunterricht beinhalten solche Elemente schon aus sich heraus.
Die Beispiele sind überwiegend den bereits vorliegenden oder geplanten Themenheften der Reihe „Lernen an Stationen" entnommen und lassen sich folgenden Bereichen zuordnen:

Zahlen schreiben und lesen ◯

Ins Zahlenhaus schreiben

■ Lies die Zahlen und schreibe sie ins Zahlenhaus.

■ Kontrolliere selbst!

▶ Eher **linkshirnorientierte** Kinder orientieren sich gerne in systematisch aufgebauten Strukturen mit bekannten Symbolen. Ihnen entspricht die Darstellung im Zahlenhaus besonders.

	M	HT	ZT	T	H	Z	E
sechshundertachtzig							
5 ZT + 4 T + 0 H + 7 Z + 6 E...							
⚃ ⚂ ⚄ ⚀ ⚀ ⚁							
fünfzehntausend							
1 Million							
⚅ ⚅ ⚂ ⚀							
0 HT + 2 ZT + 2 T + 1 H + 0 Z + 6 E							
vierundneunzigtausendfünf							
0 ZT + 3 HT + 0 E + 6 Z + 7 T + 7 H							
⚀ ⚄ ⚁ ⚂ ⚀							
siebenundfünfzig							
0 H + 8 T + 5 HT + 3 Z + 1 ZT + 9 E							
dreißigtausend							

Zahlen bilden und erkennen

Geheimschrift

■ Finde heraus, welche Zahlen durch die Bilder dargestellt sind, und trage sie jeweils im Kästchen daneben ein.

▶ Bildhafter und künstlerischer Umgang mit Inhalten, also auch mit Zahlen, hilft eher **rechtshirn-orientierten** Kindern.

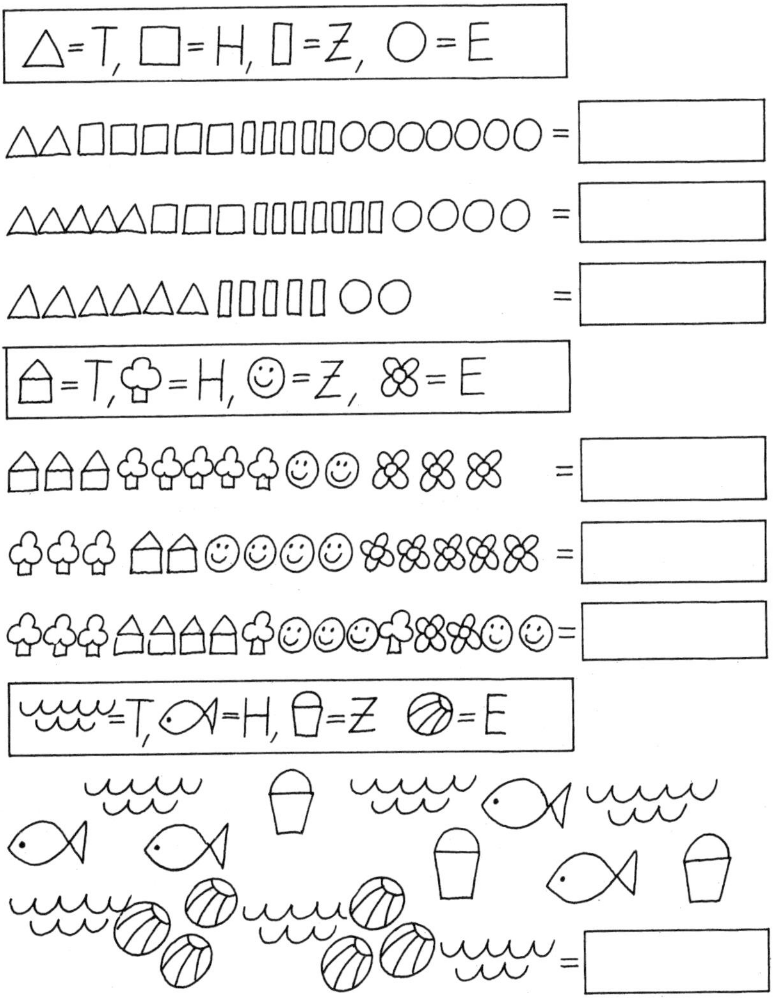

Malaufgaben

- Male die Aufgaben, die zusammengehören, in der gleichen Farbe an!
- Rechne die Aufgaben aus!

3 · 9 = □

4 · 4 = □

4 · 7 = □

4 + 4 + 4 + 4 = □

9 + 9 + 9 = □

7 + 7 + 7 + 7= □

▶ Dasselbe Vorgehen ist auch bei Rechnungen im herkömmlichen Sinne festzustellen: Die **linke Gehirnhälfte** nutzt ihre Stärke für Symbole und arbeitet damit auch systematisch und gerne mit Rechenaufgaben in symbolischer Darstellung. Der logisch strukturelle Zusammenhang wird direkt über die unterschiedlichen Aufgabentypen erkannt.

Durch-Aufgaben

- Schreibe zu jedem Bild eine Durch-Aufgabe!

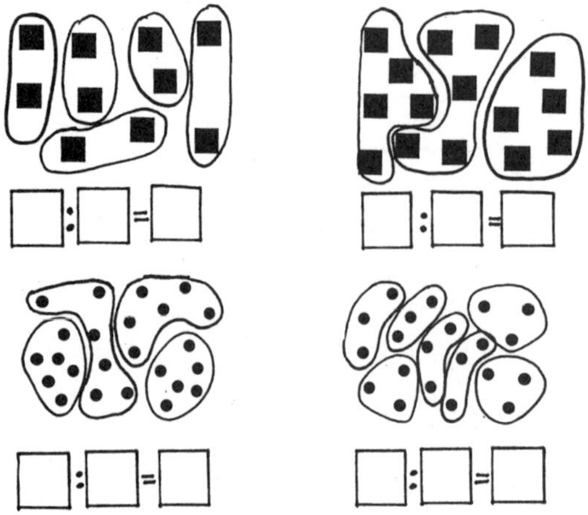

▶ Das ganzheitliche Erfassen mit Hilfe eines Bildes lässt hier wieder **„rechtshirnorientiert"** das Erkennen von Zusammenhängen und den Übergang auf die symbolische Ebene zu.

Wörter buchstabieren

Die Stimme auf der Kassette buchstabiert dir einige besonders wichtige Wörter.

- Setze die Wörter mit den bereitliegenden Buchstaben zusammen.
- Kontrolliere nun, ob du die Wörter richtig zusammengesetzt hast. Schau dazu in die Kassettenhülle.
- Schreibe die Wörter auf!
- Jetzt lege bitte die Buchstaben zurück und spule die Kassette wieder an den Anfang. ☐ Herzlichen Dank!

▶ Bei Rechtschreibübungen sowie bei Diktatvorbereitungen fällt dem eher **linkshirnorientierten** Kind das systematische, wortaufbauende Schreiben durch bewusstes Zusammensetzen der einzelnen Buchstaben zu einem ganzen Wort leicht und hilft ihm, sich die Reihenfolge einzuprägen.

Versteckte Wörter suchen

- Hallo, du Adlerauge!
  Bestimmt schaffst du es, die versteckten Wörter zu lesen.
- Schreibe sie auf die Linien!
- Kontrolliere mit dem Lösungsblatt und wische dann bitte alles wieder sauber. Vielen Dank!
- Verstecke doch selbst einmal ein anderes Wort aus unserem Diktat und hänge es ans Lernwörterplakat.

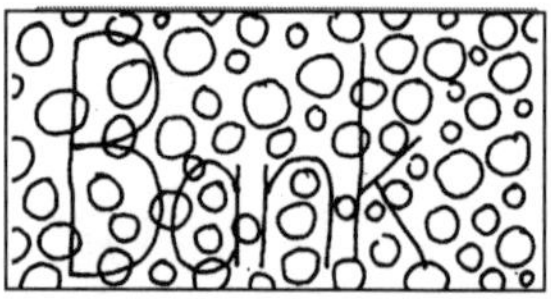

....

....

....

....

....

▶ Das eher **rechtshirnorientierte** Kind geht gerne mit grafisch gestalteten Dingen um, verwendet gerne auch Farben (anmalen) und kann auf die im Beispiel gezeigte Weise die Wörter ganzheitlich erfassen, sich das Bild einprägen und auch als „Bild" wieder aufschreiben.

Tiere haben Namen

Tiernamen entdecken und aufschreiben

- Hier sind viele Tiernamen versteckt. Kreise sie ein und schreibe sie auf!

> ▶ **Visuelle** Schwerpunkte können beim Erkennen der Wörter in einem Buchstabenfeld angewandt werden.

B	H	C	F	G	I	J	P	K	H	U	N	D	L	M	N	O	A	P
R	A	T	L	A	M	A	U	V	X	Z	B	C	D	E	F	G	M	H
O	S	M		T	B	D	M	I	E	L	E	F	A	N	T	K	S	L
P	E	N	D	N	S	Z	A	J	B	W	T	J	E	I	W	M	E	G
K	A	T	Z	E	O	T	T	E	R	M	U	W	U	R	M	J	L	N
E	G	R	O	U	S	X	Z	C	M	E	I	S	E	F	H	K	X	I
P	A	P	A	G	E	I	L	E	N	T	E	K	L	E	S	E	L	P
F	R	H	P	V	F	I	S	C	H	V	R	K	A	L	B	S	O	T

Zahlen darstellen und zerlegen

Bilder und Rechenaufgaben erfinden

- Schreibe zu den Bildern Rechenaufgaben.
- Male selbst solche Bilder und schreibe die passende Rechenaufgabe dazu.

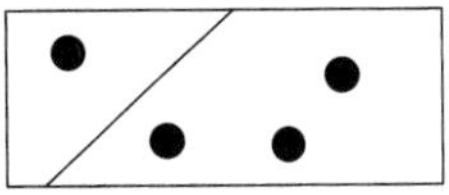

1 + □ = □

□ + □ = □

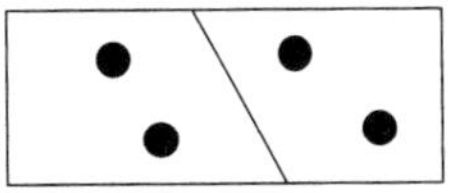

□ + □ = □

□ + □ = □

> ▶ Sowohl Symbole als natürlich auch Bilder sprechen in dieser Aufgabenstellung **visuelle** Lerntypen an.

Zahlen bilden und erkennen

Zahlen als Fläche darstellen

- Du hast ein Blatt mit sehr vielen kleinen Kästchen. Denke dir eine Zahl zwischen 0 und 100 und male so viele Kästchen an!
- Du kannst mit der gleichen Anzahl von Kästchen noch andere Figuren darstellen. Schreibe immer die Zahl neben die Figur.
- Du kannst die Aufgabe auch mit anderen Zahlen wiederholen.

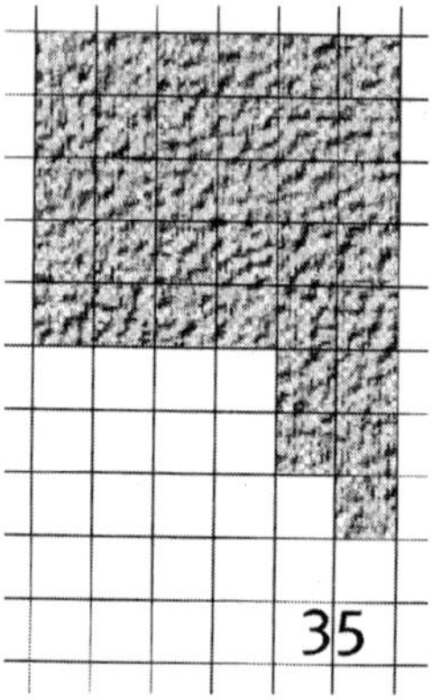

▶ Zahlen in unterschiedlicher bildlicher Darstellung fördern bei **visuellen** Kindern Größenvorstellungen.

Arbeit am Text

Ein Diktat laufen

Du findest unser Diktat an verschiedenen Stellen im Klassenzimmer oder auf dem Flur.

- Gehe an eine dieser Stellen!
- Lies dir einen Satz oder einen Abschnitt so lange durch, bis du ihn dir auswendig merken kannst.
- Kehre an deinen Platz zurück und schreibe auf, was du dir gemerkt hast, kontrolliere mit dem Lösungsblatt und verbessere so, dass am Ende alles richtig ist.

▶ Das Laufdiktat erfordert beim Merken von Sätzen oder Satzteilen das **visuelle** Erfassen und bei den Kindern das Einprägen von Wortbildern.

Namenwörter erkennen

Namenwörter durch ein akustisches Signal kennzeichnen

- Suche dir ein anderes Kind.
- Lies ihm die Wortkärtchen nacheinander vor.
- Erkennt das andere Kind ein Namenwort, macht es einen Ton mit der Triangel.
- Du kontrollierst mit Hilfe der Beschriftung auf der Rückseite: Auf allen Kärtchen mit Namenwörtern findest du einen Punkt auf der Rückseite.
- Bitte die Rollen tauschen.

▶ **Akustisch** orientierte Menschen müssen Dinge hören oder sprechen, oft auch innerlich, was an der Lippenbewegung beim stillen Lesen erkennbar ist. Verbindungen mit anderen Tönen oder akustischen Signalen verstärken die Merkens- und Behaltensleistung. Im Beispiel ist die Kombination von gehörtem Wort und entsprechendem Tonsignal besonders wirksam.

Arbeit am Wort

STATION

Dem Partner diktieren

- Diktiere einem anderen Kind einige der Lernwörter, die unten stehen.
- Beobachte deinen Partner/deine Partnerin beim Schreiben genau! Gib ein Zeichen, wenn er/sie gerade dabei ist, einen Fehler zu machen. Du kannst ihm/ihr zum Beispiel leicht auf den Arm tippen.
  Ihr könnt aber auch ein anderes Zeichen festlegen.
- Tauscht nach ein paar Wörtern die Rollen!
- Euer gemeinsames Ziel ist es, die Wörter möglichst richtig zu schreiben.

► Wörter hören und dann schreiben ist für **akustisch** orientierte Kinder viel wirksamer, als z. B. das Wort von einer Vorlage abzuschreiben.

Lernwörter:

. . . . . .

. . . . . .

. . . .

. . . .

. . . .

. . . .

. . . .

. . . .

. . . .

. . . .

Plusaufgaben

Rechenaufgaben mit Instrumenten spielen

- Suche dir ein anderes Kind.
- Wähle zwei Instrumente aus und spiele ihm eine Plusaufgabe vor.
- Hat dein Partner die Aufgabe und das richtige Ergebnis genannt, spielt er eine Plusaufgabe für dich.
- Tauscht öfters die Rollen.

▶ Die Zusammensetzung einer Zahl über unterschiedliche Töne wahrzunehmen und sie dann in die Symbolik zu übersetzen und das Ergebnis wiederum zu nennen berücksichtigt in mehrfacher Sicht die Schwerpunktsetzung von **akustisch** orientierten Kindern. Gleichzeitig kann auch noch die unterschiedliche Bedeutung von Ziffern beim Aufbau einer Zahl gehört werden.

Zahlen schreiben und lesen

STATION

Zahlen hören

- Setze den Kopfhörer auf und schreibe die Zahlen auf, die du hörst.
- Wenn du fertig bist, bitte zurückspulen. Danke!
- Kontrolliere jetzt selbst.
  Du findest die Zahlen auf der Innenseite der Kassettenhülle.

▶ Hier wird die Zahl **akustisch** aufgenommen und **in ein visuelles Symbol** umgewandelt. Über einfache schuleigene oder von den Kindern mitgebrachte Geräte ist dies für Kinder, die ihren Schwerpunkt auf dem akustischen Lerneingangskanal haben, eine optimale Einzelarbeit.

Zahlen schreiben und lesen

STATION

Auf den Rücken schreiben und fühlen

■ Schreibe einem anderen Kind mit dem Finger möglichst groß eine Zahl auf den Rücken.

■ Dein Partner versucht, die Zahl zu erkennen, schreibt sie auf und liest sie dir vor.

■ Du kontrollierst, ob die Zahl stimmt.

▶ Der stärker **kinästhetisch** ausgeprägte Typ möchte Dinge „begreifen", durch Hautkontakt oder Bewegung wahrnehmen oder aber geschmacklich oder über Gerüche Wahrnehmungen speichern. Ob nun Zahlen durch Antippen dargestellt werden (innerlich mitzählen) oder die Zahlensymbole über Körpererfahrung wahrgenommen werden, macht prinzipiell keinen Unterschied, sondern ist eine bloße Steigerung im Schwierigkeitsgrad.

Dinge haben Namen

Gegenstände ertasten, zeichnen und beschriften

- Ertaste (ohne zu schauen) die Gegenstände in der Fühlkiste.
- Zeichne alle, die du ertastet hast, auf einem Blatt auf und schreibe das passende Namenwort dazu!

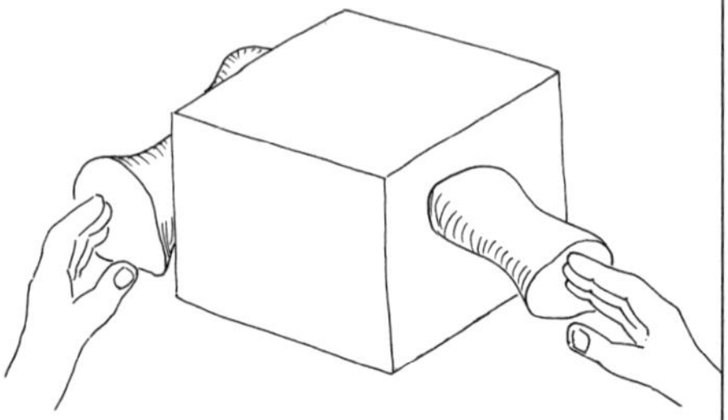

▶ Wenn Kinder Dinge **ertasten** können, hilft ihnen das Erfühlen und ggf. Bewegen in einer Fühlkiste, die Verbindung zum abstrakten Begriff „Namenwörter" leichter herzustellen. Dass es auch noch gezeichnet wird, schafft eine zusätzliche „handwerkliche" Umsetzung in die visuelle Form und fördert natürlich gleichzeitig eine sehr differenzierte Wahrnehmung durch Fühlen.

Addition – Zerlegungsaufgaben

- Nimm dir ein Blatt Papier und stemple Plusaufgaben!
- Schreibe immer die Rechnung dazu!

Beispiele:

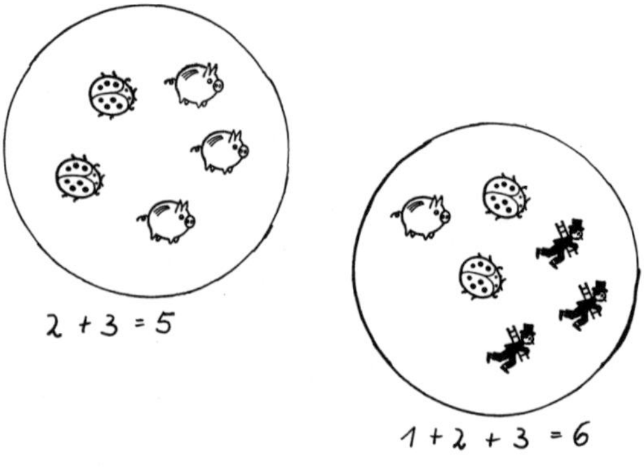

▶ Die **„Bewegungskomponente"** liegt hier beim Stempeln, beim „Anfertigen" einer Rechenaufgabe durch gezielte Bewegung. Die Anzahl der Bewegungen steht im direkten Zusammenhang zur entsprechenden Ziffer.

Namenwörter

Namenwörter erkennen

▶ **Grundorientierung in der Zeit:** Der Bezug zu bisher schon Erlebtem oder Erarbeitetem ist der „richtige" Anknüpfungspunkt für Kinder mit **„Vergangenheitsbezug"**, die vor allem auf bisher Erlebtem aufbauen, sich daran erinnern usw.

- Wir haben uns nun schon längere Zeit mit Namenwörtern beschäftigt. Sicher weißt du noch, wie du sie erkennst!
- Suche im folgenden Text alle Namenwörter und unterstreiche sie!

FAHRT INS ZELTLAGER
HEUTE SIND MONA UND TOBIAS SCHON FRÜH AM MORGEN WACH: SIE FAHREN MIT ANDEREN KINDERN INS ZELTLAGER. (...)

Namenwörter

Namenwörter erkennen

▶ Dieselbe Aufgabenstellung muss für eher **gegenwartsorientierte** Kinder anders aussehen, da sie sich gerne an einer sofort umsetzbaren und konkreten Aufgabenstellung orientieren.

- Übertrage den Text in Schreibschrift.
- Unterstreiche zuerst alle Namenwörter, damit du gleich weißt, welche Wörter du mit großem Anfangsbuchstaben schreiben musst.
- Denke auch an den großen Anfangsbuchstaben am Satzanfang.

FAHRT INS ZELTLAGER
HEUTE SIND MONA UND TOBIAS SCHON FRÜH AM MORGEN WACH: SIE FAHREN MIT ANDEREN KINDERN INS ZELTLAGER. (...)

Namenwörter

Namenwörter erkennen

Damit es dir beim selbstständigen Schreiben leicht fällt zu entscheiden, welche Wörter mit großem Anfangsbuchstaben geschrieben werden, beschäftigst du dich hier mit dem Erkennen von Namenwörtern

STUHL HAMSTER LAUFEN BUNT
LIEGEN WEICH
VOGEL PRIMA FENSTER HUND
TOLL
KATZE
HÜPFEN SPIEL
SCHNELL SINGEN
TISCH HART

- Umkreise alle Namenwörter!
- Schreibe sie in Schreibschrift auf! Denke an den großen Anfangsbuchstaben.

▶ Ein Hinweis auf die Verwendbarkeit, das Ziel, die zukünftige Bedeutung stärkt die Motivation von eher **zukunftsorientierten** Menschen. Sie möchten dies auch wissen oder erkennen können: „Damit du künftig ..."

Anzahlen bestimmen

In Punktefeldern einkreisen

- Kreise immer so viele Punkte ein, wie dir die Zahl angibt.

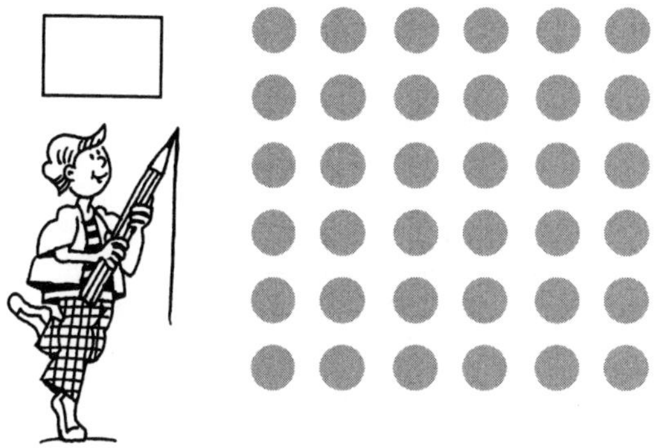

▶ **Gleichheiten/Alternativen:** Gleichheiten suchen oder über Alternativen zum Ziel kommen: Passende Dinge direkt kennzeichnen oder aber die Lösung übrig lassen, indem das Unpassende ausgesondert wird. Einkreisen führt über die direkte, „gleiche" Lösung zum Ziel.

Anzahlen bestimmen

Immer so viele übrig lassen

- Streiche so viele Kreise durch, dass die angegebene Zahl übrig bleibt.
- Bitte ein anderes Kind um Kontrolle.
- Gibt es unterschiedliche Möglichkeiten?

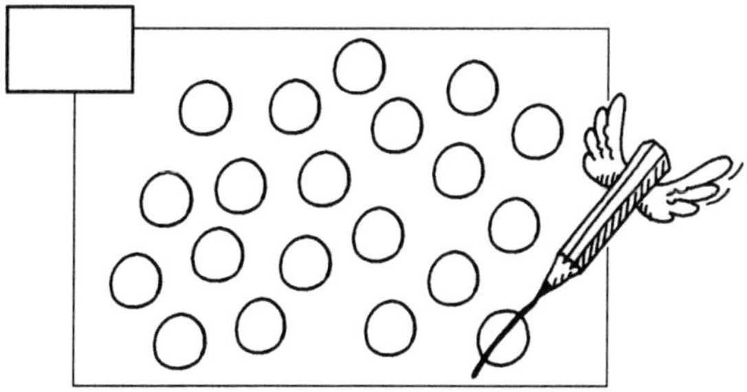

▶ Durchstreichen, also die vorhandene Darstellung verändern und etwas übrig lassen, ist die **indirekte, „alternative"** Lösung. Beide Vorgehensweisen führen zum gleichen Ziel, lassen aber jeweils unterschiedliche (individuumsangemessene) Wege zu.

Namenwörter erkennen

Wörter die keine Namenwörter sind durchstreichen

- Streiche alle Wörter durch, die keine Namenwörter sind!
- Vergleiche mit dem Kontrollblatt!

① LAUFE LATERNE SCHÖN HAUS DUNKEL KINDER

② LIEDER LAUT SINGEN SCHULE TOLL MÄDCHEN

▶ Die Aufgabenstellung, passende Wörter mit einem Signal zu versehen, dem gleichen Signal, bedingt wieder den „direkten", „gleichen" Lösungsweg („passt zu der Kategorie Namenwörter") (s. S. 89). Nicht passende Wörter auszuscheiden („passt **nicht** zu der Kategorie Namenwörter") ist dagegen eine Aufgabe für den angemessenen Lösungsweg für Kinder, die eher indirekte, „alternative" Wege suchen.

Arbeit am Wort

Worträtsel erfinden

Für dieses Rätselspiel brauchst du mindestens ein anderes Kind. Jeder, der mitspielt, braucht die Wörterliste.

- Suche dir ein Wort aus der Liste aus und mache daraus ein Rätsel. Zum Beispiel: „Das Wort, das ich meine, hat fünf Buchstaben. Der dritte Buchstabe ist ein **n**. Der letzte ist eine **e** ..." usw.
- Beschreibe das Wort so lange, bis einer der Mitspieler es auf seiner Wörterliste gefunden hat.
- Jetzt ist der Nächste mit Rätselerfinden an der Reihe.

▶ **Proaktiven und eher reaktiven Kindern gerecht werden:** Eher proaktive Kinder möchten gerne selbstständig denken, Lernsituationen lieber selbst initiieren, ihre eigene Gedankenvielfalt in vorgegebene Aufgabenstellungen einbringen und diese dort verwirklichen. Diese Dinge können mit offenen Anregungen verwirklicht werden.

Arbeit am Wort

Im Wörterbuch nachschlagen

- Suche die unten aufgeschriebenen Wörter im Wörterbuch.
- Schreibe sie zusammen mit der Seitenzahl aus dem Wörterbuch auf.
- Kontrolliere deine Arbeit auf der Rückseite!
- Du kannst selbst noch andere Wörter aus unserem Diktat, die du noch üben willst, nachschlagen und aufschreiben.
- Auf welcher Seite stehen diese Wörter?

▶ Eher **reaktive** Kinder verlangen geradezu nach genauen Arbeitsanweisungen z. B. zum Üben von Lernwörtern. Sie kommen mit offenen Aufgabenstellungen nicht so gut zurecht.

Hundertertafel

Fehlende Zahlen bestimmen

- Suche dir ein anderes Kind.
- Stellt euch gegenseitig Aufgaben, die mit den durch Bilder ersetzten Zahlen zu tun haben, z. B.:
  - Welche Zahl ist links vom Schmetterling?
  - Welche Zahl steht zwei Felder oberhalb vom Vogel?

▶ Diese Hundertertafel wäre mit dem Hinweis „Bestimme die Zahlen der markierten Felder" eine typische Aufgabe für **reaktive** Kinder. Durch die offene Aufgabenstellung werden von ihr vor allem Kinder angesprochen, die selbst kreative Aufgabenstellungen entdecken und umsetzen wollen und dies auch sehr gut können.

1	2	3	4	5	6	7	8	9	10
11	12								

Hundertertafel

Ausschnitte ergänzen

- Ergänze die Ausschnitte aus der Hundertertafel.
- Kontrolliere deine Ergebnisse mit dem Kontrollblatt.

		9
27	28	

36	37		
46			

▶ Eher **reaktive** Kinder erledigen lieber genau vorgegebene Aufgabenstellungen mit eindeutigen Lösungen.

Namenwörter ordnen

Zum Oberbegriff passende Namenwörter einkreisen

- Suche jeweils zum Oberbegriff passende Namenwörter und kreise sie ein!
- Schreibe sie daneben auf!

Schulsachen

A	W	B	S	T	M	U	S	W	L	C
H	E	F	T	E	N	O	T	D	I	G
A	L	V	U	R	F	T	I	I	N	K
M	A	P	P	E	N	P	F	B	E	H
S	E	P	L	N	G	H	T	I	A	K
R	M	N	F	A	R	B	E	N	L	O

____

____

____

____

____

Namenwörter ordnen

Zu Oberbegriffen passende Namenwörter verstecken

- Suche wie im Beispiel selbst einen Oberbegriff und verstecke passende Namenwörter.
- Gib die von dir erstellten Aufgaben einem anderen Kind zum Bearbeiten.

Schulsachen

A	W	B	S	T	M	U	S	W	L	C
H	E	F	T	E	N	O	T	D	I	G
A	L	V	U	R	F	T	I	I	N	K
M	A	P	P	E	N	P	F	B	E	H
S	E	P	L	N	G	H	T	I	A	K
R	M	N	F	A	R	B	E	N	L	O

▶ Vorgegebenes erledigen oder selbst etwas vorgeben: Unterschiedliche Aufgabenstellungen können an demselben Inhalt die mögliche Berücksichtigung **unterschiedlicher Grundtypen** und deren Vorgehensweisen signalisieren (vgl. auch Aufgabe S. 100 unten).

Unterschiedliche Fragen beantworten

- Löse die Aufgaben im Heft!

  Heike geht mit ihren Brüdern und ihrem Vater in den Spielwarenladen. Sie will sich mit ihrem gesparten Geld eine Puppe zum Anziehen und Rollschuhe kaufen. Im Geldbeutel hat sie einen 50-Mark-Schein, einen 20-Mark-Schein, zwei 10-Mark-Scheine, zwei 2-Mark-Stücke.
- Wie viel Geld hat Heike gespart? Male die Scheine und Münzen in dein Heft.
- Wie viel kosten ihre zwei Wünsche?
- Welche Scheine oder Münzen muss sie an der Kasse ausgeben?
- Wie viel Geld hat sie nach dem Einkauf übrig?
- Kontrolliere selbst! Die Lösungen findest du auf der Rückseite.

Kalender

Ferien im Kalender suchen und anmalen

Du findest hier einen Jahreskalender und einen Ferienplan.

- Sieh auf dem Ferienplan nach, an welchen Tagen bei uns Ferien anfangen und an welchen sie enden. Kennzeichne diese Tage mit einem Kreuz auf dem Jahreskalender.
- Male alle Tage an, an denen in diesem Jahr bei uns Ferien sind.

▶ An Sachsituationen orientieren und damit sowohl eine „echte" Problemorientierung oder aber ein „sinnvolles" Ziel für das Erlernen bzw. Anwenden des Lerninhalts schaffen. Dieser Anspruch fordert das Einbetten von Lerninhalten in konkrete Beispiele aus der Umgebung der Kinder mit möglichen „Echtsituationen" als Anwendungsmöglichkeiten für vorhandenes Wissen oder als Anregung, um dies zu lernen (vgl. auch Aufgabe S. 102).

Verschiedene Satzarten

STATION

Interview

- Entscheide dich gemeinsam mit mindestens drei anderen Kindern, welche erwachsene Person ihr in der Schule befragen wollt! (Lehrerin, Lehrer, Hausmeister ...)
- Überlegt euch gemeinsam Fragen und schreibt diese als Fragesätze auf einen Zettel oder einzeln auf Kärtchen!
- Stellt nun diese Fragen eurer ausgesuchten Person! Schreibt die passenden Antworten dazu oder auf andere Kärtchen!
- Ihr könnt eure Fragen und Antworten auf einem Zeichenblockpapier oder Plakat schön anordnen.

▶ **Unterschiedliche Arbeitszeiten durch offene Aufgabenstellungen berücksichtigen,** z. B.: schreiben **oder** erzählen, herstellen **oder** zeichnen. Die Anzahl der Aufgabenschritte (hier: Fragen) ist offen. Dadurch entscheiden die Kinder selbst über ihre Zeit, indem sie unterschiedlich viele Fragen formulieren.

Steckwürfelstangen gestalten

- Stelle eine Stange aus verschiedenfarbigen Steckwürfeln her. Verwende nur zwei Farben.
- Von jeder Farbe sollst du nun immer gleich viele nacheinander verwenden (z. B. 3 rote, 3 blaue, 3 rote, 3 blaue usw.).
- Bilde dann entsprechende Malaufgaben.
- Lass dein Ergebnis von einem anderen Kind überprüfen!

Du kannst zeichnen oder die Stangen mit Steckwürfeln herstellen.

▶ Hier ist die **Anzahl der Einzellösungen** offen und gleichzeitig auch noch freigestellt, ob die Lösung über die Handlung, über die Zeichnung oder evtl. sogar in beiden Arten gefunden und dargestellt wird.

Sätze umwandeln

- Bilde zu jedem Aussagesatz einen passenden Frage- und einen passenden Aufforderungssatz.
- Schreibe die Frage- und Aufforderungssätze auf oder trage sie mit entsprechender Betonung einem anderen Kind vor.

▶ Die mögliche Wahl, die umgewandelten Sätze zu schreiben oder mündlich zu formulieren, gibt **Offenheit** in der Zeitgestaltung.

Durch-Aufgaben

Verteilen

- Verteile die 24 Bonbons an die angegebene Anzahl der Kinder.
- Lege zuerst, male dann und schreibe zu den Bildern die Rechnungen dazu!

1. 24 Bonbons werden an 4 Kinder verteilt:

24 : 4 = ◯

◯ ◯ ◯ ◯

Jedes Kind bekommt ◯ Bonbons.

2. 24 Bonbons werden an 8 Kinder verteilt:

24 : 8 = ◯

◯ ◯ ◯ ◯ ◯ ◯ ◯ ◯

Jedes Kind bekommt ◯ Bonbons.

▶ **Die Grundannahmen und Repräsentationsebenen im Sinne von Piaget und Bruner berücksichtigen:** Die Handlungsebene, die bildliche Darstellung und die Darstellung in symbolischer Form sind die einzelnen Repräsentationsebenen. Beim Umwandeln von einer Ebene in die andere findet sinnvolles Lernen statt (vgl. S. 79).
In den folgenden Beispielen sind meist alle Repräsentationsebenen, sogar in aufsteigender Form, berücksichtigt (Handlung, bildliche Darstellung und die Notation von Zahlen oder Buchstaben/Wörtern).

Zahlen darstellen und zerlegen

Mit Steckwürfeln „Zahlbilder" gestalten

- Baue zu den angegebenen Zahlen mit Steckwürfeln Figuren und male sie in das Kästchen.
- Lass dein Ergebnis von einem anderen Kind kontrollieren.

6

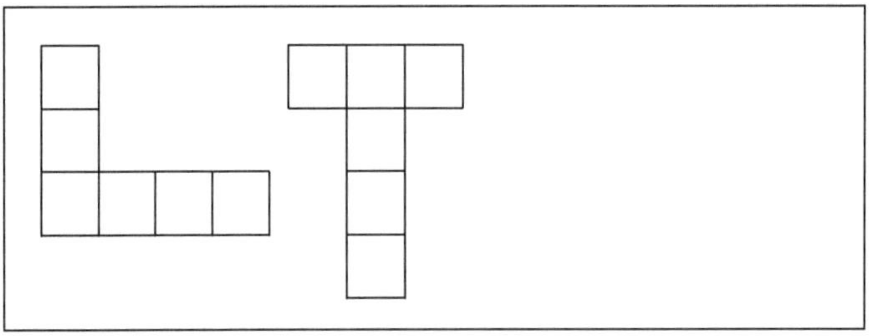

Diktatvorbereitung

- Suche im Text Wörter aus, die für dich schwierig zu schreiben sind.
- Schreibe sie auf.
- Laufe die Wörter auf den Laufbuchstaben.

▶ Die Umsetzung von der **symbolischen Ebene** in eine Handlung ermöglicht die Reihenfolge der Buchstaben nochmals zu „erlaufen".

Malaufgaben

■ Schreibe unter jedes Bild zwei Malaufgaben.

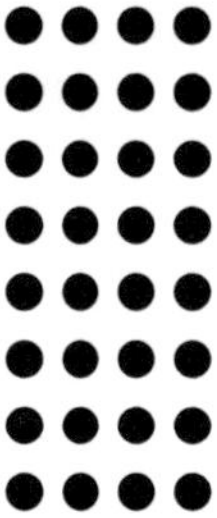

____

____

____

____

■ Male zu den Malaufgaben Bilder!

$4 \cdot 3 =$ ________

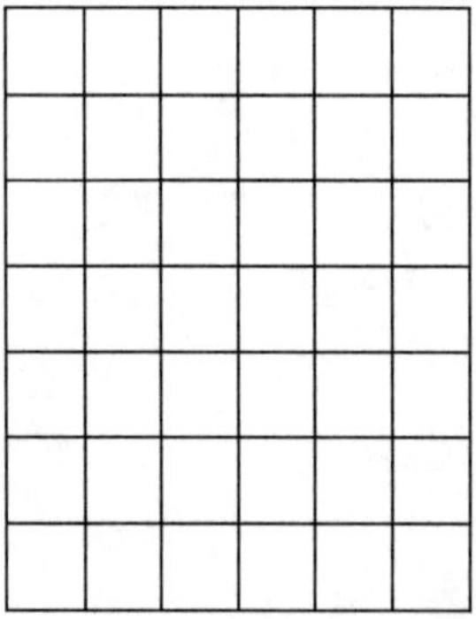

$5 \cdot 2 =$ ________

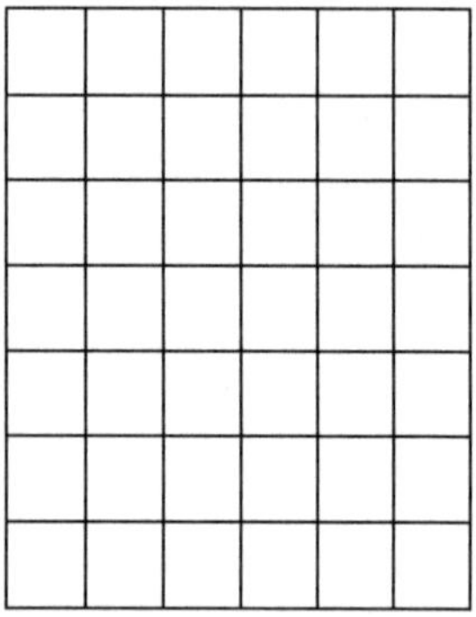

▶ Zum einen werden bildliche Darstellungen in **Symbolik** umgesetzt, die zweite Aufgabenstellung geht umgekehrt vor: zu einer symbolischen Darstellung eine bildliche anfertigen.

7. Schlussbemerkung

Ziel unserer Ausführung ist, für die spezifischen Zugangsweisen der Kinder ein Bewusstsein zu schaffen. Über genaue Beobachtungen, das Akzeptieren und die Stärkung der Gegebenheiten kann bei vielen Kindern sehr viel mehr erreicht werden als durch unablässige Versuche, ihnen ein (für uns) sinnvolles System zu verordnen.
Wer Kinder beobachtet, wenn sie sich frei für Dinge entscheiden können, wird sicher feststellen, dass sie sich bei Auswahlmöglichkeiten „intuitiv" für die Aufgabenstellungen, Aneignungs- und Lernarten entscheiden, die für sie individuell zuträglich sind, in denen ihnen die Arbeit und das Verstehen leichter fällt.

Vielleicht möchten sie nun in einem zweiten Durchgang in Anlehnung an die Beispiele für sich bestimmen, welche Aufgabenstellungen ihrem Lerntyp und ihrer bevorzugten Aneignungsart am ehesten entsprechen.

Literaturhinweise

Bernd Cleveland: Das Lernen lehren. Freiburg 1992
Michael Grinder: NLP für Lehrer. Freiburg 1995
Daniel Goleman: Emotionale Intelligenz. München 1997
Gustav Keller: Lern-Methodik-Training. Göttingen - Bern 1999
Barbara Meister Vitale: Lernen kann fantastisch sein - Kindgerechtes Lernen durch optimalen Einsatz beider Gehirnhälften. Berlin 1996[8]
Hans Schachl: Was haben wir im Kopf? Die Grundlagen für gehirngerechtes Lernen. Linz 1996
Frederic Vester: Denken, Lernen, Vergessen. München 1997 (24. Auflage)

Lehrerinnen und Lehrer in einer kindgerechten Grundschule

Roland Bauer

1. Vorbemerkungen

In der Einführung ist der wesentliche Grundansatz einer kindgerechten Grundschule beschrieben: Die Kinder mit ihren Voraussetzungen, Möglichkeiten und Ansprüchen stehen im Mittelpunkt. Aus diesem Grundansatz ergibt sich bereits die veränderte und erweiterte Rolle für die Lehrerin und den Lehrer: Sie können nicht mehr überwiegend im Mittelpunkt stehen. Wenn zwei oder gar drei Dinge oder Personen im Mittelpunkt stehen, gibt es dort ein großes Gedränge und gegebenenfalls zudem Verdrängungskonflikte.
Aus der Grundannahme, dass in einer kindgerechten Grundschule die Kinder im Mittelpunkt stehen, folgen veränderte Ansprüche an die Lehrpersonen. Den Hintergrund bildet ein veränderter Unterricht, aus dem sich ebenfalls wieder die Rolle für die Lehrerin oder den Lehrer definiert. Oft hat sich die Schule bisher an den von ihr zu vermittelnden Inhalten und Techniken orientiert, wobei deren Vermittlung direkt durch die Lehrerin oder den Lehrer erfolgte. Ein kindorientierter Unterricht sollte dem Kind die Möglichkeit geben, aus einem Lernangebot auszuwählen und wenigstens teilweise die Art und Weise der Aneignung, Schwerpunktsetzungen, Zeitaufwand (Verweildauer in einem Lernprozess), also den Lernprozess insgesamt, selbst entscheidend mitzubestimmen. Dass dabei den Kindern unterschiedliche Wege und unterschiedliche Aneignungsweisen angeboten, zumindest aber bewusst gemacht werden müssen, ist eine Selbstverständlichkeit. Eine stärkere Individualisierung verlangt jedoch unterschiedliches Vorgehen und verbietet gleichschrittiges und für alle gleich geartetes Denken, Arbeiten und Lernen.
Am Kind orientierte und beim Kind liegende Aktivitäten verbieten geradezu, dass die Aktivität überwiegend bei der Lehrperson ist. Dies soll nun nicht bedeuten, dass die Lehrerin oder der Lehrer im Sinne von „einfach wachsen lassen“ lediglich Freiräume einzuräumen haben und sich im Weiteren in vornehmer Zurückhaltung üben, sie müssen sich mit einem umfassenden Sachverstand und Wissen über Prozesse, das Lernen und selbstverständlich auch die Inhalte einbringen. Es sind in der Arbeit lediglich andere Schwerpunkte gesetzt, welche den angenommenen Grundansatz mit berücksichtigen.
Dazu gehören

- das Klassenzimmer, also den äußeren Rahmen gestalten
- Materialien und Angebote bereitstellen, die selbstständiges Lernen und zielgerichtete Lernprozesse ermöglichen

- die eigene Person zurücknehmen
- Kinder und deren Lernprozesse intensiv beobachten (weniger die Ergebnisse)
- in möglichst vielen Bereichen Vorbild sein
- Lernmöglichkeiten im Sozialverhalten, Lern- und Arbeitsverhalten und der Selbsteinschätzung schaffen

Alle bisherigen didaktischen Gesichtspunkte haben natürlich weiterhin Gültigkeit, wobei die von Reinhold Miller beschriebene Beziehungsdidaktik den Blick zusätzlich auf die zwischenmenschlichen Beziehungen richtet. Reinhold Miller (Miller, 1997) beginnt seine Einleitung mit dem Zitat von H. Sona: „Das Überleben der Menschheit hängt nicht davon ab, was wir wissen, sondern wie wir miteinander umgehen." Die Ministerin für Kultus und Sport in Baden-Württemberg, Marianne Schulz-Hektor, mahnte bei einer großen Lehrer/innenversammlung: „Bitte bedenken Sie immer", so sagte sie an die anwesenden Lehrkräfte aller Schularten gerichtet, „Sie unterrichten Kinder und keine Fächer!"

2. Als Lehrerin oder Lehrer andere Schwerpunkte mit berücksichtigen

Im herkömmlichen (auch stark stoff- und lehrgangsorientierten) Unterricht steht die Person und die Persönlichkeit der Lehrperson im Zentrum der Aufmerksamkeit. Die Kinder sind auf sie fixiert. Nun steht im Unterricht die Persönlichkeit des Kindes im Mittelpunkt, was bedeutet, dass Lehrerin und Lehrer aus dem Zentrum heraustreten müssen, damit sich das Kind entfalten kann. Die Lehrperson wird jedoch keineswegs überflüssig, auch wenn sie sich seltener an die ganze Klasse richtet. Sie wendet sich häufiger einzelnen Kindern zu, die in diesem Moment Hilfe benötigen oder ein besonderes Interesse anmelden. Sie muss dabei kostbare Augenblicke der Konzentration und des Wollens bei einzelnen Kindern erkennen, um sie, einzeln oder in kleinen Gruppen in neue Sachverhalte einzuführen. Sie spricht vermutlich deutlich weniger als bisher, sondern hört viel mehr zu, denn **Fragen verraten mehr über das Denken der Kinder als ihre Antworten**. Dasselbe gilt für die Aktivität insgesamt:
Lehrerinnen und Lehrer werden in einem derartigen Unterricht viel weniger aktiv sein, als dies lange Zeit zu beobachten war. Sie sind eher passiv, damit Kinder aktiv sein können und sich aktiv mit Dingen auseinandersetzen. Dazu gehört auch, dass sich Kinder mehr bewegen als bisher, frei bewegen, so weit es für die Erledigung ihrer Arbeiten notwendig ist, Arbeiten die sich nur selten auf das reine Zuhören, Schreiben, Stillsitzen usw. beziehen. Dort ist dann sicherlich wieder Unterstützung angesagt, beim Mithelfen, damit die Kinder Ordnung in diese Bewegung bringen und lernen, Rücksicht zu nehmen.

Die erweiterte Rollendefinition wird während des eigentlichen Unterrichts deutlich:

- Lehrerinnen und Lehrer treten in den Hintergrund des unterrichtlichen Geschehens.
- Aus dem bisherigen zentralen Vermittler und Organisator wird die Lehrperson zum Initiator und Moderator von Lernprozessen, zum Berater der Kinder.

Um die Einzigartigkeit des Menschen sinnvoll beim Lernen berücksichtigen zu können, muss die Einzigartigkeit der einzelnen Kinder zunächst erkannt werden. **Genaues Beobachten** und eine intensivierte Auseinandersetzung mit dem einzelnen Kind sind dazu notwendig. Nur differenzierte Beobachtungen lassen auch unterschiedliche Lerntypen und den momentanen Entwicklungsstand jedes Kindes aus persönlicher und sozialer Sicht erkennen.

Vielleicht klingt die folgende Frage zunächst provozierend, da sie den zentralen Aspekt unserer bisherigen Vorstellung von Schule in Frage stellt:

Kann man Kindern eigentlich etwas beibringen? Muss ein Kind nicht alles selber lernen?

Falls wir Kindern etwas beibringen können, dann können sie es nicht mehr selbst lernen. Für mich ergeben sich hier eindeutige Antworten: Man kann einem Kind nichts beibringen! Wir können nur anregen, ihm behilflich sein, lernen muss ein Kind selbst!

Motivieren durch das Aufbauen von Selbstbewusstsein, was sich im Bewundern, Ermuntern, im Zuwendunggeben ausdrückt. Für die Selbsteinschätzung ist vermutlich zeitweise auch Tadel notwendig. Doch sollten wir nicht vergessen, dass damit gerne wieder eine Fremdeinschätzung vorgenommen wird, welche die eigene Selbsteinschätzung behindert. Fakten beschreiben, Rückmeldungen geben, über offene Fragen zum Nachdenken anregen und dabei möglichst wenig werten, so können Selbsteinschätzung und Motivation aufgebaut werden.

Lernen benötigt **Lernumgebung und Materialien zum Lernen**. Leider sind die Bedürfnisse in dieser Hinsicht für jedes Kind anders. Es ist für Lehrerinnen und Lehrer schlichtweg nicht zu leisten, für alle Bedürfnisse entsprechende Materialien oder Lernsituationen anzubieten. Daher sind Freiräume dringend notwendig, die wir den Kindern einräumen, die sie (meist intuitiv) für sich sinnvoll nutzen und ausfüllen.

Kinder benötigen zum Wachsen und um sich daran auszurichten **realistische Vorbilder**. Idealbilder oder gar Ideale gibt es wenige. Ein realistisches Vorbild ist für mich dann gegeben, wenn auch wir zu unseren Eigenheiten, Stärken und Schwächen stehen und den sinnvollen Umgang mit diesen vorleben.

Für alles **Verantwortung** zu übernehmen ist ein Grundanspruch guter Lehrerinnen und Lehrer vor allem im Anfangsunterricht. Eine kindgerechte Schule gibt Verantwortung an die Kinder ab, denn sie sollen lernen, Verantwortung zu übernehmen. Das Detailwissen über die Kinder selbst lässt sich doch in der

Regel nur an Lernergebnissen ablesen bzw. erkennen. Im Zusammenhang mit Lern**prozessen** können wir Detailwissen nur noch durch genaue Einzelbeobachtungen erwerben. Wenn wir das tun, müssen wir auf andere Kontrollmechanismen wenigstens teilweise verzichten, da beides durch Lehrkräfte nicht zu leisten ist. Vielleicht schwindet damit der immer währende Überblick, das Wissen über den momentanen Stand aller Kinder, doch das Wissen über einzelne Kinder nimmt enorm zu, wie mir Lehrkräfte immer wieder sehr glaubhaft versichern. Sie räumen den Kindern mehr Freiheiten ein, praktizieren verstärkt offenes Arbeiten und erhalten damit viel mehr Zeit für einzelne Kinder. Sie erfahren sehr viel über deren Lernart, Lernprozesse und den Lernstand. Dies ist nicht täglich der Fall, aber dafür bei jedem einzelnen Kind über das Schuljahr gesehen umso intensiver.

3. Rahmenbedingungen schaffen, die den Kindern entsprechen

Um die Schule als Lern- und Lebensraum zu gestalten, müssen möglichst viele Aspekte umgesetzt werden, die für einen Lebensraum gelten, und solche, die einen Lernraum charakterisieren.
Ein Lebensraum gibt den Kindern Geborgenheit, erlaubt ihnen, sich zurückzuziehen, und ermöglicht selbstverständlich auch das gemeinsame Spielen, Singen, Erzählen, Essen usw. Ein Lernraum benötigt Anregungen, Materialien, die zum Lernen anregen oder das Lernen dort ermöglichen.
Im Folgenden wende ich mich überwiegend dem Lernraum zu, der sich in einer kindgerechten Schule doch etwas anders darstellt, als dies heute in Schulen zu beobachten ist.
Um beides, das Lernen nach Plan und den individuellen Lernfortschritt und das individuelle Lernen, zu ermöglichen, sind zusätzliche Angebote unabdingbar. Materialien sollten, wie auch bisher, möglichst unterschiedlichen Lernern entsprechen und den individuellen Lernfortschritt auch dokumentieren. Für das individuelle Lernen seien einige Anregungen angefügt:
Die Materialien sind so aufgebaut, dass die Kinder sie möglichst ohne zusätzliche Erklärungen selbst bearbeiten und vor allem auch ihr eigenes Lerntempo bestimmen können. Nähere Ausführungen dazu finden Sie in Roland Bauer: *Lernen an Stationen in der Grundschule* (Cornelsen Scriptor, Berlin 1997).
Mathematik-Pläne oder Lernstationen werden nach Themengebieten und nach Lernzielen zusammengestellt und aufgebaut.
Ein Minimum an gemeinsamer Einführung oder Auseinandersetzung in einer Lern- oder Kleingruppe mit der Lehrperson ist ein fester Bestandteil. Selbstkontrolle und natürlich auch Lernstandsnachweise sollten möglich sein.

Mathematik-Karteien (im weitesten Sinne)

Karteikarten, Aufgabensammlungen, Knobeleien, Spiele, Trainingsübungen usw. stehen ebenfalls thematisch geordnet bereit und können ggf. auch in Pläne integriert werden.

Mathematik-Projekte

Bereits in der Grundschule können forschende mathematische Fragestellungen in Einzelarbeit oder von Lerngruppen projektartig bearbeitet werden. Ein Ideen-Ordner gibt Fragestellungen und Anregungen. Gute Fundgruben sind Kinder- und Jugendzeitschriften.

Lese-Ecke

Sie stellt in bekannter Form Kinderzeitschriften, -zeitungen, Spiele, Comics, Gedichtsammlungen, Kurzgeschichten usw. zum freien Lesen zur Verfügung.

Lese-Stationenbetrieb

Dabei wird einzelnen Kindern oder Gruppen abwechslungsreiches Lesen ermöglicht. Die Ziele und Absichten können sehr verschieden (Sinnerfassung, Grundwortschatz usw.) gewählt werden.
Tonband-Lesen:
Jedes Kind sollte vom ersten Schuljahr an eine eigene Kassette besitzen, auf die es seine Leseübungen aufnehmen kann. Aufgenommene Übungen können im Austausch abgespielt und von den Kindern und der Lehrperson besprochen und (bei Bedarf auch) beurteilt werden.

Lese-Kartei

Ähnlich wie der Lese-Stationenbetrieb umfasst diese Kartei spezifische Übungen zur Optimierung der Lesefertigkeit. Spiele, Such-, Rätsel- und Kombinationstexte sollen das Textverständnis verbessern.

Sprechspiele und Sprechanregungen

Dahinter verbergen sich Sammlungen für Paare oder kleine Gruppen. Sie sollen Gespräche auslösen, Kommunikationsaspekte erfahren und üben lassen.

Lerngruppenbuch

Wenn sich die Kinder für ein Thema zu einer Lerngruppe zusammenschließen, sollten sie ihre Arbeiten und Fortschritte ebenfalls in einem Lerngruppen„buch“ vermerken.
Dieses Buch ist selbstverständlich auch in Form von einzelnen Blättern denkbar.

Geschichtenordner

Jedes Kind führt einen eigenen Geschichtenordner über die Zeit in der Eingangsstufe oder in der Grundschule insgesamt. Dort werden alle Geschichten gesammelt, die in dieser Zeit zu unterschiedlichen Themengebieten und aus unterschiedlichen Lernanlässen entstanden sind. In Klasse 1 sind solche Geschichten selbstverständlich auch in Bildform möglich!

Korrespondenz (Briefe schreiben)

Aus dem Wunsch, anderen eine Nachricht zukommen zu lassen oder den Kontakt zu einer anderen Klasse oder Schule zu pflegen, enstehen „sinnhafte“ Schreibanlässe im Schulalltag.

Ideen-Ordner

Dieser gibt Anregungen zum Verfassen eigener Texte und sollte auf jeden Fall für alle (reaktiven) Kinder zur Verfügung stehen.

Schreib-Vorhaben

bilden wiederum die Grundlage, um auch in diesem Bereich in Kleingruppen oder innerhalb einer Lerngruppe gemeinsam Texte zu gestalten, z. B. ein Kurz-Hörspiel, ein Buch o. Ä.

Eine persönliche Rechtschreibkartei

Diese sollte nicht zu früh und möglichst nur auf Wunsch des einzelnen Kindes angelegt werden. Das Kind entscheidet selbst, z. B. auf der Grundlage des Lerntagebuchs oder eines aktuellen Anlasses, ob es irgendwelche Wörter als sehr wichtig empfindet und sich die richtige Schreibweise merken möchte. Solche Wörter werden auf Wunsch des Kindes hier eingetragen und ebenfalls auf Wunsch auch mal später diktiert bzw. überprüft.

Diktat-Ideen

Unterschiedliche Diktate stehen sowohl als Text als auch auf Kassette zur Verfügung und können von den Kindern geübt und ggf. auch als Lernkontrolle selbst geschrieben werden.

Rechtschreibkartei

Falls Sie es für sinnvoll halten (ich tue es nicht!), kann eine derartige Kartei eingesetzt werden, die auf unterschiedliche Rechtschreibprobleme ausgerichtet ist (Es gibt diverse Karteien aus mehreren Verlagen).
Sie kann auf Wunsch oder gezielt eingesetzt werden.

Grundwortschatz

Ein dieser Altersstufe angemessener Grundwortschatz kann in unterschiedlicher Form zur Verfügung gestellt werden und wird von den Kindern selbst in verschiedene Übungsportionen aufgeteilt. Er steht zur Bearbeitung für möglichst unterschiedliche Lerntypen zur Verfügung.

Schönschreibtraining

Dies beginnt mit Materialien zu den einzelnen Buchstaben, die den Kindern frei zur Verfügung gestellt werden, und endet bei Anregungen und Hinweisen zur Gestaltung von kleinen Büchern, Geschichten, Einladungen usw.

4. Kinder genau beobachten - Leistungen erkennen und dokumentieren

Oft richtet sich das Hauptaugenmerk der Lehrkräfte im Unterricht auf die Lernergebnisse und vermutlich noch sehr gezielt auf (störende) Verhaltensweisen. Lernergebnisse sagen nichts oder wenig über den Lernprozess und über die Art und Weise der Stoffaneignung aus. Auch die Verstehensebene wird kaum beachtet. Zudem erhalten Kinder oft gar keine Rückmeldung, warum ihre Lernergebnisse falsch sind. Aus eigener Erfahrung mit meinen Kindern weiß ich, dass auch nur sehr selten Hilfen angeboten werden, die berücksichtigen, wo das Kind sich in seinem Lernprozess gerade befindet, und auf dieser Grundlage verbesserte Lösungsprozesse aufzeigen.
Die Leistungsmessung basiert auch heute noch überwiegend auf der Bewertung von Lernergebnissen: die richtige Lösung in der Mathematikaufgabe, der richtige und fehlerfreie Aufschrieb, die richtig erledigte Hausaufgabe usw. Früh in der Biografie von Grundschulkindern dominieren Diktate, kleine schriftliche Tests und erste Klassenarbeiten das Geschehen. Es geht sogar so weit, dass der Unterricht (fast) nur auf das nächste Diktat ausgerichtet ist und weniger auf das richtige Schreiben überhaupt. Diese Ausrichtung auf Fehlervermeidung kann unter Umständen zu mehr Fehlern führen. Oder wie es in einem Beitrag des Grundschulverbandes so schön im Zusammenhang mit Diktaten und dem darauf ausgerichteten Rechtschreibunterricht hieß: „Der Schwanz wedelt mit dem Hund."
Wir plädieren dafür, das Augenmerk stärker auf die Lernprozesse, auf die Art des Lernens und der Problemlösung zu richten als auf das entstehende Ergebnis. So erhalten wir Einblicke in die Denkstrukturen der Kinder, können gezielt Hilfen anbieten und müssen weniger über umfangreiche Tests Fehlerursachen ergründen. Kinder immer wieder zu bitten, während unserer Beobachtung und Begleitung laut zu denken, Fragen zu formulieren und ihr Tun zu beschreiben, ist Grundvoraussetzung beim Begleiten von Lernprozessen.
Geht es darum, die Kinder und ihre Lernprozesse genauer wahrzunehmen, sind für den Beobachter andere Fragestellungen leitend. Die Frage nach dem richtigen Ergebnis wird jedenfalls zweitrangig. Im Folgenden sind Fragestellungen zu unterschiedlichen Beobachtungsschwerpunkten dargestellt.

Gesprächssituationen bei Kindern

Der erste Themenbereich richtet sich auf die Gesprächsfähigkeit von Kindern und kann neben der Wahrnehmungsschulung selbstverständlich auch den Hintergrund für wertende Beobachtung und Wahrnehmung machen (Beurteilung):

Sich anderen zuwenden und zuhören

- Kann das Kind als Hörer sich anderen zuwenden und mimisch und körpersprachlich Interesse an anderen zeigen?
- Kann es einem anderen zuhören? Wie lange?
- Kann das Kind das Gehörte verstehen und verarbeiten?
- Kann das Kind auf das Gehörte antworten?
- Akzeptiert das Kind die Meinung anderer, ohne darüber zu lachen?
- Kann das Kind auf eine Aufforderung hin handeln?

Sich in Gesprächen äußern

- Äußert sich das Kind dann im Gespräch, wenn es dies für notwendig hält?
- Kann das Kind angemessen sagen, was es beabsichtigt?
- Kann das Kind einen Sachverhalt verständlich darlegen?
- Kann sich das Kind angemessen auf Partner einstellen?
- Kann das Kind auf die Partneräußerung eingehen? Kann es beim Thema bleiben? Kann es die eigene Meinung verständlich äußern und begründen?

Gesprächsregeln einhalten und über Gespräche reflektieren

- Stellt sich das Kind auf Gesprächsituationen und Gesprächsrituale ein und beginnt es, deren Ablaufprinzip zunehmend selbstständig mit zu vollziehen?
- Hält sich das Kind an grundlegende Gesprächsregeln wie „sich melden", „nur einer spricht", „nicht dazwischenreden" usw.?
- Beteiligt sich das Kind an Phasen der Metakommunikation, d. h., kann es über eigenes Gesprächsverhalten reflektieren, Gefühle, Kritik und Eindrücke über Gespräche benennen?
- Beteiligt sich das Kind konstruktiv an der Entwicklung von Gesprächsregeln?
- Kann das Kind Teilaufgaben der Gesprächs-„Überwachung" oder der Gesprächsleitung übernehmen?

Fragestellungen, die zum Beobachten sozialen Verhaltens und Lernens anregen

- Helfen sich Kinder gegenseitig?
- Arbeiten die Kinder auch als Partnergruppen oder in Gruppen?
- Stören sich Kinder gegenseitig beim Arbeiten?
- Hören sich Kinder zu, wenn andere etwas sagen?
- Sind Gesprächsformen und die Einhaltung von allgemeinen Gesprächsregeln beobachtbar?
- Möchten sich Kinder gegenseitig etwas mitteilen?
- Möchten Kinder von anderen etwas erfahren? Fragen sie danach?
- Wie arbeiten Kinder in einer Gruppe zusammen?
- Gibt es in der Gruppe eine situationsgerechte Rollenverteilung?
- Sind die Gruppenmitglieder in der Gruppe integriert?

- Gibt es in der Gruppe Außenseiter (wegen ihrer Stärke/Schwäche)?
- Wie ist die Einsatzbereitschaft einzelner Kinder?
- An was kann ich die Einsatzbereitschaft feststellen?
- Zeigen die Kinder Einfühlungsvermögen? Wie?
- Wie gehen einzelne Kinder mit Konflikten um?
- Wie wird Kritik geäußert? Von wem?
- Wie gehen einzelne Kinder mit Kritik um?
- Kann ich tolerantes Verhalten beobachten? In welchen Zusammenhängen und Formen?
- Übernehmen einzelne Kinder auch für andere Verantwortung?
- Wie äußert sich die Übernahme von Verantwortung für andere?
- Wie zuverlässig sind Kinder im Zusammenhang mit Aussagen und Versprechen, Vereinbarungen?
- Wo kann ich Gewissenhaftigkeit beobachten?
- Äußern Kinder sich zu Gedanken, Gefühlen, Einstellungen?
- Wie gehen andere mit solchen Äußerungen um?
- Kann ich umsichtiges Verhalten beobachten? Wo und wie?
- Kann ich Umweltbewusstsein beobachten? Wo und wie?

Fragestellungen, die zum Beobachten des Lern- und Arbeitsverhaltens anregen

- Wählen Kinder selbstständig Aufgaben aus?
- Setzen sich Kinder selbst Arbeitsziele?
- Können Kinder erreichte Ziele erkennen (und sachangemessen beurteilen?)?
- Erkennen Kinder ihren Leistungsstand? (Wie wird dies sichtbar?)
- Gibt es Äußerungen oder sonstige Feststellungen, die erkennen lassen, dass Kinder Defizite bei sich erkennen und einschätzen?
- Wie gehen Kinder mit (eigenen oder fremden) Äußerungen zu Lern- oder Leistungsdefiziten um?
- Erhalten oder holen sich Kinder Hinweise zur Verbesserung ihrer Arbeitshaltung?
- Erhalten oder holen sich Kinder Hinweise zur Verbesserung ihrer Lernleistung?
- Können Kinder Hilfe erbitten (und annehmen)?
- Bieten einzelne auch anderen Hilfe an? Wie?
- Sind Arbeitsregeln zu beobachten? Wie äußert sich das?
- Können Kinder Arbeitsanleitungen selbstständig ausführen?
- Fassen Kinder neue Inhalte rasch auf?
- Erkennen sie wesentliche Zusammenhänge?
- Gibt es Situationen, in denen einzelne Kinder Schlussfolgerungen aus ihrem Handeln und Arbeiten, aus ihren bisherigen Ergebnissen ziehen?
- Sind sie aktiv bei Ihrer Sache? Woran ist das erkennbar?
- Suchen einzelne Kinder andere Lösungswege? Kreativität?
- Dokumentieren Kinder ihren individuellen Arbeitsprozess? (In welcher Weise?)
- Kann ich „Zeiteinteilung“ beobachten?
- Benutzen Kinder im Rahmen ihrer Möglichkeiten unterschiedliche Präsentationsmöglichkeiten?
- Wie reagieren andere darauf?
- Sind Strukturen beim Lernen erkennbar?
- Ändern Kinder auch ihre Strukturen beim Lernen? Zufällig? Gezielt?

5. Sich selbst als eigenständige Person wahrnehmen und einbringen

5.1 Mit Neuem umgehen

In unserer eigenen Schulzeit und meist auch noch in der Ausbildung standen der Stoff, die Fachstrukturen und Vermittlungsweisen im Vordergrund. Auf dieser Grundlage wurde Unterricht geplant und gestaltet, auf dieser Grundlage auch beobachtet und als gut oder schlecht bewertet. Wir kennen sie alle noch, die Zeiten, in denen Unterricht und Lehrkräfte durch die Tür wahrgenommen und auf der Grundlage der feststellbaren Lautstärke (mit) bewertet wurden. Ein kindorientierter Unterricht sieht das Kind im Mittelpunkt. Es ist gut, wenn es dann gelingt, die Kinder möglichst oft und sinnvoll über die Sache selbst ins Gespräch zu bringen. Ein derartiger Unterricht lässt zu, dass sich Kinder in entsprechenden Phasen frei bewegen und mit unserer Hilfe Ordnung in diese Bewegung bringen.

Sie spüren schon, dann kommen die „alten" Einstellungen ins Wanken, können die bisherigen Forderungen an Unterricht nicht mehr erfüllt werden (z. B. mit ihrem stufenweisen und wechselbetonten Aufbau von Einzelstunden). Das heißt aber für uns, dass wir Sicherheiten abgeben. Wir haben nicht mehr die Sicherheit, dass andere z. B. aus unserer (engen) Führung das sinnvolle Arbeiten der Kinder ableiten. Wir werden öfters selbst in Zweifel kommen, ob die Kinder nun auch sinnvoll arbeiten, wo doch so viele unterschiedliche Arbeiten parallel erledigt werden und Sie sich als Lehrer/in im Moment „nur" mit einem anderen Kind unterhalten. Wenn wir zudem vermutlich noch vor Eltern, Kollegen und eventuell auch vor den Vorgesetzten unsere Arbeit vertreten müssen oder meinen, sie verteidigen zu müssen.

Wir müssen also erst selbst mit dem Neuen umgehen, uns unsere Sicherheit selbst erarbeiten.

Hier helfen wiederum genaue Beobachtungen und gezielte Wahrnehmungen:

- Beobachten, was einzelne Kinder gerade arbeiten, wie sie lernen und die Beobachtung aufschreiben. Dies macht die Unterschiedlichkeit und das Ausmaß der Arbeit bewusst.
- Einzelne Kinder bewusst einige Minuten beobachten, um zu sehen, was und wie sie arbeiten. Das Ergebnis der Betrachtung führt oft zu Stolz, weil der Rahmen für derartiges Arbeiten bereitgestellt wird.
- An einem Elternabend die Eltern ebenfalls an bereitgestellten Stationen arbeiten lassen und parallel dazu die Geräuschkulisse oder gar das ganze Geschehen mit einem Kassettengerät oder feststehendem Video aufzeichnen. Beim anschließenden Abspielen wird die „Arbeits-*lautstärke*" bewusst und erhält den notwendigen abgeschwächten Stellenwert.

Wer im Unterricht und mit den Kindern neue Wege geht, muss sich selbst erst an die neuen Wege gewöhnen, sie kennen lernen.

5.2 Sich selbst wahrnehmen

5.2.1 Einstellungen bei sich wahrnehmen und mit ihnen umgehen

Eine Lehrerin oder ein Lehrer in einer kindorientierten Grundschule geht mit der Unterschiedlichkeit von Kindern sehr gewissenhaft um. Die Grundvoraussetzung dafür ist, sich der eigenen Ansprüche und Möglichkeiten bewusst zu sein. Sich hier zu hinterfragen, sich die eigene Einstellung zu Stärken und Schwächen der Kinder im direkten Umgang mit ihnen bewusst zu machen, ist eine unabdingbare Voraussetzung. Einige Hinweise oder Fragestellungen können dafür leitend sein:

- Mit welchen Kindern arbeite ich gerne/weniger gerne?
- Wie gehe ich mit den Unterschieden um?
- Wie gehe ich mit empfindlichen Naturen um?
- Wie kann ich mit Widerspruch umgehen?
- Gelingt es mir, Zeit zu geben, oder bin ich eher ungeduldig?
- Kann ich warten?
- Gebe ich sehr rasch neue Impulse?
- Wie sieht es mit meinen Reglementierungen aus und dem Anspruch auf Einhaltung?
- Welche Ansprüche habe ich an Perfektion?

Dieses Bewusstsein für mich und meine Einstellungen hilft, mit passendem und abweichendem Verhalten angemessen umzugehen. Im herkömmlichen Unterricht und in einer eher lehrer- oder stofforientierten Schule fallen solche Dinge weit weniger auf. Es ist ein großes Übungsfeld, da viele Verhaltensweisen häufig als Störung wahrgenommen und durch Disziplinierung, zusätzliche „Motivation“ usw. unterbunden werden.

5.2.2 Den Schritt aus dem Mittelpunkt vollziehen und annehmen

Der Schritt aus dem Mittelpunkt ist anspruchsvoll, zumal zunächst die Verantwortung für das Geschehen noch in allen Bereichen vorhanden ist. Im Unterrichtsgeschehen selbst fällt die momentane Befindlichkeit noch gar nicht auf, erst danach kommt das Gefühl des Überfordertseins, genährt aus dem bedrückenden Bewusstsein, für alles verantwortlich sein zu müssen und all das nicht mehr schaffen zu können.

Deshalb ist es sehr wichtig, sich im Unterricht kurze „Auszeiten“ zu nehmen. Zeit für sich zu finden, in sich hineinzuhören, Ansprüche auszublenden und sich selbst zuzugestehen, was wir auch den Kindern zugestehen: sich der eigenen Lage und Situation bewusst zu werden. Dies den Kindern auch mitzuteilen, dass auch wir einen Anspruch auf solche Zeiten haben, signalisiert ihnen die Ernsthaftigkeit des Anspruchs und die Ernsthaftigkeit ihrer Person als Kind.

Mit etwas Übung können Sie sich eine **Entlastungs- und Entscheidungshilfe** aneignen: „dissoziieren“. Dies ist eine Möglichkeit, sich der eigenen Situation

bewusst zu werden oder sich in Belastungs- oder Konfliktsituationen von außen zu betrachten. Eigenes Verhalten kann damit beobachtet und beeinflusst werden. Es bedarf sicherlich einiger Übung:
Wenn wir uns in einer Situation (z. B. mit den Kindern) befinden, sind wir in der Regel auch meist mit unseren Gefühlen (positiven und negativen) sehr beteiligt. Damit ist das verstandesmäßig beeinflusste Agieren und Reagieren nur noch eingeschränkt möglich; wir werden von den Gefühlen sehr beeinflusst und lassen uns dadurch auch zu Handlungen treiben, die wir eigentlich gar nicht wollen. In solchen Fällen hilft die innere Trennung (dissoziieren):
Wir begeben uns gedanklich aus der momentanen Situation heraus und betrachten uns und die Situation von außen, wobei folgende „Schritte" hilfreich sind:

- eine tatsächliche oder und eine gedankliche Bewegung nach hinten
- in die Vogelperspektive gehen
- sich auf einer Bühne vorstellen
- sich auf einer Filmleinwand sehen
- das gedankliche Hineinschlüpfen in eine andere Person
- sich im Licht (Lichtkegel) sitzen, stehen, agieren sehen
- gedanklich auf einer Wolke schweben und beobachten usw.

Durch dieses „Beobachten" von außen verschwinden sofort die Gefühle und Emotionen. Meist gelingt es, danach so zu handeln, wie man es selbst jemandem empfehlen würde, der zuvor nach einem guten Rat gefragt hat.
Solche inneren „Ratschläge" aus der Beobachterposition heißen dann z. B.: „Du siehst müde aus, setz dich doch für einen Moment hin" oder „Es stehen ja gerade so viele Kinder um dich herum. Wenn es dir zu viel ist, dann unternimm etwas dagegen." Und so weiter.
Zusätzlich: Bei sich selbst immer wieder wahrnehmen, ob sich tradierte Verhaltensformen, aufkommendes schlechtes Gewissen, die Rückfrage, „was denken wohl die anderen?", usw. wieder in den Vordergrund schieben. Sich dabei immer bewusst machen: **„Neue Wege entstehen beim Gehen!"**

5.3 Mit Kolleginnen und Kollegen zusammenarbeiten

In unserer Ausbildung und vor allem bei den Prüfungen wurden wir zu Einzelkämpfern herangebildet. Wie tief steckt es oft noch in uns allen, wenn es z. B. darum geht, auch mal Schwächen oder Versagen in einem Bereich zuzugestehen.
Hier ist zunächst Offenheit gefragt und der Mut zum ersten Schritt.
Es bedarf auch des Mutes, um sich in ein Team einzubringen, mit seinem Können, mit seinem Wissen, aber auch mit seinen Schwächen und Bedürfnissen – und den anderen dasselbe zuzugestehen.
Wer vom Team erwartet, dass alle immer einer Meinung sind, wird schnell enttäuscht sein und sich wieder zurückziehen. Suchen Sie gegenseitig ihre Stärken und verstärken sie die jeweils. In einer gemeinsamen Vorbereitung

wird auf diese Weise eine große Bandbreite geschaffen und werden unterschiedliche Möglichkeiten entdeckt. Dann gilt es aber jedem seinen eigenen Weg und jeder ihren eigenen Weg zugestehen, Arbeiten für Gemeinsamkeiten aufteilen. Ergänzen, nicht gleich selber machen! Erweitern, nicht vereinheitlichen! Flexibel mit Dingen umgehen und die eigene Individualität genauso hoch halten wie die Individualität der einzelnen Kinder – ohne Wertung!
Notwendige Absprachen müssen in einem Team getroffen werden und eigene Zeiteinteilung muss in der Gruppe flexibler gestaltet sein. Wichtig ist im Sinne eines guten Teamgeistes, dass Absprachen getroffen und eingehalten werden!

5.4 Realistisches Vorbild sein

Kinder brauchen Vorbilder, sie brauchen realistische Vorbilder. Im Gegensatz dazu setze ich das Vorbild, meist ist damit das ideale Vorbild gemeint, das Ideal. Ein Ideal wäre ein mustergültiges, ein gedachtes Hochbild. Das können wir kaum sein.
Das realistische Vorbild ist leichter zu verwirklichen. Die Begriffe geben es schon vor. Realität ist das, was wirklich ist, das tatsächlich Gegebene, also das, was wir mitbringen. Das Vorbild ist das konkret an eine Person gebundene Bild, das Heranwachsenden bei der Selbstfindung und Gewinnung des eigenen Ichs als Orientierungshilfe zur Verfügung steht.
Manches gelingt uns auch nicht, nicht so, wie wir es vielleicht gerne hätten, wie wir uns gerne verhalten würden. Dann hilft nur Ehrlichkeit! Kinder haben es verdient, dass wir mit ihnen ehrlich umgehen, so wie wir es mit uns selbst hoffentlich auch tun. Als realistisches Vorbild können wir eine richtige, eine ehrliche Vorstellung von unserer Welt und von uns vermitteln. Es kostet uns nicht nur Zeit und Mühe, Kinder und Jugendliche auf das Leben vorzubereiten, manchmal ist auch das Eingeständnis nötig, dass wir nicht so stark und unfehlbar sind, wie wir es Kindern und Jugendlichen manchmal vorspielen, z. B.: pünktlich sein und Pünktlichkeit verlangen, mal unpünktlich sein und dann aber anderen auch die Unpünktlichkeit mal zugestehen.

5.5 Begründungen suchen

Viele Aussagen in diesem Buch, Aussagen von Kolleginnen und Kollegen, von Eltern usw. können selbstverständlich als Begründung für ein anderes Verhalten herangezogen werden.
Leider ist es immer noch notwendig, dass sich Lehrerinnen und Lehrer für sich und ihre Arbeit rechtfertigen müssen, nur weil diese anders ist, als Kollegen, Eltern usw. es bisher gewohnt waren oder noch sind.
Fast alle Bildungspläne, Rahmenrichtlinien, pädagogischen Leitlinien oder Vorbemerkungen und Aussagen aus den Lehrplänen selbst beschreiben heute in der Bundesrepublik ein anderes Bild, als es sich in vielen Schulstuben noch darstellt. Als Beispiel sind die Vorbemerkungen zum Anfangsunterricht

(Klasse 1 und 2) und der Klasse 3 aus dem Bildungsplan der Grundschule für Baden-Württemberg in der folgenden Aufstellung (s. S. 124 f.) von der „Soll-Darstellung“ in eine beschreibende Form umgesetzt. Nach meinem Verständnis ist derjenige oder diejenige, welche diese Forderungen des Bildungsplans, Vorbemerkung zu einer Stufe, einer Klasse verwirklicht, nach der Rechtslage dieses Planes eine gute Lehrerin, ein guter Lehrer. Unter Umständen fühlen Sie sich nun von der Auflistung überfordert, geradezu erschlagen.
Es wäre schön, wenn Sie sich dadurch anregen ließen, die Leitlinien, Vorbemerkungen usw. Ihres gültigen Lehrplanes für Ihre Klasse auf diese Weise nach unterstützenden (oder auffordernden) Hinweisen zu durchforsten; sich damit Argumente für das eigene Verhalten und eigene Tun zu holen und zu versuchen, diese umzusetzen.
Bedenken Sie jedoch bei allem eine bedenkenswerte Aussage von Frederic Vester, die er im Zusammenhang mit den Ansprüchen der Deutschen in einem Vortrag anmerkte: „Den Deutschen würde es viel besser gehen, wenn sie keinen so ausgeprägten 100-%-Fimmel (100-%-Anspruch) hätten!“

5.6 Sich selbst entscheiden - andere Entscheidungen akzeptieren

In einer veränderten Lehrerinnenrolle oder Lehrerrolle tauchen mit der Veränderung immer wieder Fragen auf. Diese sollte sich auch jeder immer wieder stellen und beantworten. Sie helfen der eigenen Klarheit und beim Annehmen von Andersartigkeit: Die ersten Fragen sind sehr grundsätzlich:

Ich möchte alles lassen, wie es ist!	**Ich möchte etwas verändern**
Ich habe ein Recht darauf und lasse mir dies auch nicht nehmen!	
Ich bin bereit, mit den Folgen zu leben! (andere haben dieses Recht und diese Pflicht auch!)	Was will **ich** verändern? Wofür bin **ich** bereit mich einzusetzen? Wofür setze **ich** mich ein? Was muss **ich** dafür tun? Wann fange **ich** damit an?

Kinder können sich diese Frage in der Regel in der Schule nicht stellen, sie müssen dann anfangen, wenn wir es wollen. Umso wichtiger ist für uns in ihrem Sinne die Frage:
„Und wann fange ich damit an, Dinge umzusetzen, die ich vielleicht schon lange im Kopf bewege und mir vorgenommen habe zu verwirklichen? **Diese Vorhaben müssen sinnvoll für mich und vor allem für die mir anvertrauten Kinder sinnvoll sein!“**

Eine gute Lehrerin/ein guter Lehrer im Anfangsunterricht ist, wer ...

- Schulanfänger als Person mit eigener Sicht, eigenen Wünschen, Zielen und Gefühlen annimmt
- Schulanfänger Sicherheit und emotionale Geborgenheit erleben lässt
- mit Schulanfängern Vertrautes fortsetzt
- Anforderungen und Bedingungen deutlich macht
- Verlässlichkeit und Orientierung ermöglicht
- im Anfangsunterricht dem Kind nur kurze Arbeitsphasen zumutet
- Kinder behutsam zum absichtsvollen, gezielten Lernen hinführt
- Kinder eingeübte Formen des freien Spiels aus dem Kindergarten weiterentwickeln lässt
- Kindern Selbstständigkeit bei der Auswahl der Partner, Inhalte und Materialien ermöglicht
- durch gemeinsam festgelegte Rituale und Regeln Geborgenheit und Sicherheit vermittelt
- Kinder lernen lässt, Einschränkungen durch andere zu bejahen
- das Bedürfnis nach selbstständiger Bewältigung von Schwierigkeiten achtet
- Irrtum und Fehler zugesteht
- gemeinsame Freude, Anteilnahme am anderen, das Stillwerden und Staunen pflegt
- die Schulung aller Sinne als grundlegende Voraussetzung zum Lernen anerkennt
- den Kindern Zeit gibt, Beeinträchtigung in den Sinneswahrnehmungen auszugleichen
- die Erlebnisfähigkeit steigert und Fantasie anregt
- die Kinder ermuntert, aktiv verschiedene Möglichkeiten des Planens, Nachdenkens, Handelns und Lernens kennen zu lernen und aufzugreifen
- von Anfang an vielfältige Lernformen anregt und ermöglicht, in denen das Spiel, freies Arbeiten projektorientiertes Lernen im Mittelpunkt steht
- eine vorbereitete Lernumgebung sichtbar macht und durch die Kinder nutzen lässt
- die Raumgestaltung bewusst an die des Kindergartens anknüpft
- die Klassenräume als Lebensräume für Kinder, Lehrerinnen und Lehrer gestaltet und anerkennt
- durch Klassenraumgestaltung schulische Lebens- und Lernprozesse strukturiert

Eine gute Lehrerin/ein guter Lehrer in Klasse 3 ist, wer ...

- akzeptiert, dass sich die Unterschiede zwischen den Kindern auf Grund der verschiedenen Lebenssituationen noch vergrößern
- akzeptiert, dass die Entwicklung beim einzelnen Kind nicht stetig verläuft
- Chancen in der Weiterführung des selbstständigen Lernens erkennt und nutzt
- durch entsprechende Lernanlässe und gezielte Beratung die Kinder fördert
- durch durchdachte Informationen und Lehrerhilfen dazu beiträgt, dass **alle** Kinder Lernsituationen erfolgreicher nutzen können
- Erziehung zu Leistungsfähigkeit und -bereitschaft als übergeordnetes Ziel sieht
- Leistungsrückmeldungen durch Angabe von Kriterien so weit wie möglich verständlich macht
- Leistungsrückmeldungen so gestaltet, dass sie vom Kind positiv auf sein sich entwickelndes Selbstbild bezogen werden können

- Kinder anregt, Verantwortung für ihren Lernprozess zu übernehmen
- Kinder anregt, sich um Mitschülerinnen und Mitschüler zu kümmern
- an den Unterricht aus Klasse 1 und 2 kontinuierlich anknüpft
- gewohnte Rituale und eingeübte Formen des Miteinanderumgehens aufnimmt und gemeinsam weiterentwickelt
- Formen des entdeckenden und exemplarischen Lernens aufnimmt und gemeinsam weiterentwickelt
- individuelle Lerntechniken aufnimmt und gemeinsam weiterentwickelt
- erlebnis- und handlungsorientierte Arbeitsweisen weiterführt
- Formen der Differenzierung weiterführt
- spezielle Fördermaßnahmen weiterführt
- sich über regelmäßige und gezielte Beobachtungen den unterschiedlichen Kenntnisstand der Kinder bewusst macht
- unter verschiedenen Fragestellungen gezielt beobachtet
- durch vielfältige differenzierende Angebote zum Experimentieren, Erproben, Handeln und Nachdenken anregt
- durch vielfältige individualisierende Angebote zum Experimentieren, Erproben, Handeln und Nachdenken anregt
- die genannte Auflistung als Stufenfolge erkennt und im Unterricht umsetzt
- im Unterricht Handlungsfelder eröffnet, in denen Kinder ihre Selbsterfahrung im Miteinander erweitern können
- den Kindern bei der Planung und Organisation ihres eigenen Lernens wachsende Verantwortung zutraut
- die Kinder bewusst zu systematischen Formen schulischen Lernens hinführt
- die erlernten Grundfertigkeiten im Lesen, Schreiben und den Grundrechenarten festigt und erweitert
- zum anschaulich-praktischen Lernen reflektierte und selbstständige Verarbeitung der gelernten Inhalte treten lässt
- die Kinder verstärkt an Zusammenhänge und Beziehungen der natürlichen, technischen und sozialen Phänomene der Lebenswirklichkeit heranführt
- die Kinder befähigt, Probleme wahrzunehmen
- die Kinder befähigt, zielorientiert Fragen zu stellen
- die Kinder befähigt, sich selbst Informationen zu beschaffen
- die Kinder selbstständig Lösungsansätze (auch durch Experimentieren und Erproben) finden lässt
- dadurch die Fantasie und Kreativität der Kinder fördert
- die Kinder Formen entwickeln lässt, wie sie Arbeitsergebnisse festhalten, darstellen und sichern können
- den Kindern ermöglicht, sach- und fachgerechte Sprechweisen zu erlernen
- die Kinder in der Ausführung selbst gewählter Aufgaben größere Ausdauer entwickeln lässt
- den Kindern hilft, zunehmend ihre Wahrnehmungsfähigkeit zu verfeinern
- die ganzheitliche Förderung der Kinder in der Schulung der Sinne und koordinativen Fähigkeiten einbezieht
- durch integrative Lernformen das Lernen unterstützt
- durch fächerverbindenden Unterricht den Horizont der Kinder erweitert
- durch eine vorbereitete Lernumgebung erfolgreiches Lernen ermöglicht
- durch das verantwortliche Umgehen mit der Zeit grundlegende Voraussetzungen für erfolgreiches Lernen schafft

Weiterführende Literatur

Felix von Cube: Lust an Leistung. Die Naturgesetze der Führung. München 1998
Claudius Hennig/Gustav Keller: Lehrer lösen Schulprobleme. Donauwörth 1992
Peter Hoeg: Der Plan von der Abschaffung des Dunkels. München, Wien 1995
Reinhold Miller: Sich in der Schule wohl fühlen. Weinheim und Basel 1989
Reinhold Miller: Beziehungsdidaktik. Weinheim und Basel 1997
Cornelea Nitsch/ Cornelia Schelling: Schule ohne Bauchweh. München 1997
Elmar Philipp: Teamentwicklung in der Schule. Weinheim und Basel 1996
Ulrike Potthoff u. a.: Gespräche mit Kindern. Frankfurt am Main 1995
Michael Schratz: Gemeinsam Schule lebendig gestalten. Weinheim und Basel 1996

Grundlagen und Ziele sinnvoller Elternarbeit

Roland Bauer

1. Vorbemerkungen

Beobachtungen und Hintergründe

Die Grundlage der Zusammenarbeit zwischen der Grundschule und den Eltern bilden häufig organisatorische Fragen sowie Informationen, die mit den Stoffinhalten und der Bewertung in der Schule zu tun haben. Die Eltern stellen dabei Erwartungen an die Schule und an die Lehrkräfte oder begeben sich nach und nach von der eher abwartenden Rolle in die Rolle des Informationsaufnehmenden. Mit anderen Worten: Die Lehrerinnen und Lehrer informieren die Eltern über die Rahmenbedingungen an der Schule, über die Inhalte, welche die Kinder hier lernen sollen, und natürlich auch über die Arten der Leistungsmessung, Hausaufgaben, gegebenenfalls noch über unterschiedliche Lernarten. Abschließend wird mit den Eltern noch abgeklärt, welche Beiträge und Unterstützungen von ihnen erwartet werden.

Bei vielen Gesprächen mit Lehrerinnen und Lehrern, aber auch mit Eltern hatte ich oft den Eindruck, dass die Zusammenarbeit zwischen Schule und Elternhaus dann schon als gut empfunden wird, wenn gegenseitig keine Ansprüche aneinander gestellt werden oder diese sich mit den Erwartungen zumindest weitgehend decken.

Bei Eltern sind durchaus Ängste vorhanden, die Schule könnte Erwartungen haben oder sogar Forderungen stellen, die man eventuell nicht erfüllen kann. Darüber hinaus befürchten einige Eltern, die Schule könnte vielleicht auch Dinge mitteilen, die weniger angenehm sind. Dasselbe kann ich auch bei vielen Lehrerinnen und Lehrern beobachten: Sie haben viel Kontakt mit Eltern, die Ansprüche an die Schule, die Lehrkraft richten, die Dinge kritisch hinterfragen usw. Um es wieder vereinfacht auszudrücken: Lehrerinnen und Lehrer haben Kontakt zu Eltern, die sich dafür einsetzen, dass ihr Kind in der Schule möglichst optimale Bedingungen und Unterstützung erfährt.

In diesem Falle sind ähnliche Ängste feststellbar, wie ich sie bereits aus der Sicht der Eltern beschrieben habe: Ängste, es könnten Erwartungen oder gar Forderungen gestellt werden, die von der Lehrerin oder dem Lehrer kaum erfüllbar sind.

Daneben beschreiben Lehrkräfte eine zweite Gruppe von Eltern oft als belastend: Eltern, die alles an die Schule abgeben und zum Teil sogar froh sind, dass sie sich in dieser Zeit nicht um ihre Kinder kümmern müssen.

Die gesetzlichen Rahmenbedingungen

Bei mir drängen sich im Zusammenhang mit solchen Gedanken die Grundlagen unserer Verfassung in die aktuellen Überlegungen:
Artikel 6 des Grundgesetzes schreibt den Eltern ein hohes Recht zu, formuliert dazu jedoch auch die Pflicht: „Pflege und Erziehung der Kinder sind das natürliche Recht der Eltern und die zuvörderst ihnen obliegende Pflicht."
Gleichzeitig ist in allen Landesverfassungen und den daraus abgeleiteten Schulgesetzen festgelegt, dass auch die Schule einen „Erziehungs- und Bildungsauftrag zu verwirklichen" hat.
Bei der Erfüllung ihres Auftrages hat die Schule das verfassungsmäßige Recht der Eltern, die Erziehung und Bildung der Kinder mitzubestimmen, zu achten.
Dieses Dreiecksverhältnis, das sich ausgehend vom Kind zusammen mit den Eltern und der Schule bildet, möchte ich als Ausgangssituation meiner Grundüberlegungen für eine erfolgreiche Zusammenarbeit zwischen Eltern und Schule aufnehmen.

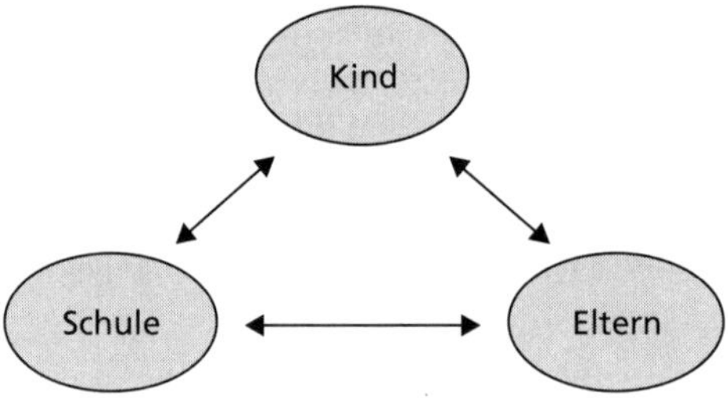

Folgerungen

Wenn die Eltern Einfluss auf das Kind nehmen, was ihnen als natürliches Recht zusteht, und die Schule auf das Kind Einfluss nimmt, was Bestandteil ihres verfassungsmäßigen Auftrags ist, dann müssen die beiden „Einflussnehmenden" im Sinne des Kindes eng zusammenarbeiten, wenn ihr Einfluss auf das Kind sinnvoll sein und nicht in unterschiedliche Richtungen zielen soll. Im Interesse der Kinder ist also eine enge Zusammenarbeit, sind Absprachen, ist ein möglichst hoher gemeinsamer Konsens zu finden und zu leben.
Spätestens mit dem Schuleintritt in die Grundschule wird es höchste Zeit, sich über Betrachtungsweisen, gemeinsame oder unterschiedliche Wünsche und möglichst einheitliche oder zusammen passende gemeinsame Zielrichtungen zu verständigen.
Die im Folgenden angestellten Überlegungen und Hinweise gehen davon aus, dass in der Schule bisher schon und natürlich auch in der Zukunft die sich aus dem Bildungsauftrag ergebenden Aufgaben und Forderungen auf jeden Fall transparent dargestellt werden. Dass also die Eltern informiert werden oder noch besser sich informieren können, welche Inhalte in der Schule vermittelt

werden, in welchen Formen gearbeitet wird, welche Ziele hier verfolgt werden und auch: wie Leistungsmessung und letztendlich auch Auslese in der Schule stattfindet.
Diese Darstellung, so erlebe ich es jedenfalls, sollte möglichst auf sachlicher Ebene erfolgen und transparent sein. All diese Überlegungen sind in den Lehrplänen und gesetzlichen Grundlagen zwar sachlich und meist auch gut beschrieben, werden jedoch innerhalb der konkreten Gegebenheiten jeder Schule durch die einzelne Lehrerin oder den einzelnen Lehrer ganz unterschiedlich interpretiert und ausgebreitet und von der einzelnen Mutter und dem einzelnen Vater ganz unterschiedlich aufgenommen und angenommen. Die individuellen Voraussetzungen und Hintergründe der jeweiligen Schule und der jeweiligen Eltern entscheiden, welchen Stellenwert und welche Deutung den „Sachen" beigemessen wird.

Überblick und Zusammenhänge

Mir geht es in den folgenden Ausführungen zunächst um diese Hintergründe. Ich gehe davon aus, dass es oft zwangsläufig zu Missdeutungen, zu Missverständnissen und zu Zerreißproben im Miteinander kommt, wenn diese Ausgangslage, dieser Hintergrund nicht mit berücksichtigt oder im günstigsten Falle auch geklärt ist. Unterschiedliche Lebensgrundlagen und unterschiedliche Einstellungen sowie unterschiedliche tägliche Erfahrungen bilden im Hintergrund die Ausgangslage für aktuelles Handeln.

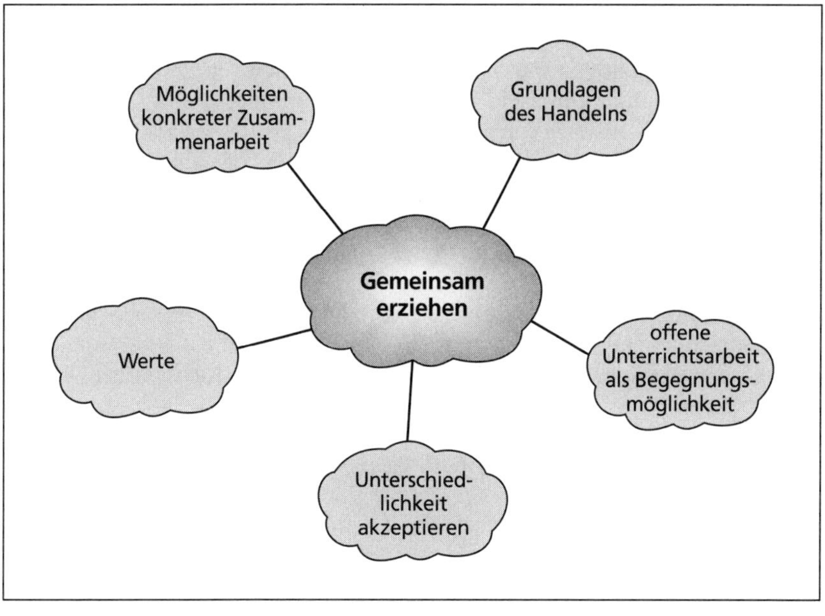

An diesem aktuellen Handeln lassen sich demnach auch Hintergründe wahrnehmen, annehmen und in die gemeinsame Verantwortung integrieren.
Die Zugehensweise für ein Miteinander kann daher über Beschreibungen aktuellen Handelns oder grundsätzlich über eine Wertediskussion erfolgen. Beide Möglichkeiten sind zunächst umfangreich dargestellt, verbunden mit praktischen Tipps und Anregungen für eine Umsetzung in Eltern- bzw. Schulveranstaltungen.
Neue Begegnungsmöglichkeiten sind vor allem in Feldern möglich, in denen gleichberechtigte Partner gemeinsam neue Wege entwickeln und gehen können. Im Zusammenhang mit der Verstärkung von offener Unterrichtsarbeit werden Ansätze und Möglichkeiten aufgezeigt.
Unterschiedlichkeit verstehen und akzeptieren und lernen, damit umzugehen, ist eine Grundvoraussetzung für den partnerschaftlichen Umgang miteinander und vor allem für das Vereinbaren und Verfolgen gemeinsamer Ziele im Interesse der Kinder. Auf die Verständigung über Grundansätze und den Umgang mit ihnen folgt eine Auflistung von Möglichkeiten der konkreten Zusammenarbeit. Die Schlussbemerkungen verbinden die Grundziele sinnvoller Arbeit wieder mit der eingangs erwähnten Verantwortung für die Kinder.

2. Verständigung über Grundlagen der Erziehung und Betrachtungsweisen

Die Wichtigkeit der Verständigung darüber

Das Dreiecksverhältnis Kind – Schule – Familie steht bei diesen Betrachtungen im Mittelpunkt. Ihm sind Strukturen zugeordnet, die in Familie und Schule, aus der Sichtweise von Eltern und aus der Sichtweise von Lehrerinnen und Lehrern durchaus unterschiedlich oder aber auch gleich gesehen werden können. Die wertfreie Beantwortung der dazugehörenden Fragestellungen ist meines Erachtens eine unabdingbare Grundlage für eine gemeinsame Erziehungsplattform und vor allem für gegenseitiges Akzeptieren und Verstehen. Mit dem Gespräch darüber hat sich natürlich noch nichts verändert, aber die unterschiedlichen Standpunkte verdeutlichen auf jeden Fall, dass hier zum einen Akzeptanz und zum anderen Abgleich dringend notwendig sind, *bevor* aus allen Richtungen Ansprüche an die Kinder und Maßnahmen auf sie gerichtet sind.
Die Leserin oder den Leser mögen nun unter Umständen Gedanken beschäftigen, wie diese Grundlagendiskussion geleistet werden soll. Dass diese Diskussion über die Grundlagen des Erziehungsauftrags überhaupt stattfindet und ein Bewusstsein geschaffen wird, das ist das Wesentliche, ob dabei eine Angleichung erreicht werden kann, ist zweitrangig.

Möglichkeiten der äußeren methodischen Gestaltung

Ich habe selbst sehr gute Erfahrungen damit gemacht, in Anlehnung an die folgende Darstellung bereits bei einem der ersten Elternabende (auch im Rahmen meiner persönlichen Vorstellung) einen Überblick über Themen zu geben, die mich im Zusammenhang mit dem Erziehungsauftrag der Schule und den Wirkungen auf die Kinder beschäftigen.
Diese Themen könnten anschließend den Eltern mitgegeben werden, um ihnen eine eigene Auseinandersetzung damit zu ermöglichen. Auf diese Weise ergeben sich immer inhaltliche Schwerpunktsetzungen für folgende Elternveranstaltungen, auf denen dann Teilthemen oder benachbarte Themengebiete weiter bearbeitet werden können.
Eine andere Zugangsweise ist unter Verwendung von Comics, Bildern, Fotos oder kurzen Aussagen möglich: Um vor allem die Eltern auch untereinander und mit den Lehrkräften in Einzelgespräche zu bringen, können einige Schlüsselbegriffe wie „Umgang mit der Zeit“, „Umgangsformen“ usw. angeheftet/angehängt werden. In Prospekthüllen liegen bildliche Darstellungen, Comics, Sprüche oder Zeichnungen mit Alltagssituationen aus der Familie oder der Schule aus. Die beteiligten Personen wählen sich Comics aus und versuchen sie den ausgehängten Schlüsselbegriffen zuzuordnen. Wenn sie sich dann auch noch mit anderen über ihre Auswahl oder die Zuordnung austauschen, sind gute Grundlagen für eine Vertiefung oder Fortsetzung bereits gelegt. Zettelabfragen zu einzelnen Schwerpunkten oder auch Diskussionsspiele sind weitere Möglichkeiten, um viele in eine Auseinandersetzung und in Gespräche einzubeziehen. Beim Diskussionsspiel stellt ein Brettspiel mit Ereigniskarten für eine Gruppe den Ausgangspunkt für die Auseinandersetzung mit den Inhalten dar, die auf den Ereigniskarten geschrieben stehen. Diese Inhalte können Aussagen oder Zitate sein, aber auch Bilder, Fragen usw.
Vor allem können und sollten auf diese Weise mit den Eltern schon andere Formen des Austausches gepflegt werden, als sie den Eltern bewusst oder aus der eigenen Schulzeit bekannt sind: Lehrerinnen und Lehrer informieren, erklären und reden viel, Eltern nehmen auf. Unter dem Strich werden damit ja nur wieder tradierte Vorstellungen und bisherige Vorgehensweisen bestätigt.

Inhaltsebenen

Anregungen für Inhalte, die den gemeinsamen Erziehungsauftrag berücksichtigen und gleichzeitig Hintergründe von erzieherischem Handeln in den Vordergrund rücken, sind in der folgenden Abbildung dargestellt.
„Häufig unterschiedlich, selten ausgetauscht, seltenst abgeglichen“, so überschrieb ich die Zusammenstellung bei einem Eltern-Lehrerinnen-Seminar. Mut zum Austausch und zum Abgleich der unterschiedlichen Vorstellungen von erzieherischem Handeln, für eine Anpassung im Sinne der Kinder, das möchte ich damit anregen. Die Fragestellungen sind dabei auf beide Systeme zu beziehen, auf Denkart und Ansprüche der Eltern und der Schule.

Die Gliederung in Themenblöcke und stichwortartige Auflistung stellt eine Anregung für Besprechungen untereinander und besonders auch für Betrachtungen in themenbezogenen Elternveranstaltungen dar:

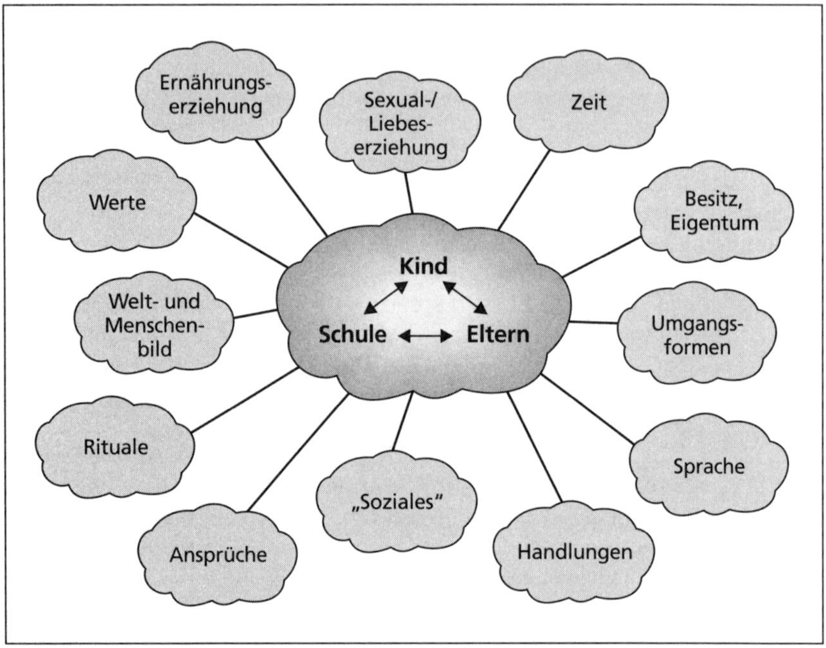

Umgang mit der Zeit in der Familie und in der Schule

- Wie wird im Alltag, in der Woche, im Jahr mit Zeit umgegangen?
- Gibt es klar erkennbare Zeitstrukturen, Pläne usw.?
- Wie werden Terminregelungen getroffen und eingehalten?
- Was geschieht bei Termineinhaltung, bei Verstößen gegen Terminvereinbarungen? (Unpünktlichkeit)
- Wie wird Pünktlichkeit erwartet, geschätzt, selbst gelebt?
- Wie lange dauern alltägliche oder besondere Handlungen im Alltag, in der Freizeit, in der Familie und natürlich auch in der Schule?
- Was gilt in der Familie als genutzte, was als vertane Zeit?
- Was gilt in der Schule als genutzte oder als vertane Zeit?

Umgang mit Besitz und Eigentum

- Wie kommt man zu Besitz und wie wird damit umgegangen?
- Wie werden Übergriffe auf diesen Besitz bewertet?
- Gibt es eine Abgrenzung zwischen Einzel- und Gemeinschaftsbesitz? Wie sieht sie aus?

- Wie ist die Zugänglichkeit von Räumen und Gegenständen geregelt (z. B. beim Auto, beim Zimmer, bei Schränken oder gar bei einfacheren Dingen wie dem eigenen Mäppchen usw.)?
- Stehen gegebenenfalls Geld und Leistung im Wechselspiel?
- Welchen Stellenwert hat Geld?
- Lasse ich andere an Besitz/an meinem Eigentum teilhaben?

Umgangsformen

- Gibt es hierarchische Strukturen in der Familie? („oben" - „unten")
- Wie extrem werden die hierarchischen Strukturen in der Schule empfunden?
- Wie wird Hilfsbereitschaft gesehen, gelebt, unterstützt?
- Wie hören sich verbindliche Aufforderungen oder Befehlsformen an? Gibt es Erklärungen zu solchen Aufforderungen/Befehlen?
- Was wird unter Höflichkeit verstanden? Welchen Stellenwert hat Höflichkeit? Was gehört dazu?

Stellenwert und Verwendung der Sprache

- Wie findet der Sprachgebrauch allgemein statt?
- Welchen Stellenwert haben welche Gespräche?
- Wie hören sich Belehrungen an?
- Gibt es auch Spott in der Sprache?
- Wie wird Lautstärke in der Sprache eingesetzt?
- Was ist vorrangig im Umgang miteinander? (Dialog/Monolog)
- Was herrscht vor, situationsorientiertes oder personenorientiertes Sprachverhalten?
- Was wird verschwiegen, was wird besprochen?

Handlungen, Aufgaben und Anforderungen an diese Aufgaben

- Was sind alltägliche, was sind besondere Handlungen?
- Was wird als notwendig, überflüssig oder als Luxus angesehen?
- Was ist Arbeit, Freizeit, Entspannung?
- Welcher Aufwand wird für einzelne (welche?) Dinge betrieben?
- Was sind fest definierte alltägliche oder besondere Aufgaben?
- Welche Anforderungen werden aneinander und an Handlungen gestellt?

Soziale Einstellungen/soziales Verhalten

- Gibt es Rechte und Pflichten? Wie sind sie definiert? Wie werden sie eingefordert?
- Wie werden Sanktionen gehandhabt?
- Gibt es Außenbeziehungen (welche, wo, wann)?
- Was für Kontakte gibt es (Körperkontakte, Blickkontakte, symbolische Kontakte)?

Anspruchsdenken

- An wen werden Ansprüche gestellt (Partner, Kinder, Eltern, Lehrer/innen, Gesellschaft usw.)?
- Welche Ansprüche an die Leistungsfähigkeit werden von wem gestellt?
- Welche Ansprüche sind an die Zukunft der Kinder gerichtet?
- Gibt es sonst noch Ansprüche an ...?

Rituale

- Welchen Stellenwert haben Feste und Feiern? Wie werden sie begangen?
- Gibt es „Rituale“ zum Tagesbeginn und Tagesabschluss?
- Gibt es Rituale zum Wochenbeginn und zum Wochenabschluss?
- Gibt es Derartiges beim Essen? Sind alle zum Essen da?
- Gibt es am Wochenende feste Strukturen und Gemeinsamkeiten?

Welt- und Menschenbild

- Existiert ein bewusstes Bild von der Welt, vom Menschen?
- Welche Aufgabe wird den Dingen zugeordnet?
- Wird die Einzigartigkeit eines jeden Menschen anerkannt?
- Wird die Außenwelt als freundlich, bedrohlich, böse oder neutral gesehen?
- Was gilt als gut und was als schlecht?

Werte

- Welche Werte werden angestrebt? Was gilt überhaupt als erstrebenswert?
- Gibt es Prioritäten bei erstrebenswerten Werten und Zielen?
- Welche Einstellungen und Lebensziele existieren und sind wichtig?
- Was gilt als gut und als schlecht?

Betrachtung von zwei <u>Inhaltsebenen</u>, welche Einstellungen und Betrachtungen der Familie und der Kinder direkt und vermutlich täglich berühren:

Ernährungserziehung

- Welche Wichtigkeit wird gesunder Ernährung beigemessen?
- Was ist gesunde Ernährung?
- Was machen Familien und die Kinder mit Widersprüchen?
- Sind Unterschiede bewusst, beeinflussbar oder evtl. unbeeinflussbar?

Sexual- und Liebeserziehung

- Welchen Stellenwert haben diese Themengebiete und Einstellungen?
- Wird darüber gesprochen oder vieles/alles verschwiegen?
- Wie wird darüber gesprochen?

- Wie ist das vorbildliche Umgehen mit Liebe und Sexualität?
- Welchen Umgang gibt es mit widersprüchlichen Vorstellungen und widersprüchlichem Sprachgebrauch?

Weitere Ebenen, die aus der Sicht der Schule unbedingt in einem Gedankenaustausch mit berücksichtigt werden sollten:

„Lernziel Selbstständigkeit"

- Welche Dinge werden Kindern zugemutet?
- Wo wird Selbstständigkeit erwartet und unterstützt?
- Wo erhalten Kinder den Rahmen für selbstständige Entscheidungen?
- Wie wird mit ihnen umgegangen, auch wenn sie nicht den Vorstellungen entsprechen?

Umgang mit Fehlern

- Richtet sich die Konzentration eher auf richtige Handlungen als auf Fehler?
- Werden richtige Handlungen verstärkt oder Fehler angesprochen und ausgeräumt?
- In welchem Zusammenhang werden Fehler genannt?
- Bieten Fehler Anlass zu Tadel und Rüge?
- Stehen Strategien zur Fehlerkorrektur im Vordergrund?
- Werden Fehler eher vertuscht oder konstruktiv angesprochen?

Aufsichtspflicht

- Wie gehen Eltern mit der Aufsichtspflicht um?
- Welche Erwartungen sind an Aufsicht geknüpft?
- Welche Freiheiten und Verantwortlichkeiten werden Kindern eingeräumt?
- Wie werden Verantwortlichkeiten sichtbar gemacht?
- Woran ist Aufsicht erkennbar?

Als Schlussanmerkung für alle Beteiligten und vielleicht auch als Entlastung und erneutes Nachdenken über die Aufsichtspflicht:

- Ist bekannt, dass für Eltern und Schule die gleichen gesetzlichen Grundlagen zur Aufsichtspflicht gelten (Aussagen im Bürgerlichen Gesetzbuch)?

Zusammenfassung

Sie sehen, es gibt viele Bereiche im Alltag der Kinder, im Alltag in der Schule und natürlich in der Familie, die von Schule und Elternhaus berührt werden. Hier ist zunächst Gesprächsbedarf und in der Folge gibt es sicher den einen oder anderen dringenden Klärungsbedarf. Nur so können zukunftsgerichtet gemeinsame Ebenen für Gespräche und Handlungen geschaffen werden. Dies ist notwendig, wenn Kinder zwischen unterschiedlichen Betrachtungsweisen,

Anforderungen und Bestätigungen nicht zerrieben werden sollen, wenn sie sich im Sinne der Schule und der Eltern zu Persönlichkeiten mit eigenen Meinungen und Ansichten entwickeln sollen.
Denn: Schule ist ein Lebensraum für Kinder! Schule und Eltern haben eine Aufgabe, an der sie miteinander gemeinsam arbeiten müssen!

3. Gemeinsamkeiten finden – „Werte“ als Anregung

Sich der eigenen Werte bewusst zu werden, evtl. in Gruppen darüber ins Gespräch zu kommen und auf diese Weise Verständnis füreinander zu erzeugen, zusätzlich vieles auch bei sich selbst bewusster zu leben, sind Ziele der vorgeschlagenen Verständigung zwischen Eltern und Lehrerinnen und Lehrern. Am Ende der beschriebenen Verständigungsphase eint idealerweise beide Gruppen der Wunsch, eine gemeinsame Erziehungsarbeit zu leisten.
Zu diesem Zweck habe ich ohne jeglichen Anspruch auf Vollständigkeit eine Liste von Werten im weiteren Sinne zusammengestellt und alphabetisch geordnet. Die folgenden Arbeitsaufträge sprechen für sich und können durchaus auch so z. B. in einen Elternabend eingebracht werden:

Werte von A bis Z

Achtung
Aktivität
Anerkennung
Ausgeglichenheit
Bildung
Charisma
Demokratie
Distanz
Disziplin
Ehre
Ehrlichkeit
Einfluss
Erfolg
Familie
Fantasie
Freiheit
Freude
Freundschaft
Frieden
Gastlichkeit
Gerechtigkeit
Geschmack
Geselligkeit
Gesundheit
Glaube
Gleichheit
Glück
gehobener Lebensstil
gute Laune
Harmonie
Heiterkeit
Herkunft
Höflichkeit
Identität
Individualismus
Jungfräulichkeit
Kameradschaft
Klugheit
Kompetenz
Kreativität
Lässigkeit
Liebe
Macht
Menschlichkeit
Mitgefühl
Mut
Nachkommen
Nachsicht
Nähe
Natur
Objektivität
Offenheit
Ordnung
Persönlichkeit
Pflichtbewusstsein
Pracht
Pragmatismus
Pünktlichkeit
Rechtmäßigkeit
Redegewandtheit
Reichtum
Ruhe
Ruhm
Sauberkeit
Selbstverwirklichung
Sexualität
Sicherheit
Sparsamkeit
Stärke
Tapferkeit
Tatkraft
Toleranz
Treue
Überlegenheit
Überzeugung
Umweltschutz
Unabhängigkeit
Unparteilichkeit
Verantwortung
Vergnügen
Vernunft
Vertrauen
Wahrheit
Weisheit
Weitblick
Zärtlichkeit
Zeitlosigkeit
Zugehörigkeit
....

Mögliche Arbeitsaufträge für einen Einstieg, eine Auseinandersetzung mit den Werten

Arbeitsauftrag 1:

- Kennzeichnen Sie in der Liste zunächst alle „Werte", die Ihnen persönlich, also für Sie selbst (oder z. B. auch für die Kinder), wichtig sind.

Arbeitsauftrag 2:

Meine wichtigsten Werte! Warum?

a) Finden Sie die zehn wichtigsten Werte und bringen Sie diese in eine Rangfolge von 1 bis 10.

b) Überlegen Sie bei jedem der Werte, wie es Ihnen geht, wenn dieser Wert erfüllt ist. Ist er immer noch für Sie wichtig?

1. ______________________________

2. ______________________________

3. ______________________________

4. ______________________________

5. ______________________________

6. ______________________________

7. ______________________________

8. ______________________________

9. ______________________________

10. ______________________________

Einige Überlegungen, die dem weiteren eigenen oder gemeinsamen Hinterfragen dienen

Woher kommen sie, diese Werte, diese Normen und Ziele?
Wer hat sie aufgestellt?
Wer hat sie gesetzt?

Sind es Glaubenssätze?
Sind es für uns wichtige Dinge, für die wir auch bereit sind uns einzusetzen?
Sind es Dinge, die uns die Umgebung auferlegt?
Sind es ...

Der folgende Satz eröffnet weitere Möglichkeiten, sich über gemeinsame Lebensziele zu unterhalten, zumal sich aus meiner Sicht dadurch „innere Zielstellungen“ beleuchten oder erzeugen lassen:

„Um ein erfülltes Leben zu führen, muss ich ____________________ sein.“

Diese Aussage beschreibt eine Sehnsucht, ein Verlangen, ein Begehren des einzelnen Menschen, seine Suche nach einem bestimmten Lebenszustand, nach einer bestimmten Lebensqualität. Es ist ein mächtiger Traum, ein Traum der von innen wirkt.
Hier sehe ich auch den Hauptansatz im Interesse der Kinder: Ihnen die Möglichkeit zu geben, dass sie solche inneren Sehnsüchte erzeugen können. Sehnsüchte, die sie dann auch leben können und die dem Leben Sinn und Orientierung geben.
Ich bin sicher, derartige Überlegungen und Diskussionen, an denen Mütter und Väter sowie Lehrerinnen und Lehrer beteiligt sind, bauen Hierarchien ab, verdeutlichen den gemeinsamen Erziehungsauftrag und sind im Sinne der Kinder sehr fruchtbar und zuträglich. So können Ängste abgebaut werden, denn die Ansprüche werden in der Folge hoffentlich weniger an andere Personen gerichtet, sondern viel mehr an sich selbst.

4. Offene Unterrichtsarbeit als Begegnungsmöglichkeit

Offenere Unterrichtsformen zielen auf eine individualisierende (Gemeinschafts-)Schule, in der sich die Kinder innerhalb ihrer Lerngruppe und die gesamte Lerngruppe als Gemeinschaft möglichst ganzheitlich und autonom entfalten können. Wird der Bildungsauftrag so umfassend verstanden und umgesetzt, dann haben die Eltern sowohl ein Anrecht darauf als auch die Pflicht, sich mit ihren Möglichkeiten an diesem Prozess zu beteiligen.
Offene Unterrichtsformen öffnen zumindest zeitweise auch die Klassenzimmertüren und lassen Einblicke und Ausblicke zu. Kinder können sich dabei alleine oder in Gruppen mit einzelnen Inhalten beschäftigen, Fragen nachge-

hen oder auch Sicherheit beim konsequenten Üben erreichen. Hier sind ihnen Ansprechpartner oft willkommen, die sie jedoch aus eigenem Antrieb und in eigener Verantwortung ansprechen und auswählen können. Meist sind dies Mitschülerinnen oder Mitschüler oder die Lehrkraft. In diesem Sinne können sich auch Eltern als Ansprechpartner, als (nachgefragte) Helfer einbringen und die Arbeit der Kinder und der Lehrerin begleiten und unterstützen.
Auf diese Weise erhält die Lehrperson von den Eltern Sicherheit und Unterstützung für ihre Arbeit mit den Kindern und diese fühlen und erkennen im wahrsten Sinne des Wortes die gemeinsame Ebene.
Eltern wiederum fühlen sich gegenüber der Schule, die ihre Kinder so stark prägt, nicht mehr länger „draußen vor der Tür".
Sowohl Lehrerinnen und Lehrer müssen sich mit dem veränderten Unterricht allmählich vertraut machen, die Eltern auch, die in diesen Prozess dann eingebunden sind.
Missverständnisse, Unsicherheiten und Abwehr sind bei Eltern vorprogrammiert, wenn ihnen die Schule zu wenig Möglichkeiten gibt, den (im Vergleich zu ihrer eigenen Schulzeit) gewohnten anderen Unterricht und seine Begründungen kennen zu lernen.
Mit den Chancen und Möglichkeiten, derartigen Unterricht kennen zu lernen und gegebenenfalls direkt oder indirekt z. B. über Materialherstellung beteiligt zu sein, erwächst aus der Gemeinsamkeit, dem Verständnis und Wohlwollen ein tragendes Vertrauen.
Als Einzelaktion kann ein solcher Tag mit Einbeziehung der Eltern auch z. B. im Rahmen einer Samstagsveranstaltung stattfinden: „Wir zeigen unseren Eltern unseren Unterricht" oder „Eltern, Lehrer und wir (die Kinder) lernen an einem Samstag gemeinsam."

5. Unterschiedliche Eltern akzeptieren

Wenn es um Eltern geht, sind sich Lehrerinnen und Lehrer meist schnell einig, dass es unterschiedliche „Arten" von Eltern gibt. Trotzdem wird zumindest in der Zusammenarbeit oder bei Elternabenden versucht, möglichst alle gleich zu behandeln oder zu bedienen.
Die Akzeptanz fällt aus meiner Sicht leichter, wenn die Unterschiedlichkeit erkannt und wertfrei angenommen wird. Vielleicht können die folgenden Auflistungen sowohl für Lehrerinnen und Lehrer als auch für Eltern eine kleine Anleitung zum genaueren Beobachten und Wahrnehmen darstellen, ohne die Personen dadurch in „Kästchen" einzuteilen:

- Mit Eltern, die sich der Schule gegenüber uninteressiert zeigen, muss der notwendige minimale Kontakt sichergestellt werden.
- Mit Eltern, die der Schule gegenüber resigniert haben, ist meist durch Begegnung „in ihrer Sprache" eine behutsame Heranführung an die Schule möglich. In diesen Fällen sind oft eigene Schulerfahrungen oder Erfahrun-

gen mit früheren Lehrpersonen ihrer Kinder prägend und haben möglicherweise Ohnmachtsgefühle und Resignation aufgebaut.

- Mit Eltern, die am Schulerfolg der Kinder interessiert sind, gibt es viele gute Anknüpfungspunkte. Sie sind offen für Kontakte und Informationen, welche die eigenen Kinder betreffen. Von dieser Ausgangsbasis aus können solche Personen und ihre Interessen meist zum Interesse am Schulleben der ganzen Lerngruppe (Klasse oder gar Schule) geführt werden.
- Mit Eltern, die sich intensiver mit der Schule auseinandersetzen wollen und sich auch konkret engagieren, ist ein guter Kontakt zur Lehrperson die tragende Säule. Ist dieser vorhanden, werden sie wichtige und gute Stützen für den Unterricht und die Schule.

> Meine Folgerung:
> Eltern, ihre Beziehung zur Schule und ihre Interessen sind sehr verschieden. Wird diese Vielfalt von den Lehrpersonen akzeptiert und im konkreten Kontakt berücksichtigt, finden meist viele Eltern ihren Platz in der Schule.

6. Zusammenarbeit konkret - einige weiterführende Möglichkeiten

Minimalziele

Grundvoraussetzung für die Verbesserung und Intensivierung der Zusammenarbeit sind klare Ziele. Daher ist es wichtig, sich neben den im Kopf befindlichen Ideal- oder Maximalzielen auch Minimalziele zu definieren. Aus meiner Sicht sind **folgende Minimalziele** für die Zusammenarbeit bereits sehr förderlich:

- Zwei Elternveranstaltungen pro Jahr, bei denen mit allen Eltern an den gemeinsamen Grundlagen (z. B. Lern- und Unterrichtsverständnis, Beurteilung usw.) gearbeitet und das Leben in der Lerngruppe diskutiert wird. Dazu gehören zunächst vor allem die praktizierten Umgangsformen und Arbeitsweisen. Offene Formen wie Ausstellungen mit Gespräch usw. sind hier einzubeziehen.
- Ein bis zwei Gespräche zwischen Eltern, Lehrerin bzw. Lehrer und dem Kind. In diesen Gesprächen setzen sich Eltern, Lehrperson und Lernende gemeinsam mit dem Lernen, der Lebens- und Lernsituation auseinander.
- Den Eltern die beobachtende Teilnahme **an offenerem Unterricht** (auch ohne Anmeldung) zu ermöglichen.

Weiterführende Möglichkeiten der Zusammenarbeit

Wenn die Lehrperson bereit ist, über die Minimalziele hinaus Eltern ihrer Lerngruppe in die Schule und in offeneren Unterricht einzubeziehen

- Periodisch geht **„Lerngruppenpost"** an die Eltern, an alle Familien. In ihr informieren die Lehrperson und die Kinder über ihr Schulleben, über die Schule und über das Lernen. Die Eltern haben ebenfalls die Möglichkeit, in dieser „Zeitschrift", der Lerngruppenpost Beiträge einzubringen.
- Einzelne Eltern bilden mit der Lehrperson eine **zeitliche begrenzte Arbeitsgruppe**, die eine konkrete Aufgabe, einen konkreten Inhalt bearbeitet. (z. B. Herstellung von Unterrichtsmaterialien für ein bestimmtes Thema, Planung von Mitarbeit z. B. in einem Projekt oder dem Thema eines Sachfaches usw.)
- In **freiwilligen Gesprächsrunden** setzen sich Eltern und Lehrerinnen und Lehrer mit grundsätzlichen Aspekten des Unterrichts und des Lebens auseinander. Anregungen und Erfahrungen zum Thema **Elternseminar** erhalten Sie per Post oder über das Internet von der Grund- und Hauptschule 75387 Neubulach (www.marktplatz-cw.de/schulen/ghs.neubulach/elternseminare.html).
- Einzelne Eltern stellen sich zur **sporadischen oder regelmässigen Mitarbeit** in Zeiten offenen Unterrichts zur Verfügung. (Betreuung von einzelnen Angeboten, Lerngruppen, Versuchen, PC usw.)
- Eltern setzen sich zu einer **Leserunde** zusammen, in der sie sich mit Hilfe eines Buches mit einem bestimmten Thema auseinander setzen.
- Eltern treffen sich mit der Lehrperson, um sich selbst in neue Lernstoffe der Kinder einzuarbeiten. (z. B. „neue" Rechtschreibung, PC-Programmanwendungen usw.)
- In einem periodisch und langfristig festgelegten **freiwilligen Stammtisch** begegnen sich Lehrpersonen und Eltern ohne Programm.

7. Zwei häufige (Zentral-)Fragen zur Elternarbeit

„Kommen nicht vor allem die Eltern, die es nicht nötig haben, zum Elternabend und in die Schule?"

Hinter dieser Frage steckt ein Bild vom Kontakt zwischen Eltern und Schule, das nicht aus dem Konzept einer offenen Zusammenarbeit, eines offenen Unterrichts oder kindorientierten Lernens und Arbeitens stammt.

Unausgesprochen wird bei dieser Frage davon ausgegangen, dass es problematische Kinder und problematische Eltern gibt. Der Kontakt gleicht dann einem Feuerwehreinsatz in einem Brandfall. Unterstellt wird, dass gerade die Eltern, bei denen schon Brand unter dem Dach ist, zu Kontakten nicht bereit sind. Ist aber kein Feuer, was soll man dann mit Eltern machen, die sich trotzdem melden? Sie haben es aus dieser Sicht ja gar nicht nötig.

Offene Elternarbeit, offene Schule und offener Unterricht gehen davon aus, dass durch den Kontakt Eltern – Schule der Lernprozess jedes Kindes, jedes Schülers, jeder Schülerin und jeder Lerngruppe unterstützt werden kann. Sicherlich gibt es Eltern, mit denen trotz offener Schule und offener Lehrperson kein Kontakt zustande kommt. Deswegen aber auf die Kontakte zu verzichten, die möglich sind, ist schon eine etwas eigenartige Logik!

„Kann der Kontakt mit engagierten Eltern nicht sehr schwierig werden, weil diese sich einmischen und die Lehrperson völlig in Beschlag nehmen?"
Diese Frage spricht eine Gefahr an, die im Kontakt mit einer bestimmten Elterngruppierung durchaus vorhanden ist.
Wer an einem guten Kontakt interessiert ist und besonders engagierte Eltern mit einbezieht, muss neben der Offenheit ebenso klar die Abgrenzung aufzeigen, sonst entstehen Überforderung oder gar Überrollen. Hier heißt es klar aufzuzeigen, wo und in welchem Rahmen über das Minimalprogramm hinaus eine weitere Zusammenarbeit möglich ist.
So wie vom Lehrer oder der Lehrerin im Kontakt mit den Eltern Individualisierung gefordert ist, müssen auch engagierte Eltern akzeptieren, dass der Kontakt nicht mit allen gleich intensiv gestaltet werden kann.

8. Zusammenfassung

In Anlehnung an Aussagen von Kowalczyk und Klaus Ottich in: Der Elternabend, beschreibe ich einige Merkmale einer guten und kindgerechten Schule und der dort praktizierten Zusammenarbeit:

- Eine gute Schule bildet einen Ort des Lernens, an dem weitestgehend alle Beteiligten angstfrei miteinander umgehen.
- Eine gute Schule zeichnet sich durch ein Arbeitsklima aus, in dem alle Beteiligten einander akzeptieren und respektieren – und sich deshalb auch gegenseitig ermutigen.
- Eine gute Schule haben wir dort, wo sich viele mit ihr identifizieren können, wo man „unsere Schule" sagt und so zum Ausdruck bringt, dass diese nicht als unpersönliche staatliche Einrichtung, sondern als Begegnungsstätte erlebt wird.
- Die Schule zum Leben erwecken deutet auf Stufen und Übergänge hin, die sich aus kleineren Zustandsänderungen entwickeln. Eine lebendige Schule entsteht nicht von heute auf morgen.
- Zum Leben erwecken bedeutet das beharrliche und schrittweise Heraustreten aus der Routine, aus den eingefahrenen Geleisen, aus dem an vielen Stellen starr und öde gewordenen Regelwerk.

Eine kindgerechte Schule am Leben zu halten oder zum Leben zu erwecken geht nur mit offener Elternarbeit!

Weiterführende Literatur

Horst Bartnitzky, Reinhold Christiani: Die Fundgrube für jeden Tag. (besonders Kapitel „Eltern“) Berlin 1995

Peter Büchner u. a.: Kindliche Lebenswelten, Bildung und innerfamiliale Beziehungen (Deutsches Jugendinstitut, Materialien zum 5. Familienbericht), Band 4. Weinheim und München 1994

Hartmut Köhler, Doris Sennekamp (Hrsg): So kommen Eltern und Lehrer ins Gespräch. Buxheim 1994

Walter Kowalczyk, Klaus Ottich: Der Elternabend. Ratgeber für Eltern und Lehrer. Reinbek 1992

Manfred Reichgeld: Elternabend, gemeinsam geht es besser. Informieren, Beraten, Zusammenarbeiten. München 1995

In den folgenden Büchern sind sehr schöne Cartoons zum Erziehungsalltag zu finden, die in der angegebenen Weise verwendet werden können:

Baars, Gunther: Domputer - Kid Cosinus: Ich dich auch. Frankfurt am Main 1988
Böse, Ernst: Grundschule - Cartoons zum Schulalltag. Kirchzarten 1988
Böse Ernst, Cartoons in : Morgengrauen. Kirchzarten 1991
Rauschenbach, Erich: Alles wird gut. Frankfurt am Main 1992
Rauschenbach, Erich: Du gehst mir auf den Keks. Frankfurt am Main 1984

Rahmenbedingungen für eine kindgerechte Grundschule

Roland Bauer

1. Vorbemerkungen

Vermutlich erwarten Sie als Leserin oder Leser nun die Auflistung von Forderungen oder schon vorhandenen Gegebenheiten, vermittels derer die Schule kindgerechter gestaltet werden kann. Aber Fernziele oder Wunschvorstellungen zu formulieren, die vermutlich nur bei entsprechenden Bauvorhaben, der finanziellen Schwerpunktsetzung auf die Bildung und damit die Grundschule usw. verwirklicht werden können, das ist hier nicht mein Anliegen.
Mir geht es darum, Rahmenbedingungen aufzuzeigen, die sich mit relativ wenig Aufwand im bestehenden System verwirklichen lassen. Damit stelle ich mich nicht gegen Forderungen von Politikern, Lehrerverbänden oder Elterninitiativen. Ich mache viel Mut, diese Wege auf der politischen Ebene auch weiterhin mit Nachdruck zu verfolgen. Allerdings, und der Hinweis sei mir erlaubt: Eine Verbesserung des finanziellen Rahmens und die Schaffung von entsprechenden Räumen und vor allem kleineren Lerngruppen sind erstrebenswerte Dinge, doch mit dieser Forderung und deren Umsetzung alleine würden sich das Schulsystem insgesamt und der Unterricht noch lange nicht ändern. Im Gegenteil, damit wird der Druck genommen, sich auf neue Dinge, auf einen anderen Unterricht und auf die momentanen Gegebenheiten einzustellen und einzulassen. Schule hat sich in der Geschichte immer gerade in Zeiten knapper Ressourcen rasant weiterentwickelt.
Ich möchte hier mit einem vielleicht leicht nachvollziehbaren Beispiel aus der handwerklichen Umgebung eines Automechanikers die Situation verdeutlichen: Ein Kraftfahrzeugmechaniker benötigte vor etwa 20 bis 25 Jahren unterschiedliche Schraubenschlüssel und unterschiedliche Schraubenzieher, zusätzlich eine Prüflampe für die Autoelektrik. Im Laufe der Zeit konnte er zwar seine Schraubenschlüssel behalten, musste sich aber immer wieder kleinere Schraubenzieher anschaffen, da die Kästchen und ihre Schrauben immer kleiner wurden. Seit einigen Jahren kommt er selbst mit dem feinsten Werkzeug nicht mehr in die immer kleiner werdenden Kästchen: Sie besitzen nämlich gar keine Schrauben mehr. Er benötigt neue Messinstrumente und neue Diagnoseverfahren.
Wir in der Schule suchen oft noch nach dem immer kleineren Werkzeug, indem wir neue äußere Differenzierungen vornehmen, Kleingruppen bilden

und so versuchen, mit den „immer anspruchsvoller und schwieriger werdenden Kindern" umgehen zu können. Dabei haben wir oft noch gar nicht bemerkt, dass die bisherigen Werkzeuge nicht mehr greifen, nicht mehr möglich sind, weil die „Schrauben" fehlen. Auch wir müssen uns auf neue Wege einlassen und alte Pfade verlassen, wenn die Schule für Kinder, Eltern und natürlich auch die Lehrerinnen und Lehrer attraktiv und lohnenswert bleiben soll.
Das bedeutet: eingefahrene Wege verlassen, mit zunächst kleinen Änderungen Neues erproben und die eigenen Erfahrungen machen. Wenn wir dann noch bedenken, wie lange die Grundschule benötigt hat, um zu dem zu werden, was sie heute ist, sollten wir uns auch Zeit lassen. Was sich in Jahrzehnten entwickelt hat, lässt sich nicht im Schnellverfahren ändern. Im Folgenden stelle ich kleine Ansätze vor, die den Schulalltag und das Leben in der Schule auf erweiterte Art gestalten helfen und die mithelfen, sich auf Veränderungen einzulassen und sie mitzugestalten. Wie heißt es so schön in einer oft zitierten Redensart:
Wo kämen wir hin, wenn alle nur fragten, wo wir hinkämen, und keiner ginge nachsehen, wohin wir kämen, wenn wir gingen.

2. Räume „vergrößern" und anpassen

Die Klassenzimmer können nicht vergrößert werden, aber bisherige Räume können umfunktioniert werden (siehe auch Ausführungen von Anneliese Hegenauer, Seite 178 ff.). Einige Beispiele, mit denen auch bei großen Klassen erweiterte Räume einbezogen werden können:

- Rückzugsmöglichkeiten für Kinder schaffen (Nischen im Klassenzimmer, auf den Gängen, in Nebenräumen).
- Grundsätzlich die Gänge einbeziehen. Sie werden durch das Aufstellen von Tischen und Stühlen, evtl. getrennt mit Pflanztrögen zu Bewegungs-, Rückzugs- und Lernräumen.
- Das Klassenzimmer mit Arbeitsecken strukturieren.
- Flexible Sitzordnung durch häufiges Umstellen der Tische und Stühle (auch während einzelner Unterrichtsstunden) gestalten.
- usw.

Zwei Klassen, die sich entschließen, zur gleichen Zeit an derselben Thematik zu arbeiten, können alle Materialien nur einmal zur Verfügung stellen und beiden Klassen zugänglich machen. Die Kinder wechseln dann in entsprechenden Stunden die Zimmer und suchen den gewünschten Arbeitsplatz auf. Dabei können auch „Ruheräume" geschaffen werden, indem ein Klassenzimmer nur Angebote enthält, die in Ruhe, meist in Einzelarbeit bearbeitet werden, und das andere Klassenzimmer die Angebote zum Experimentieren, zur Partner- und zur Gruppenarbeit. So erhalten „ruhige" Kinder einen ihren Ansprüchen entsprechenden Arbeitsplatz. Auch die „unruhigen“ Kinder finden den Arbeitsplatz, der ihnen zusteht, da sie „berechtigt“ Gespräche führen oder mit entsprechender Lautstärke experimentieren können.

Möglichkeiten für entdeckendes Lernen schaffen

Auch hier gilt es, zunächst die vorhandenen Räume an der Schule zu nutzen. Kinder, die experimentierend Neues entdecken sollen, müssen überhaupt erst experimentieren können. Meist fehlen Materialien oder es sind diese nur in geringer Anzahl an der Schule vorhanden. Einzelne Lernstationen zum Experimentieren stehen bei ausreichendem zeitlichem Rahmen allen Kindern zur Verfügung. Dasselbe gilt für Spiele, für einen Computer, eigentlich für alles. Allerdings nur mit verändertem Rahmen im Unterricht.
Wie viele Kinder besitzen Experimentierboxen, Metallbaukästen usw. und verwenden sie kaum. Solche Materialien werden von Eltern oft gerne der Schule zur Verfügung gestellt und können dort von Vielen entdeckend benutzt werden. Dasselbe gilt z. B. für die Unzahl von Materialien, die einst für die „neue Mathematik“ in Form von Mehrsystemblöcken und logischen Blöcken angeschafft wurden und nun in Stauräumen verstauben. Kinder gehen sehr produktiv mit diesen didaktisch hervorragenden Materialien um, die sich nur aus der reinen Inhaltsebene heute nicht mehr in früherem Maße in den Unterricht integrieren lassen. Ihren Grundansatz können wir aber integrieren und den Kindern zur Verfügung stellen.
In holländischen Basisschulen konnte ich durchweg beobachten, dass fast alle Materialien in den Freiflächen für alle zur Verfügung standen. So werden Waagen zum Experimentieren dann benutzt, wenn das Interesse des Kindes auf die Entdeckung einer Tafelwaage gerichtet ist.

Alte Raumverteilungen hinterfragen

Ich kenne es von vielen Schulen: In den Ferien beginnt das große Ausräumen und Umziehen. Frei nach dem Motto: Es war schon immer so, dass hier unsere Erstklässler sind. Bitte bedenken Sie bei solchen Gedanken immer, dass es nur für uns immer so war, für die Kinder ist alles neu. Ich plädiere hier sehr dafür, dass Lehrkräfte und ihre Kinder sich ihren Lernraum gestalten können, und nicht, dass sie sich immer wieder neu an wechselnde Räume anpassen müssen. Hier stellt sich die Frage nach der Wichtigkeit! Ist es wichtiger, dass alte Strukturen fortgesetzt werden oder dass die Hauptakteure größere Gestaltungsmöglichkeiten in Bezug auf „ihre“ Räume erhalten? Hier müssen die Hauptakteure in der Schule Vorrang erhalten oder behalten. Diese Hauptakteure sind die Kinder mit ihren Lehrkräften und sie sollten Raumverteilung und Raumgestaltung bestimmen, zumindest miteinander klären.

3. Mit Zeiten flexibel umgehen

Eine kindgerechte Grundschule verlangt nach einem verlässlichen Rahmen. Ich sehe es als Pflicht der Schule an, diesen Rahmen auch zu gewährleisten, den Kindern und den Eltern gegenüber. So wie wir von den Eltern verlangen, dass sie ihre Kinder in die Schule schicken, so müssen wir auch gewährleisten, dass sie dort in dem vorher bestimmten Rahmen betreut werden und lernen können.

Der offene Anfang ist für mich dabei ein Muss. Kinder kommen oft in die Schule und müssen dann warten, bis sie etwas arbeiten dürfen, bis sie überhaupt in die Räume dürfen. Hier ist doch ein erstes Zeichen des gegenseitigen Vertrauens möglich: Wir trauen den Kindern zu, dass sie solche Zeiten vor dem Unterricht sinnvoll nutzen. Dazu benötigen sie Materialien, Räume und vor allem das Recht, es zu tun. Dieser gleitende Anfang kann und sollte aus meiner Sicht durchaus noch in die erste Unterrichtstunde der Kinder hineinwirken. Wer diesen Freiraum ermöglicht, wird schnell erkennen, dass Kinder ihn gerne für sinnvolle Arbeiten und Entdeckungen nutzen und schätzen lernen. Zudem sollten sie natürlich auch in der übrigen Zeit solche Möglichkeiten haben.

Die Blöcke zwischen Beginn, großen Pausen und dem Ende des Unterrichtsvormittags müssen den jeweiligen inhaltlichen und methodischen Bedürfnissen angepasst werden. Sollten hier z. B. Fremdsprachenelemente integriert werden, so sollte dies situationsangemessen für kurze Zeitabschnitte erfolgen. Die Abkehr vom 45-Minuten-Takt ist damit unabdingbar. Zu was benötigen Kinder in der Schule alle 45 Minuten eine Klingel? Sind wir als Lehrkräfte z. B. im Zusammenhang mit Fachstunden nicht in der Lage, selbst vorgegebene Zeiten einzuhalten? Auf jeden Fall werden ohne Klingel Unterrichtszeiten flexibler handhabbar und Unterrichtsstunden nicht sekundengenau beendet. Bei den Anfangszeiten konnte ich in der Vergangenheit nur selten diese scheinbar so wichtige Zeitstruktur und den sekundengenauen Beginn wahrnehmen.

Der „späteste" Unterrichtsbeginn, der sich an der bisherigen Praxis orientiert, gibt den einen Eckpunkt der Anwesenheit vor, das bisherige Unterrichtsende den hinteren Fixpunkt. Die große Pause sollten die Kinder als Treffpunkt nutzen können, was demnach ebenfalls eine verbindliche Festlegung erfordert. Die übrigen Zeiten sind flexibel zu gestalten und sinnvoll zu nutzen.

Bisher habe ich mich bei meinen Beschreibungen auf den einzelnen Tag beschränkt, die Ausdehnung auf Wochen- oder Jahreszeiten ist für mich künftig unabdingbar.

Wer die Fächer und entsprechende Stunden noch stark im Vordergrund sieht, kann als ersten Schritt mit Kombinationen sinnvolle Lernintervalle schaffen:

- Stunden einzelner Fächer koppeln und zu Projektzeiten zusammenfassen, in denen mehrere Stunden oder Tage an derselben Sache intensiv gearbeitet wird.

- Unternehmungen den Wetterbedingungen anpassen und z. B. auch sportliche Aktivitäten in größeren Blöcken vertiefen.
- Über Absprachen mit der Klassen- oder der Fachlehrerin auch Kurzfächern längere zusammenhängende Unterrichtseinheiten ermöglichen.
- usw.

Diesen Vorschlägen liegt ein flexibler Stundenplan und in der fortgeschrittensten Form die Jahresarbeitszeit der Lehrkräfte zu Grunde. Lehrkräfte können doch innerhalb ihres Rahmens solche Dinge selbst klären und müssen sich nicht an einen (oft unflexibel gehandhabten) starren Stundenplan halten. Statt der Frage, wie das an einer großen Schule auch klappen soll, sollte die Aussage stehen: „Versucht es in eurem Rahmen." Ich bin aus direkter positiver Erfahrung heraus überzeugt, dass mit Wille und Vertrauen manches zu machen ist. Hier können die Lehrkräfte neben der Flexibilität auch direkte Vorteile für sich erfahren und schätzen lernen.
Sicher, die Kinder haben ihren Anspruch auf eine verlässliche Verweildauer und Arbeitszeit in der Schule. Sie sollten auch spätestens am Vortage wissen, was sie am Folgetag erwartet. Noch besser ist es, wenn diese Vereinbarung gemeinsam mit den Kindern getroffen wird. So können sie Zeiteinteilungen und Zeitplanungen miterleben und ihre Lernphasen in der Schule mitbestimmen und dies so als ein Lernfeld integrieren.
Die einzelnen Fächer können dabei mit der ihnen zugedachten Zeit auch berücksichtigt werden, aber das muss doch nicht an jedem Tag und in jeder Woche zu der genau festgelegten Zeit geschehen und damit den Kindern und Eltern unsere Unflexibilität täglich demonstriert werden.
So werden in offeneren Angeboten auch den Kindern viel flexiblere Arbeitszeiten in den einzelnen Fächern zugestanden. Kinder, die in einem Fach schnell auffassen und lernen, können sich, sobald sie dort fertig sind, neuen Inhalten zuwenden, müssen nicht warten, bis andere in ihrem Zeitraum am selben Ziel sind.

4. Unterstützende Maßnahmen

Organisatorisch helfen oft kleine Maßnahmen beim Einstieg und bei neuen Erfahrungen. Im Folgenden sind einige Möglichkeiten aufgelistet, die offenes Arbeiten und Flexibilität unterstützen. Auch die Einbeziehung von Experten oder Eltern kann auf diesem Wege verstärkt werden, ohne den Persönlichkeitsschutz der einzelnen Kinder zu verletzen:

- An jedem Schulvormittag werden zu gleicher Zeit die Klassenzimmer von Parallelklassen geöffnet und wird den Kindern/Schülern das freie Bearbeiten von Materialien in den einzelnen Klassenzimmern und auf dem Gang ermöglicht.

- An einzelnen Unterrichtsstunden in der Woche werden zu gleicher Zeit die Klassenzimmer von anderen Klassenstufen geöffnet und wird den Kindern/ Schülern das freie Bearbeiten von Materialien in den einzelnen Klassenzimmern und auf dem Gang ermöglicht.
- Dasselbe ist auch möglich, indem einzelne Lehrkräfte ihre persönlichen Schwerpunkte einbringen. Dies heißt, dass es dann z. B. ein Mathematikangebot, ein künstlerisches Angebot, ein „Deutschzimmer" eine Theaterwerkstatt, ein Musikangebot usw. geben kann.
- In der Grundschule ist es möglich, ab Klasse 2 eine Einzelstunde auf den Nachmittag zu legen, die von der entsprechenden Lehrkraft innerhalb des Schuljahres frei gestaltet werden kann und zu projektartigem Arbeiten, zu Lerngängen, zu Arbeiten mit Eltern, zu einem bis zu fünfstündigen Angebot zusammengefasst werden kann.
  (Über das Schuljahr sind eben insgesamt ca. 36 Stunden zu gestalten.)
- Es können auch in der Grundschule z. B. auf einen Nachmittag bis zu drei einstündige Fächer mit möglichst mehreren Fachlehrern gelegt werden.
  Diese Stunden können im Rahmen projektorientierter Arbeit an einzelnen oder mehreren aufeinanderfolgenden Nachmittagen auf eine Lehrkraft bzw. ein Fach konzentriert werden (oder aber einstündig vom einzelnen Lehrer durchgeführt werden, was ihm wahrscheinlich bald nicht mehr gefällt).
  Dies gilt auch für die anderen betroffenen Fächer.
  Der Unterricht in einem Fach und für den einzelnen Lehrer findet epochal mehrstündig und evtl. mehrwöchig statt.
  Der Gesamtumfang der dem Fach zustehenden Stunden richtet sich dabei wieder an den Schulwochen des Schuljahres aus.
- Es ist auch denkbar und praktikabel, wie oben ausgeführt, lediglich **eine** Stunde aus einem mehrstündigen Unterrichtsfach auf einen Nachmittag zu verlegen, um bewusst auf diese Weise Projektarbeit mit „mehrstündigem Unterricht am Stück" in diesen Fächern bzw. diesem Fach zu ermöglichen. Selbstverständlich findet dann der Unterricht mit dieser Stunde nicht wöchentlich statt, sondern z. B. an einigen Nachmittagen in Stundenblöcken und dann auch mal einige Woche gar nicht.
- usw. (Versuchen Sie mal, Ihrer Fantasie freien Lauf zu lassen.)

Als Abschluss seien nochmals einige Vorteile und Möglichkeiten als Handlungsanstoß aufgelistet, die sich aus einem derartigen äußeren Rahmen und Arbeiten ergeben:

- Eltern können sich mit Angeboten zum Basteln, Vorlesen, Arbeiten am Computer usw. einbringen und/oder Einzelgruppen „betreuen".
- Angebote auf dem Gang und an anderen Orten in und außerhalb der Schule entlasten angespannte Raumsituationen und Klassengrößen.

- Material- und Spielangebote in den einzelnen Klassen werden besser genutzt.
- Kinder können einander helfen, weil sie das Material z. B. schon kennen.
- Kinder treten als Tutoren auf.
- Lehrerinnen und Lehrer können auch als Fachlehrer für „Einstundenfächer“ offener und projektorientiert arbeiten.
- Ein Gefühl für mehr Flexibilität und Offenheit in der äußeren Gestaltung des Schulalltags kann sich entwickeln.
- Der Stundenplan am Vormittag wird deutlich entspannt.
- Räumliche und materielle Voraussetzungen der Schule können durch die Einbeziehung von Nachmittagen optimaler genutzt werden.
- Außerunterrichtliche Aktivitäten werden wieder mehr gefördert, angeregt, unterstützt (ja sogar Notwendigkeit).
- Offenere Unterrichtsformen mit mehr Selbstständigkeit für die Kinder sind eine Voraussetzung für die Gestaltung derartiger mehrstündiger Sequenzen.
- Unterricht wird mehr werden, als nur auf den Stühlen im Klassenzimmer zu sitzen und dort zu lernen.
- Lehrerinnen und Lehrer werden bei den unter den ersten Punkten beschriebenen Möglichkeiten aus der direkten Aktivität entlassen und können erfahren, dass Kinder auch dann sinnvoll arbeiten, wenn sie bei Auswahl und Abfolge ihrer Arbeit selbst Verantwortung tragen.
- Lehrerinnen und Lehrer erhalten auch bei anderen „Einblicke“ und Anregungen.
- Die eigene Arbeit/das eigene Material kommt mehr an die Öffentlichkeit.

5. Konsequenzen für das Gesamtsystem – oder Akzeptanz von „oben“ einfordern

Eine verstärkte Zuwendung zu offenerem Arbeiten und flexiblem Agieren und Reagieren durch die einzelnen Lehrkräfte benötigt auch einen entsprechenden Rahmen. Kleinkrämerhafte Überprüfungen und „Zählappelle“ sind damit unvereinbar. Wer den Lehrkräften 25 oder mehr Kinder anvertraut und einen sinnvollen Umgang damit oft einfordert, muss den Lehrkräften auch mehr Eigenverantwortung zugestehen und anvertrauen: Die Möglichkeit für einen freieren Umgang mit der Zeit, mit der Anordnung von Inhalten innerhalb eines Jahres, mit den Materialien und Räumen gehört für mich dazu.
In diesem Zusammenhang sind starre Pausenregelungen, die Überprüfung der Pausenregelung und vor allem leere Gänge, geschlossene Räume, möglichst absolute Stille, die Einhaltung eines starren Unterrichtsverlaufs, jederzeit operationalisierbare Ziele usw. unvereinbar. Schulleitungen müssen vielleicht umdenken, Schulaufsichtspersonen ebenfalls und den Blick für Feinheiten

erhalten. Lehrkräfte müssen auch umdenken, um feste Anwesenheitszeiten bzw. auf die Stunden ausgerichtete Unterrichtszeiten flexibler zu gestalten.

Nutzen wir die Grundpfeiler, die lernende Organisationen auszeichnen

- Der Wandel wird als Chance gesehen
- Die Orientierung des Systems erfolgt an den Bedürfnissen der Zielgruppe (Kinder)
- Handlungsspielräume schaffen Gestaltungs- und Entscheidungsspielräume
- Vertrauen ersetzt bisherige Kontrollen
- Gelernt wird in sozialen Systemen und nicht nur allein
- Lernen ist Teil des Arbeitsprozesses
- Lernen heißt Neues entdecken
- Fehler werden toleriert und sind Ausgangsbasis für Verbesserungen

Hier ist ein gemeinsames neues Denken und damit eine starke Basis für **gemeinsame** Arbeit gegeben. Nutzen wir sie **gemeinsam** im Interesse unserer direkten und indirekten Zukunft, im Interesse unserer Kinder!

Computer in der Grundschule – Computer brauchen offenen Unterricht

Rainer Schanz

Kein Computerlabor in der Grundschule!

Noch vor wenigen Jahren war durch kultusministeriellen Erlass den Grundschulen untersagt, mit Computern zu arbeiten. Dies zu einem Zeitpunkt als z. B. in England oder den Niederlanden der Computer in der Primarstufe ganz selbstverständlich als ein Medium unter vielen benutzt wurde.
Inzwischen vergeht kaum ein Tag, in dem nicht von den gleichen Kultusverwaltungen vehement eine Beschäftigung mit dem Computer in allen Schulstufen gefordert würde.
So standen ganz selbstverständlich in unserem Nachbarland den Niederlanden Computer in Ecken von Klassenräumen, in der Bibliothek oder Mediothek, in Fluren und ähnlichen Nischen, wo sie von den Schülerinnen und Schülern je nach Arbeitsauftrag als Informationsquellen, z. T. im Internet, genutzt wurden, wo Leistungsschwächen, aber auch -stärken aufgearbeitet werden oder wo ganz einfach spielerisch gelernt wurde. Dies alles zu einem Zeitpunkt, als man sich in Deutschland stritt – sogar mit teuren BLK-Modellversuchen –, ob ein Computerraum oder einzelne Rechner im Klassenzimmer der Grundschule sinnvoll seien.
Heute ist es – jedenfalls bei Pädagogen, die einen offenen, eigenverantwortlichen Unterricht fordern bzw. praktizieren, die auf das selbstständige Arbeiten setzen und hierfür entsprechende Lernangebote machen – unumstritten, dass ein oder auch mehrere Rechner in die Ecke des Klassenzimmers, in die Lernwerkstatt oder in die Bibliothek/Mediothek, oder wo auch immer sie für alle Schüler zugänglich sind, gehören. So aufgestellt, kann der Computer vor und nach dem Unterricht (Beispiel: gleitender Anfang), als Differenzierungsmöglichkeit, nach der Fertigstellung einer Arbeit, im Rahmen der Freiarbeit und des Wochenplans, im Unterricht als Möglichkeit der Informationsbeschaffung u. v. m. zum Einsatz kommen.
Fazit: Ein Computerraum für die Grundschule ist abzulehnen.

Begründungen, Thesen, Folgerungen

1. Die zunehmende Bedeutung des Computers in der Lebenswelt von Kindern, Jugendlichen und Erwachsenen macht es nötig, dass der Umgang mit dem Rechner sowie die kritische Analyse und Reflexion bereits frühzeitig einsetzt.

2. Ein Computereinsatz in der Grundschule kann und muss kompensatorisch wirken. Einer Zweiklassengesellschaft, bei der diejenigen, die über die Möglichkeit der Informationsbeschaffung verfügen, erheblich bessere Chancen haben als diejenigen, die diese Möglichkeiten nicht nutzen können, ist vorzubeugen. Der Satz „Wissen ist Macht“ ist aktueller denn je.
3. Lernsoftware, Edutainmentprogramme, digitale Lexika oder Computerspiele können den Unterricht bereichern und ein aktives Lernen fördern.
4. Interaktive Programme, mit der Möglichkeit differenzierter und individueller Aufgabenstellungen, sind besonders geeignet.
5. Computerspiele dürfen ohne entsprechendes pädagogisches Konzept oder ohne Einbettung in einen didaktischen-methodischen Rahmen nicht genutzt werden.
6. Programme, die die spezifischen multimedialen Möglichkeiten des Computers nicht ausschöpfen, sind nur selten geeignet.
7. Programme, die durch Animationen, langatmige Spielhandlungen, miserable Grafiken oder nervige Hintergrundmusik den eigentlichen Inhalt verdecken, können nicht empfohlen werden.
8. Der Einsatz der neuen Medien bietet die Chance, eine neue Qualität des Lernens zu erzielen.
9. In jedem Unterrichtsfach sollte ein Rechnereinsatz möglich sein. Zu empfehlen sind Programme, die fächerverbindende Aspekte berücksichtigen.
10. Der Computer wird in absehbarer Zukunft nicht die Aufgabe des Lehrers übernehmen. Er wird aber sehr wohl die Rolle verändern. „Seine Stoffvermittlung übernimmt eine gute Software, sodass er die helfende, unterstützende, kompensierende, therapierende, tröstende, erziehende, anregende, Mut machende, herausfordernde und Integration fördernde Rolle des Lernorganisators, des Lernberaters, des ‚Coaches‘ und Freundes seiner Schüler übernehmen kann.“[1]
11. Nur permanentes Training und regelmäßiger Einsatz des Rechners garantieren, dass Lehrerinnen und Lehrer die notwendige Kompetenz erwerben und beibehalten. Der Computer muss zum selbstverständlichen, täglich genutzten Arbeitsmittel werden.
12. Eine Aus- und Fortbildung der Lehrerinnen und Lehrer im Umgang mit der neuen Technik und vor allem den Programmen muss forciert und sollte verpflichtend gemacht werden. Die permanente Fortbildung der Lehrerinnen und Lehrer ist gefragt. Kurzatmige Fortbildungsmaßnahmen helfen wenig. Es ist nicht erforderlich, dass Lehrerinnen und Lehrer alle Tücken des Rechners beherrschen und alle Facetten eines Programms kennen. Hier gilt der Satz: Lehrer lernen mit den Kindern.
    Dem Primat der Pädagogik und Didaktik vor der Technik ist auch in der Fortbildung unbedingt Vorrang einzuräumen.

1 Peter Struck, Netzwerk Schule, München 1998, S. 222.

13. Neben den traditionellen Kulturtechniken (Lesen, Schreiben, Rechnen) muss eine erweiterte Kulturtechnik für ein Leben in der Informations- und Kommunikationsgesellschaft erlernt werden: das Lesen (und Schreiben) von Hypermedia[2]. Lineare Texte, die bisherige Form des Lernens aus Büchern u. a. Printmedien, werden zumindest ergänzt - vielleicht sogar ersetzt - durch Hypertextstrukturen, bei denen der Lernende verschiedene Möglichkeiten und Wege der Wissensaneignung gehen kann.

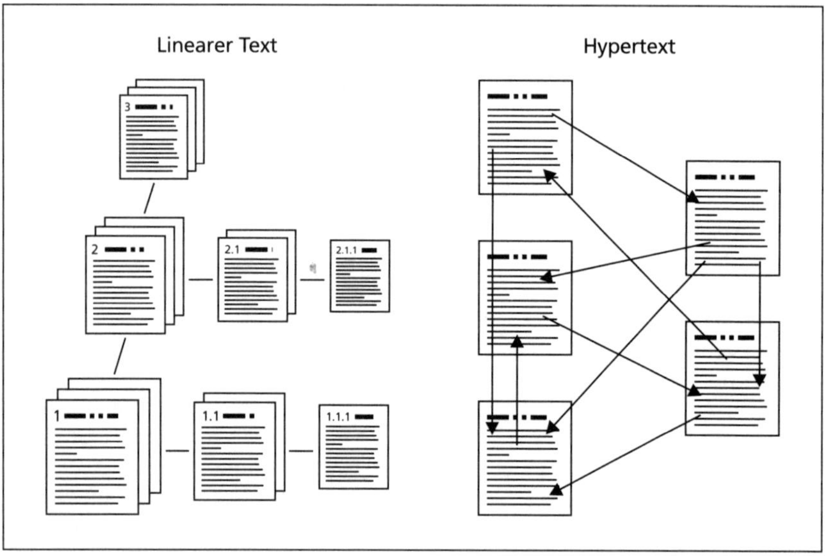

Abb. 1: Textstrukturen

Didaktische Aspekte

Bei einem Einsatz von Computern im Grundschulunterricht sollten nicht nur die kognitiven Leistungen betont, sondern vielmehr auch die affektiven verstärkt angesprochen werden. Das Lernen möglichst mit allen Sinnen ist auch beim Arbeiten mit Computern gefragt.

Das Arbeiten mit Computerprogammen kann einen Beitrag zur Individualisierung leisten, es kann Kindern die Möglichkeit eröffnen und Zeit geben, ihre individuellen Lernwege zu finden. Auch bei der Forderung nach einem differenzierten Lernen eröffnen gute Computerprogramme neue Möglichkeiten.

Wenn Hartmut von Hentig in seiner kleinen Schrift „Das allmähliche Verschwinden der Wirklichkeit“[3] vor einer unreflektierten Computernutzung

2 Vgl.: Willi van Lück, in: Computer und Unterricht, Heft 28/1997.

3 Hartmut von Hentig, Das allmähliche Verschwinden der Wirklichkeit, München/ Wien 1984.

warnt, so muss dies ernst genommen werden. Die virtuelle Welt der Computer muss ergänzt werden durch die Möglichkeit, neue Primärerfahrungen zu machen. Das Arbeiten mit der Hypertextumgebung „Das grüne Klassenzimmer“ (Winnies Welt) (s. S. 162 f.) kann nicht die originären Erfahrungen ersetzen. Glücklicherweise „zwingt“ dieses Programm durch Beobachtungsaufgaben, Experimente, Langzeitstudien die Kinder zu solchen originären Begegnungen.

Handlungsorientiertes und entdeckendes Lernen muss im Vordergrund stehen, wenn Kinder mit Computerprogrammen arbeiten. Die interaktiven Multimediaprogramme mit ihren Wissensdatenbanken oder auch das Internet bieten ein Fülle von Informationsmöglichkeiten nicht nur für Kinder. Hier könnte das gemeinsame Lernen, das gemeinsame Entdecken von Lehrern und Schülern eine neue Qualität des Unterrichts postulieren. Lehrerinnen und Lehrer sind nicht mehr die Alleswisser, sie sind dann Partner. Selbstständiges und selbst organisiertes Lernen wird so zur Selbstverständlichkeit.

Einzelarbeit kann in der Regel nicht im Vordergrund der Computerarbeit stehen. Partner- bzw. Gruppenarbeit sind Methoden, die verstärkt zur Anwendung kommen müssen. Das Arbeiten mit Computern sollte Kindern Spaß machen und damit die Lernfreude erhalten. Leider wendet sich heute der Softwaremarkt immer stärker an den Freizeitbereich und viele Eltern kaufen ihren Kindern Computerprogramme, auf denen - meist völlig zu Unrecht - das prädikat „Pädagogisch wertvoll“ aufgedruckt ist. Kinder „müssen“ dann häufig mit solcher Software vermeintliche Schwächen mit *Drill-and-Practice*-Programmen aufarbeiten. Lehrerinnen und Lehrer haben die Aufgabe, Eltern über „gute“ Software zu beraten und zu informieren.

Ziele

Nur **ein** übergeordnetes Ziel rechtfertigt den Einsatz multimedialer Computersysteme in der Grundschule:

Es gilt die Kompetenz der Kinder im verantwortungsvollen Umgang mit den neuen Medien zu stärken und sie vorzubereiten auf die Informations- und Kommunikationsgesellschaft, in die sie hineinwachsen. Dieses Ziel ist aber so entscheidend, dass ein Unterricht in der Grundschule heute - schon ab dem 1. Schuljahr - ohne einen pädagogisch reflektierten Einsatz des Computers nicht denkbar ist.

Neue Rattenfänger sind da. Kindern und Jugendlichen aber auch Erwachsenen wird eine schöne neue, von Medien geprägte Welt vorgegaukelt und man will ihnen weismachen, dass wir in der sich abzeichnenden Freizeitgesellschaft nur die neuen Medien zu nutzen brauchen, dass wir im Internet surfen und shoppen sollen, dass wir immer und überall per E-Mail oder Handy erreichbar sein müssen, dass wir in Chaträumen neue Kontakte knüpfen können, um immer mehr „Spaß“ zu haben. Es ist hier nicht der Ort, dies alles kritisch zu hinterfragen, aber die Aufgabe der Lehrerinnen und der Lehrer, der Eltern und aller am Erziehungsprozess der nachwachsenden Generation Beteiligten ist

es, hin zu einem kritischen, verantwortungsbewussten, souveränen und eigenverantwortlichen Umgang mit den neuen Medien zu erziehen.
Eine Vielzahl von Unterrichtsmodellen, Projekten, Vorschlägen, Praxisberichten, Anregungen hierzu findet man inzwischen in verschiedenen Büchern und Zeitschriften. Auch das Internet hält auf den verschieden Bildungsservern des Bundes und der Länder, auf Webseiten von privaten Initiativen, auf Homepages von Schulen, sowie von engagierten Lehrerinnen und Lehrern Hilfen und Anregungen bereit.
Hartmut Mitzlaff hat in einem Aufsatz „Computer – eine Herausforderung für die Grundschule“[4] den Versuch unternommen, Ziele der Arbeit mit dem Computer im Grundschulunterricht detaillierter aufzulisten und in einer Grafik darzustellen.

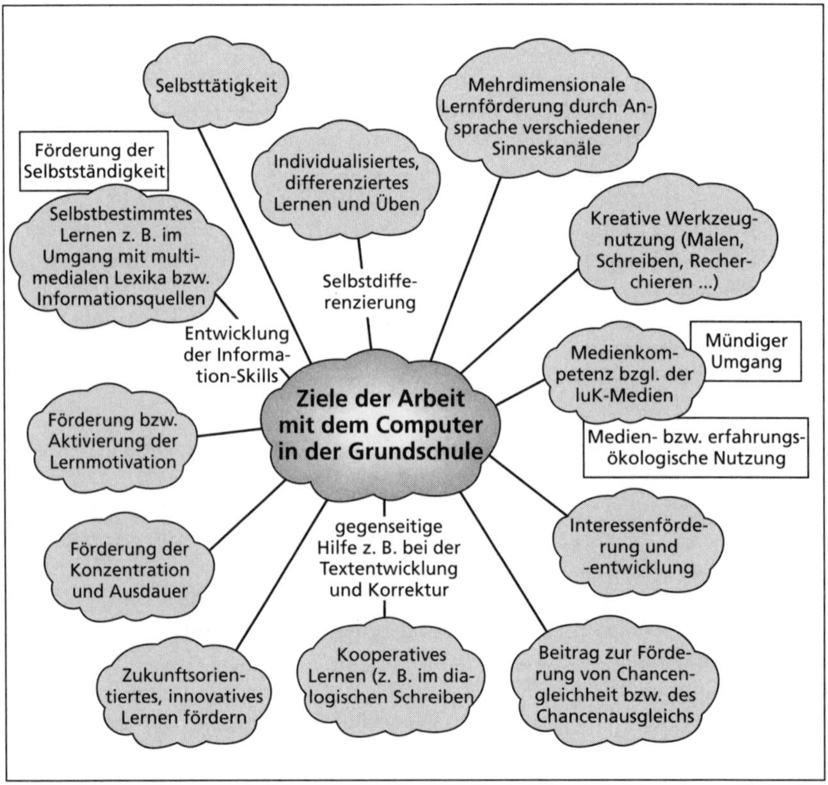

Abb. 2: Ausgewählte Ziele der Arbeit mit dem Computer im Grundschulunterricht (aus: Hartmut Mitzlaff, Lernen mit Mausklick, © Verlag Moritz Diesterweg, Frankfurt am Main 1997)

4 In: Die Grundschulzeitschrift 114/1998 S. 10.

Diese detaillierten Ziele können alle auch unter Schlagworten wie „Medienkompetenz im digitalen Zeitalter“ oder „Aufbau einer Kompetenz für die Informations- und Kommunikationsgesellschaft“ zusammengefasst werden. In einer Schule der Zukunft sind neue Organisationsformen gefragt. Kinder (und Erwachsene natürlich auch) werden globale Lernmöglichkeiten haben, es werden die Beschränkungen von Zeit und Raum aufgehoben (Kontakte durch E-Mail, News, Chats). Die Fähigkeit, selbstständig zu lernen, muss im Vordergrund stehen, ein kritischer Umgang mit Kommunikation und Information ist gefragt. Schule muss darauf reagieren, indem sie Medienecken bereitstellt, Unterricht offen macht für Medienthemen, dabei Medienwelten zugleich als Lernwelten akzeptiert und die kreativen Funktionen der neuen Medien nutzt.

Hilfen

Inzwischen gibt es eine Reihe von Internetsuchmaschinen für Kinder. „Blinde-Kuh“ (www.blinde-kuh.de) ist eine solche Suchmaschine, deren Macher sich verpflichtet fühlen, eine Medienkompetenz im o. g. Sinne vorzubereiten und aufzubauen. So werden monatlich neu aufbereitete Linktipps für Kinder, aktuelle und interessante Themengebiete vorgestellt. Es können Brieffreundschaften mit elektronischer Post geknüpft, Diskussionen zu verschieden Themenbereichen in Kinderforen geführt und Kontakte in Kinderchaträumen aufgenommen werden. Vor Gefahren im Internet werden Kinder mit FBI-Sicherheitstipps gewarnt, aber auch Eltern erhalten Tipps und Anregungen, z. B. über Nutzen und Funktion sog. Filtersoftware für Kinder, über Online-Shops oder über das Thema Medienpädagogik.

Screenshots Sicherheits-Tipps

Beispiele aus der Praxis - Methodische Hinweise

Ein E-Mail-Projekt

Laura, Sandra und Sarah, Schülerinnen der 3. Klasse der Grundschule Neuwied-Niederbiber schreiben eine E-Mail im Rahmen eines Sachunterrichtsprojekts an ihre Partnerschule in Oberegg (Schweiz), während die anderen Kinder mit anderen Aufgaben beschäftigt sind:

> *Der Deich*
> *Neuwied wird auch Deichstadt genannt. Unser Deich besteht aus Rammpfählen, Ton, Kies und einer Mauer.*
> *Er schützt vor Hochwasser im Rhein. Das höchste Hochwasser in Neuwied war 1925/26. Auf dem Deich kann man spazieren gehen. Unter dem Bürgermeister Robert Krupp wurde der Deich 1928–1931 erbaut.*
> *Tschüss Laura, Sandra und Sarah*

Grundsätzlich sollten zwei bis drei Kinder an einem Computer gemeinsam arbeiten, gemeinsam diskutieren, Strategien entwickeln, Lösungen finden. Im Rahmen des inzwischen häufig praktizierten Stationenlernens stellt diese Form des Computereinsatzes kein Problem dar. Lehrerinnen und Lehrer sollten allerdings dafür sorgen, dass alle Kinder innerhalb einer Woche (Tages-, Wochenplan) an dem Rechner arbeiten können. Eine gute Unterrichtsorganisation und -planung ist unabdingbar. Die Arbeitszeit der Kinder an einem Rechner sollte in der Regel auf 15 bis 20 Minuten begrenzt bleiben.

Recherchieren und informieren über ein aktuelles Ereignis

Anlässlich der bevorstehenden Sonnenfinsternis am 11.8.1999 in Südwestdeutschland sollten sich die Kinder der 3. Klasse der Grundschule Mainz-Laubenheim vor den Sommerferien über das bevorstehende Ereignis informieren. Es waren verschiedene Stationen aufgebaut, u. a. auch zwei Computerarbeitsplätze. Rebecca, Dorothea, Thorsten, Natalie holen sich Informationen direkt aus dem Internet auf einer von der Lehrerin vorgegebenen Website und tragen diese in ein Arbeitsblatt ein, um ihre Mitschüler später hierüber zu informieren. Andere Kinder informieren sich über die Sonnenfinsternis anhand einer Multimedia-CD-ROM. Lernen an Stationen ist eine ausgezeichnete Unterrichtsmethode für ein solches Vorhaben oder kleines Projekt.
Wieder andere Kinder erledigen konventionell einen Arbeitsauftrag, bauen einen Sonnenfinsternisguckkasten oder beobachten mit speziellen Sonnenschutzbrillen im Schulhof die Sonne (vgl. folgende Fotos).

Informieren, Bewerten, Auswerten - Ein Projekt

Kinder der Grundschule Rohrerhof in Koblenz informierten sich gemeinsam mit ihrem Lehrer auf vielfältige Weise über das Leben im Mittelalter. Neben

Recherchieren
und Informieren
im Internet

Interviews mit Experten, Studien in Bibliotheken und Museen, waren Wissensdatenbanken auf CD-ROM und das Internet geeignete Medien, um das Thema aufzuarbeiten. Hierbei genügte nicht nur das Sammeln von Informationen, vielmehr mussten diese auf ihren Wahrheitsgehalt (eine eminent wichtige Aufgabe beim Recherchieren und Informieren im Internet) geprüft, bewertet, ausgewertet werden.
Eine Schülergruppe sammelt Informationen über den Hausbau im Mittelalter und baut nun ein kleines Fachwerkhaus im Rahmen des Projekts. Eine andere Gruppe studierte die Heilkraft von Kräutern im Mittelalter und legt nun einen Kräutergarten an. Und natürlich gibt es auch die „Zeitungsredakteure", die die einzelnen Gruppenbeiträge, die auf dem Computer erstellt wurden, nun zu einem ansehnlichen Ganzen zusammenfassen. Da die Schule über eine eigene Homepage verfügt, wurden die Ergebnisse auch dort vorgestellt.
Fazit: Ein Computereinsatz in der Grundschule ist besonders im Rahmen eines offenen und selbstständigen Unterrichts sinnvoll.

Welches Programm soll ich einsetzen? Entscheidungshilfen!

Inzwischen hat sich die Situation bezüglich der angebotenen Programme etwas verbessert. Noch vor wenigen Jahren konnte man guten Gewissens kaum etwas empfehlen. Drill- und Übungsprogramme standen im Vordergrund.

„Drill ist kill" schreibt Norbert Arnold in seinem Aufsatz „Computer im offenen Unterricht der Primarstufe"[5] zu Recht und fährt fort: „Isoliert man die eigentlichen Lernschritte von der multimedialen Hülle, wird die Schlichtheit der Anwendungen schnell entlarvt: Bing – richtig/Boing – falsch ist die Struktur dieser Software und man fragt sich, warum hierfür die komplexe Maschinerie ‚Computer' mit seiner gigantischen Rechenleistung erforderlich ist. Stattdessen treiben sie die Schüler im vorgegebenen Takt durch das Programm, lassen individuellen Lernwegen keinen Raum und belohnen oder bestrafen durch multimedialen ‚Klamauk'. Hier wird die Frage laut, ob der Computer zu einem Beschäftigungs- und Disziplinierungsinstrument verkommt."

Jede Lehrerin und jeder Lehrer hat die Aufgabe, das Programm, das sie/er einsetzen will, daraufhin zu überprüfen, ob es für den geplanten Unterricht geeignet ist, ob es das leistet, was es leisten soll, ob es pädagogisch sinnvoll ist und inwieweit es den didaktisch-methodischen Rahmenbedingungen entspricht. Vorhandene Datenbanken, die Informationen zu Softwareprogrammen für Schulen bereithalten, können hier nur eine erste Hilfe sein.

Die nachfolgenden Fragen sollen bei einer Beurteilung von Software helfen und den Blick schärfen für pädagogisch durchdachte und weniger gut gelungene Konzepte.

Zu den einzelnen Fragen wurde immer ein Programm ausgewählt, an dem das jeweilige Anliegen erläutert wird. Die Auswahl ist beispielhaft und erhebt keinesfalls den Anspruch auf Vollständigkeit. Sie soll in keiner Weise suggerieren, nur diese Beispielprogramme erfüllten die angesprochenen Kriterien:

- *Können Schülerinnen und Schüler Strategien entwickeln, um Probleme zu lösen?*

BAUWAS[6], ein sehr gelungenes Programm, wird dieser Forderung in hohem Maße gerecht. Die Kinder können z. B. Türme, Häuser und Mauern aus Blankowürfeln erstellen und dann ihre „Gebäude" im Computerprogramm nachbauen oder auch umgekehrt. Die gelungene Kombination herkömmlichen Arbeitens mit Würfeln und dem Computerprogramm muss hier besonders hervorgehoben werden. Gerade der handelnde Umgang mit den Würfeln, die zu verschiedenen räumlichen Gebilden zusammengefügt werden, die

5 In: Die Grundschulzeitschrift 4/1997.

6 Nähere Informationen bei: MACH MIT, Multimedia e. V., c/o Marianne Handke, Trachenbergring 8, 12249 Berlin.

Umsetzung auf entsprechendes Rasterpapier und der Transfer in das Computerprogramm macht den Reiz dieser von Pädagogen entwickelten Software aus. Auf die vielfältigen Möglichkeiten dieses Programms im Einzelnen einzugehen würde hier zu weit führen. Es muss auf die entsprechende Literatur verwiesen werden. Auf alle Fälle ist neben der Schulung des räumlichen Vorstellungsvermögens das Entwickeln von Strategien ein zentrales Anliegen.

- *Können Kinder mit einem Computerprogramm interaktiv arbeiten?*

Nahezu alle Multimediaprogramme, die dem Bereich des Edutainments zuzurechnen sind, bieten diese Möglichkeiten. Dennoch ist Interaktivität nicht per se positiv. Als Beispiel für ein gelungenes Programm sei das Multimediaprodukt „Schneewittchen und die sieben Hänsel" aus dem Tivola-Verlag erwähnt. Thomas Feibel, der Herausgeber des jährlich erscheinenden Kinder-Software-Ratgebers, beurteilt das Produkt: Mit Abstand der beste Märchentitel. Die Kinder werden witzig durch die drei Märchen „Schneewittchen und die sieben Zwerge, Rotkäppchen und Hänsel und Gretel" geführt und sind „aufgefordert, die Geschichte ihrem richtigen Ende zuzuführen. Spannender ist es, vom eigentlichen Pfad abzuweichen und die Protagonisten und Handlungen ein wenig aufzumischen. So kann das hier verfressene Schneewittchen so lange am Haus der bösen Hexe knabbern, bis es zusammenbricht"[7].
Neben Interaktivität und der nichtlinearen Struktur gibt das Programm Schreibanlässe für weitere kreative Geschichten und kann so die Fantasie der Kinder anregen, neue Geschichten zu schreiben oder zu verfremden.

- *Können, ja müssen Kinder miteinander diskutieren, um ein durch den Computer gestelltes Problem zu lösen?*

Der Gefahr, dass die Arbeit an und mit dem Computer zur Vereinsamung führen und dass dies der Sprachverarmung Vorschub leisten kann, u. a. m., muss durch den Einsatz kommunikationsfördernder Programme gegengesteuert werden. Wenn ein durch ein Computerprogramm gestelltes Problem weniger durch Versuch und Irrtum als vielmehr in einem Gedankenaustausch der Beteiligten, sei es in Gruppen- oder Partnerarbeit, gelöst werden kann, fördert dies nicht die befürchteten Auswirkungen.
Als Beispiel sei auf das hervorragend gestaltete Programm „Winnies Welt"[8] aus dem Cornelsen Verlag verwiesen. Dieses Programm wurde als „Das Grüne Klassenzimmer" im Rahmen eines Modellversuchs COMPIG entwickelt.
Mit „Winnies Welt" können Kinder auf Entdeckungsreisen in einer Hypermedia-Arbeitsumgebung im Sach-, Sprach- und Mathematikunterricht gehen, sie können forschen, entdecken und – ganz wichtig – gemeinsam ein Projekt angehen.

---

7 Aus der Beurteilung des Digitalen Kinder-Software-Ratgebers 1999, Markt & Technik, Haar 1999

8 Winnies Welt, Cornelsen Verlag, Berlin 1997

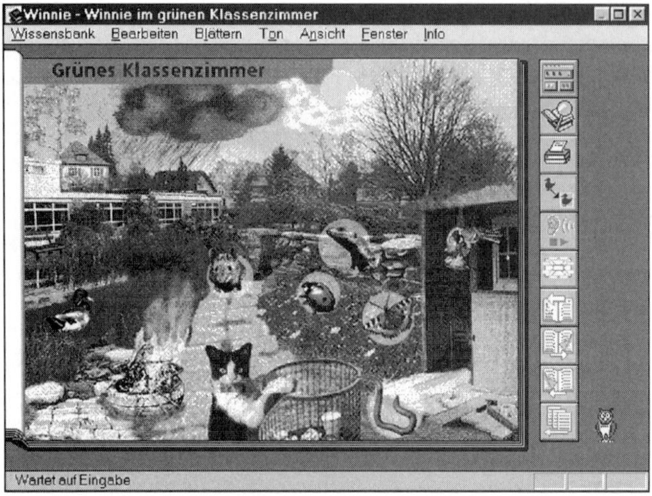

Screenshot Winnies Welt

Kinder können sich zu bestimmten Themen und Fragestellungen Informationen beschaffen, nicht nur wie bisher aus Printmedien und Gesprächen mit Erwachsenen, sondern nun auch aus multimedialen Trägermedien. In der angelsächsischen Grundschulpädagogik als *information skills* bezeichnet, sollte diese Methode auch stärker zum festen Bestandteil unseres Unterrichts gehören. Programme wie das hier erwähnte sind dafür bestens geeignet und leisten einen wertvollen Beitrag zur Entwicklung von Medienkompetenz.

- *Können, besser: müssen, andere Medien einbezogen werden, um ein Problem zu lösen?*

Bücher, Papier, Bleistift u. Ä. kommerzielle Medien werden, entgegen den Unkenrufen einiger Pädagogen, auch künftig einen hohen Stellenwert haben. So sind Programme zu bevorzugen, die die Nutzung dieser alten und herkömmlichen Medien geradezu herausfordern.
Ein einfaches – kein Multimedia – Programm, das u. a. diese Forderung erfüllt, ist das Strategiespiel „Risiko“ aus dem Auer-Verlag[9].
Aufgabe des Spiels ist es, mit möglichst wenig Zügen eine „Hundertertafel“ zu durchlaufen und das Feld 99 zu überschreiten. Die Mindestanzahl der Züge hat der Computer als Weltrekord berechnet. Man darf maximal nur so viele Felder vorrücken, wie angegeben sind. Beim Eintippen einer Zahl wandert das grüne Quadrat entsprechend vor. Manche Felder sind Risikofelder (rot). Sie bewegen das grüne Quadrat entweder nach oben oder nach unten. Durch Überlegen und unter Zuhilfenahme von Papier und Bleistift (unumgänglich!) kann man die Systematik erkennen, mit der das Spielfeld aufgebaut ist.

9 Logik-, Lern- und Strategiespiele, Auer-Verlag, Donauwörth 1995.

„Lukas, du musst die schlechten und guten Zahlen aufschreiben“ oder „Komm, wir zeichnen den Spielplan auf Papier und malen gute Felder grün, schlechte rot an“ sind Schüleräußerungen zur Lösung des Problems.
Ergänzend sei erwähnt, dass Lehrer (oder leistungsstarke Kinder) eigene Felder erstellen können.

- *Ist das einzusetzende Programm zum spielerischen Lernen geeignet?*

Die Multimedia-Lernwelt „Matheland“ ist besonders zum spielerischen Lernen geeignet. An verschiedenen Lernorten des Programms (Höhle, Pizzeria, Tempel, Spielhölle u. a.) können die Kinder in Sachsituationen Rechnen und geometrische Probleme lösen.
Die spielerische Handlung motiviert die Kinder in hohem Maße, die einzelnen Aufgaben in den verschiedenen Lernorten zu lösen. Mathematik wird aus der Sicht neuerer kognitionspsychologischer Erkenntnisse nicht vermittelt, „sondern Lernen ist ein konstruktiver Vorgang, der auf Eigentätigkeit beruht“[10], so die Autoren. Obwohl alles in ein spannendes Abenteuerland eingebettet ist, wirken die Animationen dezent und relativ unaufdringlich und die Grafik ist durchaus ansprechend.

- *Haben Kinder Freude an der Aufgabenstellung?*

Immer wieder berichten Lehrerinnen und Lehrer, die in ihrem Unterricht den Computer einsetzen, dass es den Kindern Spaß macht, am Computer zu arbeiten. Das ist ja auch weiter nicht verwunderlich, da der Computer und die entsprechenden Programme einen starken Aufforderungscharakter haben. Sehr schnell erlahmt dieser „Spaß“ - ich spreche deshalb auch lieber von Freude - wenn die Kinder erkennen, dass die in der Schule zum Einsatz kommenden Computerprogramme nichts anderes sind als animierte, häufig auch noch schlecht gemachte Übungsaufgaben, die genau so gut – eher besser – mit herkömmlichen Medien (Freiarbeitsmaterial) bearbeitet werden könnten.
Helmut Meschenmoser hat das häufig genannte Spaßargument für einen Computereinsatz kritisch hinterfragt und zieht u. a. folgendes Fazit:
„Es besteht beim unreflektierten und wahllosen Einsatz bestimmter Computer-Übeprogramme die Gefahr einer Verschlechterung der Lernbedingungen. Deshalb bedarf es in jedem Fall der Reflexion, ob nicht konventionelle Medien zur Erschließung bestimmter Lerninhalte besser geeignet sind als Computerprogramme.“[11]

- *Ermöglicht das Programm Sinn und Sachzusammenhänge zu erschließen bzw. Informationen einzuholen?*

Der weiter oben erwähnten angelsächsischen Tradition – *information skills* –, sich Informationen zu bestimmten Sachgebieten selbstständig zu erarbeiten,

10 Aus dem Begleitheft zu: Matheland, Cornelsen Verlag, Berlin 1998.
11 Aus: Computer und Unterricht, Heft 27/1997 S. 42, vgl. W. Schipper: „Bericht“, in: GRUNDSCHULE 10 (1995), S. 73 f.

werden inzwischen viele so genannte „lexikografische Programme" gerecht. Von *Winnies Welt* über eine Vielzahl spezieller Themen wie Dinosaurier, Vögel Europas, Mein Körper u. v. m. bis hin zu *Mein erstes Lexikon*. Das Programm ist bereits im 1. Schuljahr einsetzbar, es ist grafisch hervorragend gestaltet, die Texte sind kindgemäß und führen durch die Hypertextstruktur in den einzelnen Lexikaartikeln spielerisch in die Arbeitsweise des Internets ein.

Bei der Planung von Unterricht und einem eventuellen Computereinsatz können neben den oben angesprochenen Entscheidungshilfen folgende mehr didaktisch-methodische Fragestellungen hilfreich sein:

- *Können Stufungen didaktisch-methodischer Art vorgenommen werden?*

Programme sollten so konstruiert sein, dass Lehrerinnen und Lehrer selbst Aufgaben stellen bzw. verändern können, um sie so ihrem eigenen Curriculum anzupassen.

- *Können Lehrerinnen und Lehrer unterschiedliche Schwierigkeitsgrade in dem Programm einstellen?*

Gerade die Interaktivität von Computerprogramme ist ein wichtiger, ein wesentlicher Vorteil. Bei guten, d. h. didaktisch-methodisch durchdachten Programmen sollten Lehrerinnen und Lehrer die Möglichkeit haben, für einzelne Schüler oder Schülergruppen einen individuellen Schwierigkeitsgrad für die zu bearbeitenden Aufgaben einstellen zu können.

- Die Frage: *„Können differenzierte und individuell gestaltete Probleme gestellt werden?"*

schließt an die vorhergehende an. Differenzierungs- sowie Individualisierungsmöglichkeiten sind wichtige Forderungen an eine gute Unterrichtssoftware. Selbstständiges Lernen, eine die Eigenverantwortung des Lernenden betonende Lernumgebung erfordert Instrumente, die dies leisten. Computerprogramme können hierbei hervorragende Unterstützungsarbeit anbieten.

Je kleiner die Kinder, desto besser die Computer – Ausstattungsempfehlung für Grundschulen

Einzelne Geräte werden als Werkzeug oder als Medium im Rahmen eines offenen Unterrichts im Klassenraum eingesetzt. Diese Geräte müssen robuste Multimediasysteme sein, die den Anforderungen des hier skizzierten Unterrichts entsprechen. Wie sieht eine solches System im Einzelnen aus:

- Leistungsstarker Rechner mit schnellem Prozessor (Pentium oder vergleichbar), hoher Taktfrequenz (> 300 MHz), ausreichendem Arbeitsspeicher (> 32 MB) und großer Festplatte (> 1 Gigabyte), gute Grafik- und Soundkarte.
- Strahlungsarmer, hochauflösender Monitor 17" (hierbei sollte man nicht sparen; ein schlechter Monitor kann für Kinder nicht verantwortet werden)
- CD-ROM-Laufwerk

- Lautsprecher; für manche Aufgaben sind Kopfhörer zu empfehlen, damit andere Kinder bei ihrer Arbeit nicht gestört werden
- Tintenstrahl- oder Laserdrucker ist unverzichtbar, denn ohne die Möglichkeit, etwas auszudrucken, z. B. einen selbst gestalteten Text oder eine Zeichnung oder auch entsprechende Infotmationen u. a. m., macht der Computer keinen Sinn. Ein Farbdrucker wäre wünschenswert.
- Ein Internetanschluss für die inzwischen vielfältigen Internet-Angebote für Kinder mit einem entsprechenden Schülerarbeitsplatz sollte wenigstens in der Schule vorhanden sein. Vorteilhafter ist allerdings auch hier ein Anschluss im Klassenzimmer.
- Scanner sind heute so preiswert und leicht handhabbar, dass sie ohne weiteres als Eingabegeräte bei vielfältigen Aufgaben zum Einsatz kommen können.
- Eine Digitalkamera ist für Schülerzeitungen, Projekte und sonstige Vorhaben hilfreich; leider zur Zeit aber noch sehr teuer.

Vorsicht: Häufig erhalten Grundschulen Computersysteme von Firmen, Eltern oder sonstigen Sponsoren geschenkt. Schauen Sie sich die Geräte genau an, ob sie einem modernen, offenen Unterricht standhalten. Machen Sie den Sponsoren deutlich, welche Geräte Sie für ihren Unterricht benötigen. Häufig müssen die geschenkten Systeme teuer als Elektronikschrott entsorgt werden. Auf die meisten Fragen im Zusammenhang mit der Einführung von Computern an Ihrer Schule erhalten Sie hier kompetente Antworten: http:// www.learn-line.nrw.de/Arbeitsbereiche/Medienberatung/tx_ohgs.htm.

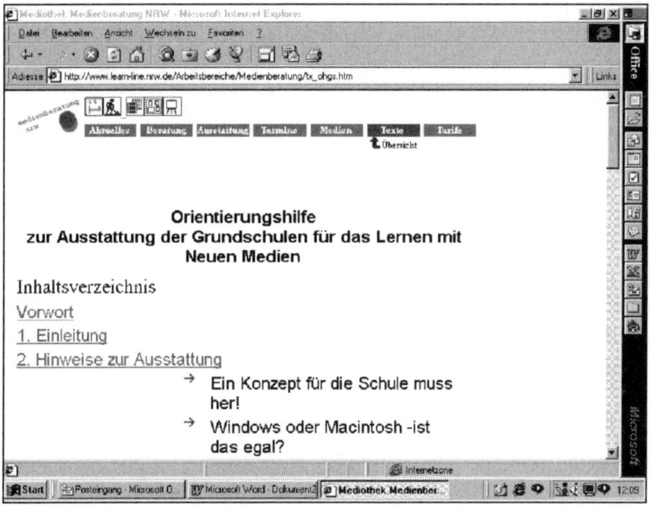

Screenshot Medienberatung

Erziehung in der Schule oder: Erziehung für das Leben

Anneliese Hegenauer

1. Vorbemerkungen

In der Schule müssen junge Menschen das lernen, was sie nicht einfach beim Aufwachsen durch die Teilnahme am Leben „von selbst“ lernen und was sie doch brauchen, um als Erwachsene selbst bestimmend und verantwortlich leben zu können.

Daraus leiten sich kompensatorische Aufgaben für die Schule ab und zugleich wird Schule zur Lebensschule.

Grundsätzlich ist der Bildungs- und Erziehungsauftrag im Schulgesetz und in den Bildungsplänen der jeweiligen Bundesländer beschrieben. Dabei nimmt neben der Vermittlung von Wissen, Fertigkeiten und Fähigkeiten die Werte-Erziehung immer breiteren Raum ein. Unter Werte-Erziehung wird gemeinhin die Erziehung zu Hilfsbereitschaft, Toleranz, Höflichkeit, Anteilnahme, Fairness, Rücksichtnahme, Gewissenhaftigkeit, Selbstvertrauen, Ausdauer, Fleiß, Ordnungsliebe, Pünktlichkeit, Genauigkeit, Geduld, Eigenverantwortlichkeit ... verstanden.

Jeder Klassenverband spiegelt dabei, mit unterschiedlicher Gewichtung, die gesamte Bandbreite unserer pluralen und zugleich individualistisch ausgerichteten Gesellschaft wider. In der Klassengemeinschaft zeigen sich die auseinander driftenden Erziehungsvorstellungen, die materiellen und finanziellen (Not-) Situationen der Familien, die weltanschaulichen und kulturellen Verschiedenheiten, die unterschiedlichsten Herkünfte etc.

Dennoch wird es im wohlverstandenen Interesse aller Personen und Institutionen innerhalb einer Gesellschaft liegen, das Zusammenleben – trotz all der sichtbaren Widersprüche und Gegensätze – auf eine gemeinsam akzeptierte Grundlage zu stellen. Dazu gehört das Hinführen zu und Einüben von demokratischen Grundmustern.

Dies den Kindern zu vermitteln, ihnen die inneren und äußeren Haltungen vorzuleben und nahe zu bringen, ist wesentliche Voraussetzung, um sie zu eigenverantwortlichen und stabilen Persönlichkeiten werden zu lassen.

Im „Lebensraum Schule“ heißt dies ganz gezielt, durch Erleben und konkretes Handeln den verantwortungsbewussten Umgang mit Menschen, Tieren, Pflanzen und Sachen zu lernen, zu üben und sich mit dem jeweiligen Lerngegenstand gedanklich und emotional auseinander zu setzen.

Daraus ergeben sich folgende gemeinsame Erziehungsaufgaben für **alle** am Schulleben Beteiligten, also für Lehrerinnen und Lehrer, Eltern, Sekretärin,

Hausmeister, Reinigungskräfte, Sozialpädagogen, Hausaufgabenbetreuer, muttersprachliche Lehrer und Lehrerinnen, Hort- und Kernzeitbetreuer:
- glaubwürdige Vorbilder schaffen bzw. bieten und sein
- verlässliche Rahmenbedingungen gestalten
- soziale Kompetenzen stärken, trainieren und festigen

Als durchgängige, selbstverständliche Prinzipien müssen zudem für alle Beteiligten im Schulleben gelten:
- zur Eigenverantwortlichkeit erziehen
- zur Selbstständigkeit anleiten
- zur Toleranz befähigen
- zur Mitverantwortung anregen und Übungsmöglichkeiten dazu anbieten

Das sind hohe Anforderungen. Die Autorin weiß, wie schwer es ist, Lehrer an ein einheitliches Konzept zu gewöhnen; aber die Schwierigkeiten dürfen niemanden abhalten, das Schwierige immer wieder zu versuchen. Dabei pfeifen die Spatzen die Schulkritik von den Dächern: Von zu geringem Lernerfolg und mangelnder Lerneffizienz, von schwierigen Lernbedingungen in den Klassen und zunehmenden Disziplinproblemen ist allenthalben zu hören. Wie soll unter diesen Gegebenheiten eine innere Schulreform gelingen? Wer die Schule verändern und damit verbessern will, muss genau hinsehen: Wo sind die Hemmnisse, wo die Schwierigkeiten? Aber auch: Wo liegen die Stärken und Verbesserungsmöglichkeiten? Eine analytische Sichtweise sollte bei Lehrerinnen und Lehrern, Schulleiterinnen und Schulleitern und Schulrätinnen und Schulräten üblich werden. Diese würde die ständige Suche nach Verbesserungen so zum Allgemeingut werden lassen, wie es in der Industrie schon lange üblich ist. Die Einführung von Verbesserungswesen und Kontrollinstanz wäre wohl die analoge Schlussfolgerung. Auf jeden Fall scheint die gegenwärtige Schulaufsicht noch längst nicht ihr Potenzial zur Schulentwicklung erkannt zu haben.
Es soll hier nicht in erster Linie Kritik an den Gegebenheiten formuliert werden, vielmehr sollen Lösungsmöglichkeiten und Chancen gezeigt werden. Sicher ist das eine oder andere dabei, das der Leser bedenken oder in die Wege leiten kann. Er möge sich nicht von der Vielzahl der Gedanken und Vorschläge abschrecken lassen. Auch hier gilt: Selbst der längste Weg beginnt mit dem ersten Schritt.

2. Lehrerinnen und Lehrer als glaubwürdige Vorbilder

Da jeder Schüler mehr als ein Drittel seiner Zeit in der Schule verbringt, ist die Bedeutung der Lehrerpersönlichkeit für die Persönlichkeitsentwicklung des Kindes recht groß. Die Lehrerin bzw. der Lehrer muss Eigenschaften vorleben, die im Rahmen einer entsprechenden Werte-Erziehung als Erziehungsziele gelten.Während des gesamten Schulvormittags ist die Lehrkraft

Ansprechpartner und Bezugsperson des Schulkindes und somit Orientierung und Vorbild hinsichtlich seines ganzen Umgangs und Verhaltens.
Da jeder nur das weitergeben kann, was er selber beherrscht, ist es wichtig, dass auch die Lehrkräfte in ihrer Eigenverantwortung und Selbstständigkeit gestärkt und gefördert, aber auch gefordert werden müssen. Das bedeutet im Einzelnen, dass sie Toleranz und Mitverantwortung erfahren und sich darin üben.

Umgang miteinander

Zunächst muss der Anspruch auf Toleranz und Mitverantwortung von der Schulleitung und den Personen der Schulaufsicht als verpflichtende Aufgaben verstanden und angenommen werden.
Für die **Schulleitung** gibt es viele Möglichkeiten, dies zu erreichen oder zumindest zu initiieren:

- eine Umgestaltung der Konferenzen: also weg von Vorlesungen und hin zu pädagogischen Diskussionen und Konzeptionserstellungen, Schulprogrammen, Schulphilosophie ...
- Freiräume schaffen und gemeinsam ausgestalten unter der Zielsetzung einer gemeinsam an der Schule praktizierten Pädagogik
- das Lehrerkollegium muss sich als lernende Organisation erfahren und erleben:
  - in Konferenzen verschiedene Arbeitsformen praktizieren: Gruppenarbeit, Partnerarbeit, Stationenarbeit ...
  - Moderationstechniken kennen lernen und anwenden (z. B. bringen Kartenumfragen in kurzer Zeit zunächst unkommentiert alle Meinungen auf den Tisch, bzw. eine Stellwand ...)
  - verschiedene Präsentationsformen kennen lernen und einüben (es gibt nicht nur Gruppenberichte, sondern auch Wandzeitungen, Plakate, ein kurzes Rollenspiel usw.)
- organisatorische Inhalte und Diskussionsgrundlagen sollten vor der Konferenz in Form von Tischvorlagen zur Kenntnis gegeben werden (damit wird Zeit geschaffen für gemeinsame Diskussionen, Erarbeitungen, Gespräche ...)
- bereits in die Konferenzeinladung konkrete Aufgaben und Arbeitsvorhaben aufnehmen. Beispiele: einen Text lesen und zusammenfassen, Verbesserungsvorschläge für bisherige Abläufe überlegen usw.
- Zuständigkeiten an einzelne Lehrer, Lehrergruppen delegieren. Über Stufenkonferenzen, Fachkonferenzen usw. können bereits Vorlagen erarbeitet oder vorbereitet werden (Mitverantwortung!)
- Fachgruppenvorsitzende oder Fachkonferenzvorsitzende übernehmen einzelne Tagesordnungspunkte in der Konferenz (z. B. Bericht über Stand der Baumaßnahmen, Kooperation Kindergarten, Vorschläge und Bericht über Neuanschaffungen, Vorschläge und Bericht zu geplanter Elternarbeit ...)

- Zuständigkeiten auf jeden Fall offen legen und immer aktualisieren, d. h., jeder Lehrer, jede Lehrerin soll sich im Schulbetrieb für etwas „zuständig" fühlen (bietet Transparenz für Eltern und Lehrer, entlastet den Schulleiter bzw. die Schulleiterin u. a. bei der Verteilung der Papierflut und gibt ihm bzw. ihr das Gefühl, auch andere in die Mitverantwortung mit einbeziehen zu können). Das heißt jedoch auch: Es gibt ständig positive Gesprächsanlässe, in denen die Vorschläge und Meinungen der einzelnen Lehrkräfte ernst genommen werden: Dies führt zu einer Stärkung der Lehrerpersönlichkeit.
- Ablaufpläne erstellen und transparent machen (s. Anlage 1, S. 188)
- eine detaillierte Terminplanung für das Schulhalbjahr vorlegen (s. Anlage 2, S. 189)
- Unterricht durch projektorientiertes Lernen öffnen. Über klassen- und jahrgangsübergreifende Einheiten lassen sich andere Kollegen und Eltern einbeziehen. Die gemeinsame Unterrichtsvorbereitung und das Vorbereiten von Material und Projekten schafft auch Transparenz gegenüber Eltern (s. auch unter 5. „Rahmenbedingungen gestalten" und 6. „Soziale Kompetenz stärken").
- über das Klassenzimmer und den reinen Lehrstoff hinaus Eigenverantwortung stärken (Vorschläge, Ideen, eigene Versuche sind gewünscht und werden von der Schulleitung gestärkt und gestützt)
- bei Anschaffungen und Verwendung der Finanzmittel sowie der Zuweisung und Verwaltung eines Festbetrages zur eigenen Verwendung eine Mitsprachepflicht einfordern
- schulinterne Fort- und Weiterbildung wird grundsätzlich an den Wünschen und der Notwendigkeit der Praxis orientiert.
- pädagogische Konferenzen oder Treffs planen und unterstützen, indem z. B. eine gemeinsame Besprechungsstunde für alle in den Stundenplan eingebaut wird.
- durch genaues Beobachten und Zuhören die Fähigkeiten der Lehrkräfte erkennen und diese entsprechend einsetzen; Möglichkeit geben, eigene Vorstellungen auszuprobieren und umzusetzen.
- das Gemeinschaftsgefühl zwischen Lehrkräften, Eltern und Schülern fördern und stärken, z. B. durch gemeinsame Veranstaltungen wie:
  - Schuldruckerei-Workshop für Lehrer und Eltern
  - PC-Kurse für Eltern und Lehrer
  - Elterncafé, ggf. mit Bastel- oder Betreuungsangebot für Kinder
  - Eltern-Lehrer-Meeting
  - Lehrmittelausstellung zu einem Zeitpunkt organisieren, der für Lehrer, Eltern, Hausaufgabenbetreuer sinnvoll ist und dann alle einladen
  - Lernsoftware für interessierte Lehrer und Eltern vorstellen und Möglichkeit zum Ausprobieren schaffen.

Im Unterricht den Grundansatz verdeutlichen

Bei der Unterrichtsgestaltung und im Unterricht gewinnt der Umgang mit den folgenden Inhalten für die Lehrkräfte verstärkte Bedeutung. Diese Schwerpunkte sind eine Voraussetzung dafür, soziale Kompetenz bei den Schülern wirksam zu erreichen:

- Jeder kann und darf Gefühle zeigen und äußern: „Ich bin traurig, weil ...", „Mir geht es heute besonders gut, weil ..." etc.
- Jeder möchte und soll Gefühle der anderen beachten und respektieren: „Mich hat gekränkt, dass ...", „Ich habe mich über meinen Nachbarn gefreut, weil ..." etc.
- Es ist wichtig, eigene Ansichten und Meinungen zu äußern, ohne den anderen zu verletzen. Dies muss geübt werden.
- Beobachtungen mitteilen, ohne Verhaltensänderungen zu verlangen: „Mich stört, dass du mir oder anderen ständig ins Wort fällst" statt: „Hör auf, andere zu unterbrechen oder dazwischenzureden." Es ist wichtig, dabei ehrlich und offen zu sein, auch eigene Fehler und Schwächen zuzulassen, einzugestehen und darüber zu reden.
- Lob und Tadel einsichtig machen und begründen. Bereits das Bemühen und die Anstrengung sind ein Lob wert!
- Klar definierte Erwartungshaltungen seitens des Erwachsenen sind nur sinn- und wirkungsvoll, wenn sie auch entsprechend vorgelebt werden:
  - Wer Pünktlichkeit von seinen Schülern verlangt, muss auch selber pünktlich sein.
  - Wer eine ordentliche, pünktliche und saubere Schrift erwartet, muss auch selber seinen Tafelanschrieb ordentlich, übersichtlich und sauber gestalten.
  - Wer Ordnung bei den Materialien einfordert, muss auch im eigenen Bereich (Lehrertisch, Schränke ...) Ordnung halten.
- Grundsätzlich sollte beim Vorleben die Reversibilität, also die Umkehrbarkeit der Sprache und des eigenen Handelns, gegeben sein. Dazu gehören:
  - Sorgfalt und Umsicht im Umgang mit Lebewesen, Einrichtungen und Materialien;
  - Verlässlichkeit zeigen und Versprechen einhalten: „Am Mittwoch schreiben wir einen Mathematiktest." „Morgen lese ich euch die Geschichte dazu vor";
  - in der Gruppe aufgestellte Vereinbarungen und Regeln gelten ohne Ausnahme für alle, somit auch für die Lehrkraft.
- Zuverlässigkeit und Beständigkeit lassen sich durch vielerlei **Rituale** erfahrbar machen: Morgenkreis, eine Gesprächsrunde zum Wochenanfang, eine Gesprächsrunde vor dem Wochenende oder eine Gesprächsrunde jeden Morgen als Tagesbeginn. Themen können sein: Erlebnisse, Vorhaben für den Unterricht, Alltagsdinge, Sorgen, Ängste, Geburtstage feiern (ein Geburtstagskalender im Klassenzimmer erinnert an aktuelle Geburtstage),

Wochenabschluss (Rückblick auf die Woche, Vorausschau auf die kommende Woche, Pläne für die Gestaltung des Wochenendes), „offener Anfang“ (bereits vor Unterrichtsbeginn ist der Lehrer oder die Lehrerin im Klassenzimmer und bietet Raum und Zeit zum Zuhören, Vorbereiten, Helfen und Reden), regelmäßige Vorlesestunde innerhalb des Stundenplans (Kinder können z. B. ein Buch vorstellen, Kinder oder der Lehrer bzw. die Lehrerin aus einem Buch vorlesen), Kummerrunde (durch ein vereinbartes Symbol wird der Wunsch dazu angemeldet; Probleme werden aufgeschrieben und anonym in einen Kasten gesteckt ...)

3. Eltern

Wie wichtig Eltern in ihrer Vorbildfunktion sind, ist allgemein bekannt. Eltern sollten die an der Schule praktizierte Pädagogik verstehen können. Voraussetzung dafür ist, dass sie die pädagogischen Ansätze und Schwerpunktsetzungen der Schule kennen. Zum Mittragen müssen sie mehr als bisher üblich in das Schulleben eingebunden werden. Auch wenn nachweislich immer mehr Eltern zu unterschiedlichen Zeiten berufstätig sind, gibt es vielfältige Möglichkeiten und Anlässe, die Schulpädagogik transparent zu machen und Eltern darin mitwirken zu lassen.

Eltern als verständige Partner gewinnen

Die Erfahrung zeigt, dass viele Eltern bereit sind, Schule und Lehrkräfte zu unterstützen, wenn ihnen die Zielsetzung einsichtig und plausibel ist. Zugleich gewinnen sie selber Mut und persönliche Sicherheit in der Wertevermittlung gerade auch in der eigenen Familie.
Schule hat also eine besondere Chance anzubieten und auch zu be„greifen“: Eltern stärken, um die eigene Pädagogik sicher zu verankern.
Als weiterer wichtiger Bestandteil des „Lebensraumes Schule“ bietet sich das Einbinden der Elternschaft in das Schulleben an. Dies darf sich nicht nur auf die vorgeschriebene Anzahl der Elternpflegschaftssitzungen (Elternabende) oder auf Elternsprechtage beschränken oder darauf, Eltern zur Sprechstunde vorzuladen, weil das Kind Lern- oder Verhaltensprobleme zeigt.
Um die Eltern mehr in das Schulleben einzubeziehen, ist es wichtig, vorhandene Ängste und die Scheu vor Schule und Lehrern abzubauen. Dies gelingt am besten über die Elternvertreter. Es ist möglich und an manchen Schulen bereits selbstverständlich, dass Elternvertreter zum geselligen Beisammensein eingeladen werden oder zu bestimmten Punkten der Gesamtlehrerkonferenz, zu Pädagogischen Tagen und zu Jubiläen. Der oder dem Elternbeiratsvorsitzenden den Schulschlüssel zu überlassen zeigt, dass sie oder er mit zur Schule gehört und dort auch gerne gesehen wird.

Eltern aktiv in das Schulleben einbeziehen

Dies ist möglich durch

- **Elternabende**, die unter einem bestimmten Themenschwerpunkt stehen (z. B. Hausaufgaben), an denen diskutiert wird und an denen nicht nur Inhalte des Bildungsplanes vorgetragen werden.
- **Elternsprechtage**, bei denen gleichzeitig eine Kinderbuchausstellung stattfindet, ein Flohmarkt, Kleidertausch-Bazar o. Ä. durchgeführt wird. In eingeschränkterem Maße ist es auch möglich, Chor- und Theateraufführungen einzubeziehen; auf jeden Fall aber ist es entspannter, wenn dabei Kaffee, Tee, Gebäck angeboten und somit Gelegenheit gegeben wird, die Schule kennen zu lernen und miteinander ins Gespräch zu kommen. Vielleicht können nebenbei sogar Bastelaktivitäten für die Kinder angeboten werden.
- **Gesprächskreise** sind in Zusammenarbeit mit dem Kinderschutzbund, dem Gesundheitsamt, Beratungsstellen und anderen örtlichen Gruppierungen leicht zu realisieren, zumal diese Institutionen meist gerne bereit sind, auch Referenten zu stellen. Über manche Themen wird einfach offen diskutiert, werden Ansichten ausgetauscht, Informationen weitergegeben. Monatlich oder vierteljährlich wird zu bestimmten Themen eingeladen. Nicht jeder Gesprächskreis-Abend braucht einen offiziellen Referenten; viele Themen können zwanglos erörtert werden. Dennoch ist es sinnvoll, wenn eine Person aus der Schulfamilie die Fäden in der Hand hat. Selbstverständlich werden auch die Lehrkräfte zu diesen Abenden eingeladen. Mögliche Themen für einen Gesprächsabend können sein:
  - Das Problem der Hausaufgaben: ja/nein, wie – wann – wo?
  - Betrügen wir unsere Kinder um ihre Kindheit?
  - Verlangen Familie und Schule zu viel?
  - Was erwarten wir Eltern von der Schule?
  - Wieviel Vater braucht ein Kind?
  - Übergang zu weiterführenden Schulen: Wie bereite ich mein Kind vor? Eltern aus den weiterführenden Schulen berichten.
  - Schulangst
  - Die Taschengeldfrage: Warum? Wann? Wieviel? Wozu?
  - Freizeitgestaltung
  - Kinder müssen nicht verunglücken (Vorbeugung, Unfallvermeidung)
  - Wie lernt man lernen?
  - Liebeserziehung statt Geschlechtserziehung
  - Umgang mit Medien: Gefahren – Nutzen
  - Vom guten Umgang mit sich selbst
  - Wie Kinder denken und fühlen
  - Märchen als Lebens- und Erziehungshilfe
  - Kindgerechte religiöse Erziehung
  - Giftstoffe im Kinderzimmer
  - Wie viel Konsequenz brauchen unsere Kinder?

- **Pädagogische Treffs wie ein Elterncafé oder ein Stammtisch mit Eltern und Lehrern:** In zwangloser Runde treffen sich Lehrer und Eltern klassenintern oder klassenübergreifend, um über Projekte, Schulprobleme, neue Unterrichtsformen zu reden, zu diskutieren, Erfahrungen auszutauschen, oder auch zur gemeinsamen Vorbereitung. Findet dies in der Schule (z. B. im Klassenzimmer) statt, bietet es sich an, auch Freiarbeitsmaterialien herzustellen. Die Eltern erfahren dabei ganz konkret, mit welchen Lernmaterialien und Lernmethoden ihre Kinder in der Schule arbeiten. Ein konkretes Beispiel für eine Einladung zu einem „Herbstcafé": Mitte November werden an einem Freitagnachmittag Eltern und Lehrkräfte eingeladen; eine Buchhandlung präsentiert - ohne Verkauf - neue Kinderbücher und Spiele; für die Kinder gibt es ab 15.30 Uhr einen Märchenerzähler und Bastelangebote wie Rübengeister herstellen, mit Naturmaterialien gestalten und Laternen oder Drachen basteln. Als gemeinsamer Abschluss findet gegen 17.30 Uhr ein Laternenumzug rund um das Schulgelände statt.
- **Einbeziehen in den Unterricht:** Eltern können Feste, Projekte und Lerngänge mit vorbereiten und gestalten; sie können als Helfer zu freien Unterrichtsformen beitragen: backen, basteln, erzählen ...; als Begleitperson ins Schullandheim mitkommen; als Leiter von Arbeitsgemeinschaften gewonnen werden, z. B. Garten-AG, Erste-Hilfe-Kurs-AG, AG Schülerzeitung, AG Fahrradbörse ...; sie können ihre beruflichen Kenntnisse, Fähigkeiten und Beziehungen zur Aus- und Umgestaltung von Aktionsbereichen im Schulhaus und Schulgelände einbringen:
  - Hüpfspiele auf den Schulhof mit malen
  - Schulgarten und Schulteich mit anlegen
  - Leseecke mit einrichten
  - Klettergerüste und Spielgeräte er- und aufstellen
  - die Schülerbibliothek verwalten und den Ausleihdienst organisieren (z. B. zweimal wöchentlich von 9.30 bis 10.30 Uhr)
  - die Redaktion der Schülerzeitung übernehmen

Weitere Anregungen können Sie dem Kapitel „Elternarbeit" und der Anlage 3 (s. S. 190) entnehmen: Veranstaltungskalender zur Elternarbeit an der Eduard-Mörike-Grundschule in Böblingen („EMSige Eltern").

4. Weitere Mitarbeiter an der Schule

Zur Schule gehören neben den Kindern, Lehrerinnen und Lehrern und den Eltern auch noch andere Personen, die gerne vergessen werden: Hausmeister, Sekretärin, Putzpersonal, Hausaufgabenbetreuerinnen, muttersprachliche Lehrkräfte, Sozialarbeiter und Sozialpädagogen, Hortleitung ... Auch dieser Personenkreis muss die an der Schule praktizierten pädagogischen Grundansätze kennen, verstehen und mittragen. Hierzu ist es notwendig, sie über alle Veranstaltungen eines Schuljahres zu informieren und sie ggf. auch dazu einzuladen. In Teilen ist dabei eine aktive Mitwirkung und Unterstützung gewünscht und unerlässlich. Dies sollte diesen Mitarbeiterinnen und Mitarbeitern gegenüber auch zum Ausdruck gebracht werden. Es genügt nicht, Erwartungen nur im Kopf zu haben!

5. Rahmenbedingungen gestalten

Aufgaben der Schule

Schule hat heute in mehrfacher Hinsicht die Aufgabe, sich der Lebenswirklichkeit in ihrem Umfeld zu öffnen:

- Sie sollte Kinder so an die Lebenswirklichkeit heranführen und vorbereiten, dass diese sich jetzt und künftig zurechtfinden, bewähren und aktiv gestalterisch an ihr teilnehmen können.
- Sie muss ihrem wichtigsten Auftrag gerecht werden: dem der geistigen Auseinandersetzung mit der Welt, indem diese hautnah, d. h. mit allen Sinnen und direkt begreifbar, erlebt wird.
- Sie sollte die Lebenswirklichkeit in die Schule hereinlassen bzw. aktiv hereinholen, indem sie Personen und Institutionen in der Schule mitreden und mitwirken lässt, z. B.:
  - Handwerker, die ihre Berufe vorstellen
  - lebenserfahrene Menschen, die ihre Hobbys, Talente ... einbringen
  - Vereine, die durch geschulte Übungsleiter weitere Angebote als AG oder vereinzelt in Projekten einbringen: Sport- und Musikvereine, DRK, Feuerwehr ...
- Sie sollte mit den Kindern die „Lebenswirklichkeit" vor Ort aufsuchen, d. h. in die Natur, zu Alten und Kranken, in die Kirche, zur Verkehrsschulung, ins Rathaus etc. gehen.

Rahmenbedingungen über Zusatzeinrichtungen optimieren

Um den sich ändernden Gesellschaftsstrukturen Rechnung zu tragen, gehören zu den Rahmenbedingungen der Schule auch Einrichtungen wie

- Grundschul-Förderklasse (Vorbereitung von „zurückgestellten" Kindern auf die Schule),
- Kernzeitbetreuung (verlässliches Betreuungsangebot für die Kinder über einen bestimmten Zeitraum am Vormittag, ohne Rücksicht auf tatsächlichen Unterricht),
- Hort an der Schule (die Erweiterung der Kernzeitbetreuung bis in den Spätnachmittag mit Mittagessen),
- Ganztagesbetreuung entweder als Angebot oder als Verpflichtung für alle Schüler,
- Hausaufgabenbetreuung,

- Schulsozialarbeit,
- muttersprachlicher Unterricht für die Kinder ausländischer Eltern,
- Einrichtung von Sonderklassen, z. B. eine „Kleine Klasse“ mit wenigen Kindern und guten Rahmenbedingungen wie Lehrkraft plus Sozial- oder Heilpädagogin zur Betreuung und Beschulung verhaltensauffälliger Kinder,
- Integration behinderter Kinder in Regelklassen,
- Vorbereitungsklassen für Kinder mit wenig oder geringen Deutschkenntnissen,
- einen Förderverein gründen: ein Förderverein für die Schule verbindet einerseits aktive Eltern und Lehrer, auf die bei schulisch orientierten Vorhaben (Schulfest, Projekttage, Abschlussfeier u. Ä.) besonderer Verlass ist; andererseits können über den Verein zusätzliche Geldmittel an die Schule fließen (Spenden, Mitgliedsbeiträge, Erträge aus Veranstaltungen).

Einige dieser Einrichtungen können je nach örtlichen Gegebenheiten und in Zusammenarbeit mit dem Schulträger beantragt und eingerichtet werden. Vereinzelt sind auch karitative Einrichtungen wie Caritasverband und Arbeiterwohlfahrt an solchen Maßnahmen interessiert und beteiligt. In der Regel gibt es hierzu auch finanzielle Unterstützung durch das Land.

Strukturen den Erfordernissen der Schule anpassen oder: Findet Schulentwicklung nur in den Schulen statt?

Die jeweilige Landespolitik und das Kultusministerium als oberste Verwaltungsebene stellen Rahmenbedingungen für die tägliche Arbeit in der Schule auf.
Oft wird übersehen, dass auch der Schulträger wesentlich die schulische Arbeit (und damit ihr Gelingen) beeinflusst: Er baut das Schulhaus, er stellt die finanziellen Mittel für Lehr- und Lernmittel sowie Ausstattung bereit, er entscheidet über das nicht lehrende Personal ...
Auch diese von Lehrkräften und Schulleitung nicht zu beeinflussenden Rahmenbedingungen müssen sich an der erforderlichen pädagogischen Ausrichtung orientieren und diese unterstützen. Nur **so** ist nachhaltiges und fruchtbares pädagogisches Handeln in der Schule möglich.
Alle Ebenen der Schulverwaltung müssen den veränderten Gegebenheiten Rechnung tragen: für die Planung neuer Schulen, aber auch für die Anpassung alter Gebäude ist das Modellbauprogramm den (von der Verwaltung selbst!) gewünschten Strukturen anzugleichen. Die Verminderung der Zuschüsse – wie kürzlich in B-W erfolgt – ist ebenso kontraproduktiv wie die Verringerung der Quadratmeterzahl für einen Klassenraum.

Verlässliche Unterstützung durch den Schulträger erhalten

Folgende Punkte sollten in der Zusammenarbeit mit dem **Schulträger** selbstverständlich sein:

- der ständige Informationsfluss zwischen Schulleitung, Elternbeirat und Schulträger, damit die Entscheidungsträger über Geldmittel durch entsprechende Re-Aktion die Pädagogik aktiv und kontinuierlich unterstützen können
- zuverlässig fließende Finanzmittel des Schulträgers
- an der Pädagogik orientierte, zeitgemäße Ausstattung von Schulgebäuden und Klassenzimmern, Fach- und Gruppenräumen sowie Schulhöfen
- die Unterstützung bei Zusatzeinrichtungen wie Hort, Kernzeit, Schulsozialarbeit ...
- eine an den Aufgaben der Schule orientierte Zuweisung von Personal: Sekretärin, Hausmeister, Putzkräfte ...
- zuverlässige Hilfe durch Fachpersonal zur Betreuung der Medien, der Computer, Begleitung der Baumaßnahmen vor Ort, Wartung der großen Spielgeräte auf dem Schulgelände und im Sportbereich ...

Verlässliche Unterstützung durch die Schulverwaltung erhalten

Die verschiedenen Ebenen der Schulverwaltung stellen Rahmenbedingungen auf. Wenn die Rahmenbedingungen unzureichend sind, so ist fruchtbares pädagogisches Handeln in der Schule nur schwer möglich. Die Verwaltung sollte sich stets bewusst sein, dass rundweg alles, was sie tut, der Verbesserung der schulischen Arbeit zu dienen hat. Das gilt für Personalentscheidungen, für Verordnungen wie für die Ausgestaltung des Lehrplanes.

Schulaufsicht heißt in diesem Zusammenhang ständige Suche nach Verbesserung und nach Möglichkeiten der Unterstützung von Schulen. Dazu ist eine kritische Einstellung gegenüber der eigenen Position vonnöten.

In der Zusammenarbeit mit der **Schulverwaltung/Schulaufsicht** muss deshalb selbstverständlich werden:

- Schulaufsichtspersonal, das die gewünschte Pädagogik versteht, glaubhaft verkörpert und aktiv mit gestaltet
- zuverlässige Begleitung und Hilfe durch Schulräte, pädagogische Berater, Beratungslehrer, Supervision für Schulleiter bzw. Lehrer ...
- zuverlässige, am Bedarf und an der praktizierten Pädagogik orientierte Lehrerzuweisung (Mitspracherecht von schulischen Gremien ist gut durchführbar)
- ausreichende Leitungszeit für die Schulleitung, um die umfangreichen Aufgaben überhaupt erst leisten und dauerhaft begleiten zu können
- ein anderes, neu definiertes Berufsbild von Schulleitung
- eine Gewährleistung von Aus-, Fort- und Weiterbildung von Schulleitern und Schulleiterinnen sowie Lehrkräften, die sich an der gewünschten Pädagogik orientiert

- der ständige fachliche Austausch über die pädagogische Konzeption einer Schule, damit die nächsthöhere Verwaltungsebene diese aktiv unterstützt und fördert oder gegebenenfalls weiterführende Hilfen gibt
- die Unterstützung bei Zusatzeinrichtungen wie „besonderen Klassen", Hort, Kernzeit, Schulsozialarbeit ...
- ein Kontingent an Lehrerstunden für Stundenausfall bei Krankheit, Fortbildung, Kuraufenthalt, Personalversammlungen, Dienstbesprechungen bei vorgesetzten Behörden ...
- Klassenlehrer – Verfügungsstunde(n)

Konkrete Vorschläge für strukturelle und praktische Veränderungen könnten sein:
- Verordnungen werden künftig in einer zeitgemäßen, auch für Eltern und Schüler verständlichen Sprache formuliert und ständig auf ihre Aktualität hin überprüft.
- Der Bildungsplan wird in Loseblattsammlung herausgegeben und ständig auf seine „Gültigkeit" hin überprüft und aktualisiert.
- Für den Schulbereich wird ein (in der Industrie längst erfolgreiches) Vorschlagswesen eingerichtet.
- Schulämter werden zum zentralen Dienstleister für ihre Schulen: sie betreiben und betreuen Lernwerkstätten für die Lehrkräfte, sie stellen „Pädagogische Berater" für schulinterne Fortbildungen zur Verfügung, sie halten Materialien für Projekte zum Ausleihen bereit, die für einzelne Schulen zu aufwändig bzw. zu teuer sind.

Einige Beispiele

Will ein Lehrer die Herstellung von Papier, das Papierschöpfen, zum Unterrichtsgegenstand machen, so muss er viel Zeit und Mühe für die Beschaffung des erforderlichen Materials aufwenden: Schöpfrahmen, Gautschtücher, Wannen und Mixgerät (möglichst in mehrfacher Ausführung) sind nicht einfach zu beschaffen. Wie viel Energie wird hier unnötig gebunden? Das muss nicht sein. Ein innovatives Schulamt wird dieses Material zur Ausleihe bereithalten. Was einer einzelnen Schule zu teuer ist, vor allem, wenn es nur selten gebraucht wird, kann für einen Schulamtsbezirk eine lohnende Anschaffung sein. Kommt es zu einem Ausleihsystem, so steht einem der Sache angemessenen höheren technischen Niveau nichts im Wege.
Das Prinzip **„Lernkiste"** wurde bereits 1998 als „Lernkiste Wasserrad" vorgestellt und mit einem Preis des Wettbewerbes „Goldener Floh" ausgezeichnet. In dieser Lernkiste befindet sich in Einzelteilen ein komplettes Kleinkraftwerk, das von den Schülern etwa ab der achten Jahrgangsstufe zusammengebaut und in einen Bachlauf eingesetzt werden kann. Wer will, kann auf allen Ebenen praktische Versuche und theoretische Überlegungen anstellen. Hilfestellungen liegen der Lernkiste bei. Beim Lehrer werden keine Vorkenntnisse vorausgesetzt. Für eine Projektwoche „Mittelalter" werden Kleidungsstücke, Rüstungs-

teile, ungefährliche Schauwaffen, Feuerstellen, Zelte und Musikinstrumente gebraucht. Was tun? Da böte sich die „Lernkiste" des Schulamtes an. Kostüme zur Unterstützung des Geschichtsunterrichts, der Theatergruppe?
Werden drei große Zelte für den Outdoor-Einsatz auf dem Jugendzeltplatz gebraucht? Sollen Farben selbst hergestellt werden? Wollen Schüler das Buchbinden erlernen?
Immer lautet die Antwort: Lernkiste vom Schulamt. Deren Nutzungsmöglichkeiten sind sehr vielfältig.

Weitere, schulinterne förderliche Rahmenbedingungen

Ein offener Rahmen erfordert auch intern mehr Offenheit. Dazu gehören aus schulorganisatorischer Sicht:

- Gestaltung des Unterrichtsvormittags ohne Schulglocke oder: die Abschaffung der Schulglocke
- flexible Stundenplangestaltung für die Schule insgesamt und die einzelnen Lehrkräfte
- flexible Pausenzeiten, die sich an den Bedürfnissen der Kinder orientieren und nicht an den festgelegten Zeiten
- grundsätzlicher Wochenbeginn mit der Klassenlehrerin oder dem Klassenlehrer
- offene und klare Terminplanung für alle: Lehrer, Eltern und Schüler

Die Schule wird somit zum „Lebensraum", der gestaltet und gestaltbar wird und deshalb einem ständigen Wandel unterliegt, weil alle am Schulleben Beteiligten, also Schüler, Lehrer, Eltern, soziale Dienste und Einrichtungen, Hausaufgabenbetreuung, muttersprachlicher Unterricht ... ihn beeinflussen.
Um die Kinder dort abzuholen, wo sie stehen, und um den am einzelnen Kind orientierten Erziehungsauftrag zu erfüllen, muss sich der Lehrer Raum und Zeit schaffen, dies in vollem Umfang leisten zu können. Daraus ergibt sich die Notwendigkeit, veränderte, jedoch verlässliche Rahmenbedingungen zu schaffen. Dazu gehören u. a. unterschiedliche Unterrichtsformen, eine andere Ausstattung der Klassenzimmer und die Einbeziehung von Lernorten außerhalb des Klassenzimmers.

Lernort Klassenzimmer

Ein **Klassenzimmer** benötigt deshalb

- eine Leseecke
- sinnvolles (nicht nur lernorientiertes) Spielmaterial
- (freie) Arbeitsangebote und Arbeitszonen
- Nachschlagewerke, Sachbücher, Rätsel, Kinder- und Bilderbücher,
- Bastelmaterialien aller Art
- PC-Arbeitsplätze

Weitere Tipps zur Einrichtung des Klassenzimmers:

- Mobile Stellwände helfen beim Abtrennen verschiedener Arbeitsbereiche: Die Stellwände sind gleichzeitig Ausstellungsfläche für Bilder und Wandzeitungen oder Flächen für Anleitungen und Informationen.
- Im Klassenzimmer gespannte Schnüre oder an der Decke befestigte Äste ermöglichen die Präsentation von Schülerarbeiten, Plakaten, Zeichnungen.
- Übersichtliche Aufbewahrungsmöglichkeiten bedingen zusätzliches Mobiliar, um die verschiedensten Arbeitsmaterialien übersichtlich aufzubewahren bzw. zugänglich zu machen: Regale, Hängeregistratur, offene Wandschränke, Sideboards ...

Bisher findet in der Schule Lernen meist in Klassenräumen statt. Bei Projekten, freier Arbeit, Wochenplanarbeit sind Räume notwendig, in denen Kinder in kleinen Gruppen in Klassenzimmernähe lernen können. Kleine Nischen und Gruppenräume für die Arbeit bei Projekten oder in der Freien Arbeit sind hilfreich und wünschenswert. Doch sind sie längst nicht in allen Schulen vorhanden.
Als **Lernorte außerhalb des Klassenzimmers** lassen sich deshalb bisher anders genutzte Räume einbeziehen:

- **Flure und Treppenhäuser:** Hier ist Platz für das Aufstellen von Tischen und Stühlen, für Partner- und Gruppenarbeit während des Unterrichts, aber auch für Gruppenspiele während der Pause oder der Freiarbeit, für großflächige Malaktionen an den Wänden, auf Tapeten, auf Packpapier ... oder auch für das Einrichten einer Leseecke.
- Die Einrichtung eines **Freiluft-„Klassenzimmers“** ist leicht möglich: Tische und Bänke in eine schöne Lernumgebung platzieren, Sonnenschirme aufstellen und schon kann dies alles an schönen Tagen als Unterrichtort von mehreren Klassen genutzt werden. Selbstverständlich ist dies auch Aufenthaltsort während der „Großen Pause“ oder vor Unterrichtsbeginn bzw. nach Unterrichtsende.
- Der **Schulgarten** ist nicht nur Vorzeigeobjekt für Schulträger und stolze Tomatenzüchter, sondern wird in den Unterricht mit einbezogen und ist somit (auch) Lernort. Zwar sind die Garten-AG und einzelne Klassen für die Gartenarbeit federführend und bestimmend; dennoch beziehen die Fächer Sachunterricht, Mathematik und Deutsch zahlreiche Unterrichtsinhalte daraus: im Klassenzimmer werden Setzlinge vorgezogen, später Früchte gewogen, geschätzt, verarbeitet, Pflanzen bestimmt.
- Das **Schulgelände** ist wichtig für die Bewegungszeiten außerhalb der offiziellen Pause, sollte jedoch so oft wie möglich für viele Unterrichtsaktivitäten genutzt werden: Messversuche im Mathematikunterricht, Flugversuche im Heimat- und Sachunterricht, Specksteine bearbeiten u. v. a. m.
- Eine große Bedeutung erhalten die **Lernorte außerhalb des Schulgeländes** nur wenn sie auch aufgesucht werden: Museen, kommunale und soziale Einrichtungen, Betriebe, Schullandheim, Zoo, Bauernhof, Bibliothek usw. bieten Lernorte aus erster Hand und vor allem Lernorte fürs Leben!

Unterrichtsgestaltung

Grundsätzlich empfiehlt es sich, vermehrt in den Unterricht integrierte Projekte mit fächer- und jahrgangsübergreifenden Themen zu bearbeiten und außerunterrichtliche Veranstaltungen durchzuführen. Hierbei wird selbst bestimmtes Lernen durch offene Unterrichtsformen wie Partnerarbeit, Gruppenarbeit, Lernzirkel, Tages- und Wochenplan, Gesprächskreise und freie Arbeitsphasen unterstützt, ständig eingeübt und gefestigt. Dies wiederum schafft Zeiträume für die Lehrkräfte, da die Delegation von Aufgaben und Verantwortlichkeiten wesentliche Vorteile hat und dem Lehrer bzw. der Lehrerin auch den „Stoffdruck" nimmt:

- Kinder mit planen und mit gestalten lassen
- Kindern Möglichkeiten schaffen, sich gegenseitig zu helfen, um dann selbst Zeit für schwächere Schüler zu haben
- montags in der 1. Stunde die Kinder ihren Interessen nachgehen lassen (Buch anschauen, spielen, erzählen ...)

  Die zuletzt genannten Beispiele einer angemessenen Rahmenstruktur bilden ein unterstützendes Lernfeld zur Vermittlung von Selbstständigkeit, Eigenverantwortung und sozialverträglichem Verhalten.

6. Soziale Kompetenzen stärken, trainieren und festigen

Der heutige Rahmen

Heutige Schulkinder wachsen anders auf als die Generationen vor ihnen. Ihre Kindheit ist größtenteils „verhäuslicht", und viele leben bereits mit einem Terminkalender, der sie jeden Mittag zwar in eine andere, dafür aber immer eng eingegrenzte organisierte Umgebung führt.

So sind die Kinder, vielen Meinungen zum Trotz, stärker beaufsichtigt und beengter denn je. Nachweislich unterscheiden sich sozial kompetente Kinder in vielen Verhaltensweisen von anderen, weniger kompetenten Kindern: sie beobachten zunächst die Regeln einer Gruppe und gliedern sich störungsfreier ein, sie bestätigen mehr, imitieren, kooperieren, teilen, wechseln sich eher ab, stellen angemessenere Fragen, hören besser zu, können besser Perspektiven anderer übernehmen, schätzen Absichten und Konsequenzen von Verhaltensweisen genauer. Die Erweiterung sozialer Kompetenzen ist ein lebenslanger Prozess, weil neben interpersonalen Routineaufgaben ständig neue Situationen bewältigt werden müssen.

Die an uns gestellten Anforderungen ändern sich mit unserer Biografie und dem gesellschaftlichen und kulturellen Wandel. Dies gilt nicht nur für Personen, sondern auch für Organisationen (Schule, Schulverwaltung ...).

Folgerungen

Orte und Gelegenheiten, wo Kinder eigene Erfahrungen sammeln, Grenzen ertasten, Realität begreifen und Erfolgserlebnisse erreichen können, sind selten geworden.
Nur Freiräume bieten Platz für selbstständiges Forschen, Spielen und Toben und ermöglichen somit eine positive Orientierung. Klagen, dass es im Elternhaus nicht stattfindet, ist dabei eine Ebene. Abhilfe zu schaffen eine Pflicht! Diese Aufgabe muss inzwischen die Schule vermehrt mit übernehmen. Durch „Freies Arbeiten" und durch neue, offene Unterrichtsformen wird den Kindern Gelegenheit gegeben, eigene Initiativen und Interessen zu entwickeln und einzubringen. Sie lernen dabei, selbstständig zu werden, Verantwortung zu übernehmen, das Miteinander zu üben, sich mit Konflikten auseinanderzusetzen und vereinbarte Regeln einzuhalten.
Wir alle beklagen die steigende Gewaltbereitschaft von Schülern und Jugendlichen. In der Regel wird Gewalt angewandt, wenn ein Problem drückt und dem Kind nichts anderes außer aggressiven Mitteln zur Verfügung steht, einen Konflikt zu bewältigen; d. h., es fehlt ihm an geeigneten Strategien zur Konfliktlösung.
Für Schulen als Bildungs- und Erziehungsinstanz ergeben sich in Anbetracht der zunehmenden Verhaltensunsicherheiten und sozialen Orientierungslosigkeit besondere Konsequenzen. Zwar kann die Schule beispielsweise die Ursachen von Gewalt und das gesellschaftliche Umfeld, in dem sie gedeihen, nicht beseitigen. Sie kann und soll aber ausdrücklich Einfluss nehmen auf die subjektive Verarbeitung sozialer Wahrnehmungen und Erfahrungen. Damit erhält die Schule eindeutig den Auftrag zur Erziehung, um Orientierungslosigkeit und gebrochenem Selbstwertgefühl entgegenzuwirken. Die Förderung der Ich-Stärke, die Entwicklung einer an Toleranz und Partizipation orientierten demokratischen Schulkultur und nicht zuletzt die Erziehung zu sozialer Verantwortung werden zu den zentralen Anliegen von Schule. Dies setzt aber eine Schule voraus, die sich öffnet für Kommunikationsformen und Angebote, die über den traditionellen Fachunterricht hinausragen, in denen sich die Schüler wiederfinden und für die sie sich selbst verantwortlich fühlen.
Die Verbesserung von sozialer Kompetenz und die Steigerung der emotionalen Intelligenz begünstigen und fördern:

- ein gutes Schulklima
- Konfliktlösefähigkeit der Kinder
- Prävention von Gewalt und Vandalismus
- Aufbau prosozialer Fähigkeiten, die auch über die Schule hinaus von Bestand sind
- gute Kooperation zwischen Schule und Elternschaft
- entlastete Pädagogen
- Schulprofile, die zum Nutzen von Kindern sowie Lehrerinnen und Lehrern dienen und weniger der Profilierung der Schule selbst

Lernen, mit Konflikten umzugehen

Das Konflikt-Training zielt darauf ab, dass Kinder lernen, Konflikte in sozial verträglichen Formen zu lösen. Dabei werden die alltäglichen Schulkonflikte, die die Kinder untereinander oder mit den Erwachsenen haben, zum Üben verwendet. Deshalb ist es Aufgabe jeder einzelnen Lehrkraft, den Kindern geeignete Strategien zur Problemlösung anzubieten, sie gegebenenfalls gemeinsam zu entwickeln und im täglichen Zusammenleben zu festigen.
Im Folgenden sind bewusst Anregungen aufgelistet, die vielfältig ergänzt und situationsgemäß variiert werden können. Fast alle genannten Inhalte sind durch konkrete Angaben im Lehrplan Deutsch gefordert und werden um so bedeutungsvoller, als Kommunikation vorwiegend nur noch mündlich und dies zudem meistens in „Ein-Wort-Sätzen" abläuft.
Insbesondere die Fächer Religion, Heimat- und Sachunterricht, Sport und später auch Gemeinschaftskunde, Biologie und Ethik müssen sich an diesen Zielen und Inhalten orientieren (Stichworte hierzu: fächerübergreifende Unterrichtseinheiten, glaubwürdiges Vorbild sein ...).
Das Miteinander-leben, -gestalten und -reflektieren entwickelt und stärkt die soziale Kompetenz und bahnt Konfliktfähigkeit an. Dabei ist es wichtig, dass die Kinder zwar Freiräume erfahren und erleben, aber auch mit Grenzen und Konsequenzen konfrontiert werden. Dies lässt sich bei nachfolgenden Inhalten intensiv einüben und erfahren:

Anderen helfen

- Kinder helfen sich gegenseitig im Unterricht
- Kinder fungieren als Mentor und übernehmen eigenständig eine Arbeitsgruppe z. B. Redaktionsgruppe: Mehrere Kinder besprechen einen Aufsatz und redigieren ihn
- Viertklässler sind Paten von Erstklässlern (Sechstklässler von Fünftklässlern) und helfen ihnen beim Eingewöhnen und Zurechtfinden in der Schule
- Schüler helfen einer Lehrkraft, dem Hausmeister, der Sekretärin

Partner- und Gruppenarbeit im Unterricht praktizieren

- Gruppen und Partner selber finden lassen
- wechselnde Gruppensprecher wählen lassen

Wünsche und Ansprüche anderer respektieren lernen und eigene zurückstellen

- Arbeitsruhe einhalten, wenn „Stillarbeit" verlangt ist
- den Nachbarn alleine arbeiten lassen, wenn er es so einfordert
- Wünsche und Ansprüche freundlich, aber klar und deutlich formulieren

Freundschaften pflegen und darüber sprechen

- Gespräche führen zu Beziehungen und über Beziehungen
- Gespräche führen über Schwierigkeiten auf dem Schulhof oder Schulweg
- Außenseiterprobleme aufnehmen („Die lassen mich nicht mitspielen!")

Es geht hier darum, Probleme zu erkennen, gemeinsam Lösungen zu suchen und in kleinen Schritten umzusetzen. Misserfolge und Rückschläge müssen dabei ertragen und einkalkuliert werden. Für die Lehrkraft ist dies zwar sehr gesprächs- und zeitintensiv, aber wichtig und wertvoll (Stärkung der Persönlichkeit und des Selbstwertgefühls)!

Verhaltens- und Spielregeln selber aufstellen und einhalten

- eine Klassenordnung aus der Situation heraus erstellen, aber nach und nach auch ergänzen, bzw. verändern
- die Schulordnung kennen lernen, ggf. überdenken und dabei zudem erfahren, dass Regeln von allen akzeptiert, genehmigt und dann unbedingt eingehalten werden müssen
- sich bei Spielen, Partner- und Gruppenarbeit einigen
- die eigenen Grenzen, Stärken und Schwächen kennen lernen und akzeptieren
- die Grenzen, Stärken und Schwächen anderer erfahren und respektieren
- das Verlieren bei Spielen erfahren und ertragen lernen
- Vereinbarungen treffen für den Fall, dass Regeln nicht eingehalten werden (Grenzen und Konsequenzen festlegen – hierbei muss ein Gefühl für die Verhältnismäßigkeit von Sanktionen entwickelt werden!).
- in Rollenspielen und Streitgesprächen das Argumentieren und Begründen lernen und üben

Bei Problemen und Schwierigkeiten Lösungsstrategien entwickeln und ausprobieren lassen

- Weshalb soll die Lehrerin oder der Lehrer immer Richter spielen?
- Ein Lehrer kann nicht immer fertige Lösungen anbieten. Weshalb nicht mit der Frage: „Und was erwartest du jetzt von mir?“ oder „Was soll ich jetzt tun?“ ein Stück Verantwortung zurückgeben und die Schüler damit in die Problemlösung einbeziehen?
- Allerdings ergibt sich daraus die Konsequenz: Vorschläge und Angebote, eventuell modifiziert, aufgreifen und gelten lassen.

Interaktionsspiele einsetzen und über deren Wirkung sprechen

- Interaktionen bedingen neben positiven Beziehungen auch das Erleben von schmerzlichen Prozessen. So erfahren Kinder dabei Misserfolg, Zurückweisung, Ausgrenzung und, neben aggressiven Verhaltensweisen, u. U. auch den Verlust eines Freundes. Sie lernen damit umzugehen und angemessen zu reagieren. Die oben genannten Erfahrungen fördern aber wiederum auch Verhaltensweisen wie: jemandem verzeihen, selbst um Verzeihung bitten, sich entschuldigen ...

In Streitgesprächen, Rollenspielen, Unterrichtsgesprächen und Kartenumfragen wird im Schulalltag die Konfliktfähigkeit entwickelt und gefördert.
Anmerkung: Kartenumfragen bieten die Gelegenheit, auf vorbereiteten Kärtchen viele Personen zur gleichen Zeit zu verschiedenen Fragestellungen

schriftlich zu Wort kommen zu lassen. „Unkommentierte Redebeiträge“ sind für alle möglich!

Folgerungen für die Lehrerin/den Lehrer und die Schulaktivitäten

Für den Lehrer oder die Lehrerin heißt dies im Einzelnen:

- Konflikte im Schulalltag aufgreifen, wichtig nehmen und sich ihnen als Lehrer nicht verschließen
- Äußerungen wie „Ich habe keine Zeit; wir haben jetzt Mathematik ...“ oder „Geh damit zu deinem Klassenlehrer“ geben Kindern das Gefühl, nicht ernst genommen zu werden; sie helfen in der Sache nicht weiter, konterkarieren jedoch den Gesamtauftrag der Schule.
- bei Streitigkeiten und Meinungsverschiedenheiten Lösungsmöglichkeiten der Schüler aufgreifen und deren Auswirkungen aufzeigen und erleben lassen
- Gewalt und Re-Aktion als vordergründige Schnelllösung entlarven
- Gewalt als Lösungsweg ausschließen und dies auch deutlich machen
- bei sämtlichen Gesprächssituationen ist es wichtig, Zeit zu geben und sich Zeit zu nehmen für Beschwerden (Störungen haben Vorrang!)
- Kümmernisse und Ängste wahrnehmen und ernst nehmen
- Grenzen setzen, allerdings nicht zu eng, dafür aber auf strikte Einhaltung achten, Konsequenzen bei Missachtung von Regeln müssen gemeinsam besprochen bzw. vorher angesprochen werden
  - die in der Klasse geltenden Regeln werden von den Schülern mit formuliert
  - Regeln sollten nicht nur Absichtserklärungen sein
  - die in der Schule geltende Ordnung sollen die Schüler kennen lernen, begreifen und als sinnvolle Regeln erfahren
- Entscheidungs- und Erfahrungsfreiräume anbieten und deren Ausgestaltung auch respektieren; dabei aber die Verantwortungsebenen verdeutlichen:
  - Schüler dürfen die Sitzordnung ändern und ausprobieren.
  - Schüler erstellen die Regeln auf dem Schulhof selber: „An der Stelle ist das Ballspielen leider nicht möglich, weil ...; habt ihr nicht einen anderen Vorschlag?“
  - Jede Klasse besitzt eine Spielekiste mit Pausenspielen und ist für deren Inhalt verantwortlich.
  - Schüler regeln den Umgang mit Spielgeräten und den Aufenthalt während der Pausen eigenständig: Tischtennis, Basketball, Torwand, Sportplatz, Leseecke ... (Wer darf wann, wo?)

Die Vermittlung von zwischenmenschlicher Toleranz, Solidarität, Hilfsbereitschaft und Rücksichtnahme sowie die Anerkennung der Bedürfnisse anderer Menschen ist ein Auftrag an jedes Unterrichtsfach. Hier einige Anregungen und Anknüpfungspunkte zur Einübung und Festigung dieser sozialen Kernkompetenzen:

- das Miteinander mit anderen Kindern erfahren: beim Besuch von Kindergartengruppen, in jahrgangsgemischten Klassen, im Hort, bei jahrgangsübergreifenden Projekten ...
- das Miteinander mit Menschen verschiedener Nationen erleben: Aufnahme neuer Kinder in die Vorbereitungsklasse, Integration ausländischer Kinder aus der Vorbereitungsklasse in die Regelklasse, „Internationales Schulfest“, Projekte wie „Leben wie im Orient“ ..., Besuch ausländischer Mütter im Unterricht, Deutschkurs für ausländische Eltern
- die Begegnung mit Alten, Behinderten, Kranken ... suchen
- mit Tieren, Pflanzen und Sachen verantwortlich umgehen lernen
- Erfahrungshorizonte gezielt erweitern
- Umgangsformen einüben, die das Miteinander erleichtern: bitten, danken, grüßen, sich entschuldigen, Rücksichtnahme üben, Freude bereiten ...

Wichtig für die Vermittlung dieser Inhalte sind dabei auch folgende Punkte:

- Konsequenz erleben; verbalen Forderungen Taten folgen lassen nach Sätzen wie: „man sollte ..., man müsste ...“ oder „wenn ... dann“
- Selbstvertrauen stärken
- zu Eigeninitiative ermuntern und auffordern
- verantwortungsbewusst mit Leben und Umwelt umgehen

Förderliche Unterrichtsaktivitäten

Die oben genannten sozialen Kernkompetenzen lassen sich beispielsweise bei folgenden Projekten oder außerunterrichtlichen Aktivitäten besonders gut vermitteln, einüben und festigen:

- Besuche im Altenheim, bei Behinderten, im Krankenhaus, im Kindergarten ...; auch Gegenbesuche, Patenschaften, gemeinsame Veranstaltungen durchführen: kochen, backen, singen, wandern, basteln, feiern ...
- eine Partnerklasse an einer Regelschule, an einer Schule für Körperbehinderte suchen, Kontakte pflegen und fördern, mit behinderten Kindern ins Schullandheim gehen und dieses Vorhaben gemeinsam vorbereiten; gemeinsam Feste, Projekte veranstalten und entwickeln
- Menschen anderer Generationen, anderer Nationalitäten einladen und zeitweilig in das Schulleben einbeziehen: in die Schule einladen, erzählen lassen; Bilder, Kleidung, Arbeitsgeräte mitbringen, zeigen und erklären lassen; alte Handwerkstätigkeiten wie spinnen, weben, schmieden, hobeln, Papier herstellen ... vorführen, nachmachen, probieren lassen
- ältere Menschen laden in der Schule zu Arbeitsgemeinschaften ein und bieten ihre Hobbys an
- klasseninterne, klassenübergreifende Projekte zu „Leben in einer anderen Welt“, „Leben im Mittelalter“, „Leben der Indianer“, „Leben auf dem Dorf“

- Besuch in Museen aller Art, dabei die Möglichkeiten von Kinderführungen nutzen, die Angebote von Museumspädagogen zu Workshops u. Ä. einbeziehen

In den beiden folgenden Abschnitten sind auch Themen für die Elternarbeit zu finden.

Das Körperbewusstsein pflegen und stärken

Zur Stärkung der eigenen Persönlichkeit und zur Entwicklung eines positiven Selbstbewusstseins gehört auch der verantwortliche Umgang mit dem eigenen Körper. Deshalb müssen im Unterricht auch Inhalte der Gesundheitserziehung angesprochen und vermittelt werden.
Dazu bieten sich folgende Themen an:

- Gesundes Frühstück
  - Einmal monatlich gemeinsames Frühstück in der Klasse, in der Schule
  - Was gehört zu einem gesunden Frühstück?
- Gesundes Pausenbrot
  - Wie soll es aussehen?
  - Was darf es sein, was soll es nicht sein?
  - Was ist, wenn ich keinen Hunger habe?
  - Wie bleibt es appetitlich frisch?
- Richtige Ernährung als wichtige Voraussetzung für Wachstum, Entwicklung und Gesundheit
- Ess- und Trinkgewohnheiten: Auswahl, Rhythmus und deren (Spät-)Folgen
- Tischsitten (nicht nur im Hort zu erlernen und einzuüben ...)
- Mit Fragen der Geschlechtlichkeit umgehen
  - Körper pflegen und gesund erhalten
  - Mädchen und Jungen verhalten sich manchmal verschieden
  - Geschlechtlichkeit und Sprache
  - in kritischen Situationen auch NEIN sagen können
  - Zuneigung und Abgrenzung
  - sich behaupten lernen
- Auch Kinder können süchtig werden:
  - übersteigerter Konsum von Süßigkeiten, aufputschenden Getränken, Videospielen, Fernsehen, Düften ...
  - „Keine Macht den Drogen“: Gefahrensituationen aufzeigen, dem Gruppendruck widerstehen, Ich-Stärke durch Rollenspiele aufbauen

Zu diesen Themen bieten die Ernährungsberater der Krankenkassen und Gesundheitsämter Hilfen, Tipps und Unterlagen.
Bei der Bundeszentrale für gesundheitliche Aufklärung in Köln kann die „Reisende Frühstücksbar“ + Medienpaket angefordert werden (s. Adressenverzeichnis S. 193).

Verantwortlicher Umgang mit der Umwelt

In gleicher Weise ist es notwendig, Themen aufzugreifen, die das Umweltbewusstsein stärken und fördern sowie aufzeigen, dass wir alle für unsere Umwelt Verantwortung tragen:

- Müll im Klassenzimmer, auf dem Schulhof, zu Hause vermeiden und trennen; dabei Wertstoffe erkennen und richtig entsorgen; bewussten Umgang mit Roh- und Wertstoffen vermitteln: Papier, Glas, Batterien ... Restmüll trennen; biologischen Müll auf die Kompostlege im Schulgarten geben
- Schulhofputztag/Schulgeländeputztag in Zusammenarbeit mit dem Abfallberater des Landratsamtes (monatlich bis einmal im Schuljahr) als Schulveranstaltung oder Projekt durchführen
- sich an einem Waldputztag/Bachputztag beteiligen, evtl. in Zusammenarbeit mit Gemeinde-, Stadtverwaltung und/oder Vereinen

Achtung und Respekt vor Tieren und Pflanzen und den verantwortungsbewussten Umgang mit ihnen erfahren Kinder bei folgenden Aktionen:

- Aufzucht und Pflege von Pflanzen im Klassenzimmer, im Schulgarten oder in einem Pflanzenkübel auf dem Flur ...
- Kennen lernen von Haus- und Nutztieren; artgerechter Umgang und Pflege
- Besuche auf dem Bauernhof, Schullandheim: Tage auf dem Bauernhof
- Besuche im Zoo; wir begleiten einen Tierpfleger bei seiner Arbeit
- mögliches Projekt in Absprache mit der Zoodirektion
- Besuche auf der Jugendfarm
- Tierhaltung im Klassenzimmer, auf dem Schulgelände: Streichelzoo auf dem Schulgelände; Nistkästen herstellen, aufhängen und betreuen ...
- Kennen lernen weiterer Tiergruppen wie Insekten, Würmer, Schnecken ... und deren Nutzen im Ökosystem; ein Gang mit dem Förster oder Jäger durch den Wald; bei einem Schäfer zu Besuch; Besichtigung einer Forellenzucht, Geflügelfarm ...; Kooperation mit dem örtlichen Vogelschutzzentrum, Naturschutzbund o. Ä.
- Übernahme einer Bachpatenschaft/Baumpatenschaft
- Einrichtung, Pflege und Beobachtung von Biotopen; Artenschutz

Fazit

Soziale Kompetenz hilft, zwischenmenschliche (Problem-)Situationen akzeptabel und erfolgreich zu bewältigen. Deshalb müssen Kinder in möglichst viele sie betreffende Entscheidungen einbezogen werden. Dies bedeutet, sie ernst zu nehmen, sie in ihrer Persönlichkeit zu stärken, sie in der Konfliktfähigkeit zu üben und ihnen Sicherheit zu vermitteln in der Bewältigung von Konflikten. Neben der klassischen Vermittlung von Unterrichtsstoff muss dies Aufgabe und Ziel vor allem jeder einzelnen Lehrkraft, aber auch aller anderen in der Schulgemeinschaft tätigen Erwachsenen sein.
Zudem schafft dies einen Lebensraum Schule, den die Schüler gerne aufsuchen und der den Eltern und Lehrern vielfältige Ängste nimmt.

Ablaufplan bei „nachhaltigen Störungen des Unterrichts und des Schulalltags"

Im Anschluss an die üblichen und notwendigen Gespräche mit Schülern bei seltenen bzw. einmaligen Unterrichtsstörungen ist folgender Ablauf wegen eventueller Beweispflicht ratsam; denken Sie dabei an Fälle wie Streit mit Eltern über die Aufsichtspflicht, wenn ein Kind vom Unterricht zeitweilig ausgeschlossen werden muss; Überweisung an die „Kleine Klasse"; Überweisung an eine Förderschule, an eine Sonderschule für Erziehungshilfe ... bis hin zu einem Rechtsstreit mit Eltern: Gewiss ist der „Papier- und Bürokratenkrieg" zunächst lästig, spart aber im Falle des Falles erheblich Zeit und Nerven. Ihre Nerven! Und meine Arbeitszeit!

Stufe		**zuständig:**
1. Stufe	**Schriftliche** Information an die Eltern mit Ankündigung von bzw. Mitteilung über pädagogigsche(n) Erziehungsmaßnahmen wie z. B. Zusatzaufgaben anfertigen, Hilfsdienste für die Klassen- bzw. Schulgemeinschaft anfertigen, nachsitzen (bis zu 2 Stunden) usw.	L., bei dem die Störung auftrat; FL gibt Info an KL
2. Stufe	**Schriftliche** Einladung an Eltern zu einem Gespräch über weitere Störungen; im Gespräch Lösungsmöglichkeiten/Hilfen für den Schüler gemeinsam suchen und Eltern dahin gehend in die Verantwortung stellen; vorsorglich als Vorgehensweise bei evtl. weiteren Störungen ankündigen: Hinzuziehen der SL (Pflicht!), ggf. Beratungslehrer, Jugendamt, psycholog. Beratungsstelle ...	siehe oben; FL führt Gespräch mit Wissen/im Beisein d. KL
3. Stufe	Informationen an SL; bisherige Schriftstücke im Original (Kopie ggf. für d. KL) zur Schülerakte, **schriftliche** Einladung zum Gespräch zwischen Eltern, SL, KL und ggf. FL; bei weitergehenden Maßnahmen: Klassenkonferenz, Erziehungsmaßnahmen nach § 90 SchG ankündigen und/oder verhängen; (vielleicht mal wieder lesen!) Protokoll darüber anfertigen und zu den Schülerakten geben	KL KL SL KL, SL
4. Stufe	wie Stufe 3, jedoch weiter gehende Maßnahmen durchführen: abholen lassen, zeitweiliger Ausschluss vom Unterricht, Meldung zur Überprüfung, Überweisung in die Kleine Klasse, Förderschule, ... vorbereiten/durchführen	KL, SL

Terminübersicht im 1. Schulhalbjahr 1999/2000

13.09.99	7.45 Uhr Dienstbesprechung im Lehrerzimmer/Erster Schultag
14.09.99	14.15 Uhr GLK (Dienstag)
15.09.99	19.30 Uhr Elternabend der 1. Klassen im Musiksaal/20.00 Uhr GsFöKl
18.09.99	9.30 Uhr ökumen. GD der Schulneulinge/Paul-Gerhard-Kirche ab 10.30 Uhr Aufnahme in den Klassenzimmern
20.09.99	8.00 Uhr Gemeinsame Begrüßung der 1. Klassen im Musiksaal Kl. 2 – 4 Schulbeginn 9.00 Uhr
21.09.99	Abgabe des Stundenplankonzeptes zur Überprüfung
23.09.99	Abgabe der Reinschrift des Stundenplanes (dreifach) 19.00 Uhr, Musiksaal, Vortrag Fr. H. aus H. „Die Basis des Lernens" (EMSige Eltern)
bis 1.10.99	Fachkonferenzen zur Erstellung der Stoffpläne 1. Hj./Klassenstufenkonferenzen über Zusammensetzung der Noten (1 Ex. mit Unterschrift aller Beteil. ins Rektorat)
Anfang Okt.	Päd. Treff: Kl. 1 und GsFöKl/Koop. Kiga
1.–14.Okt.	Klassenpflegschaftsabende mit Wahl der Elt.-Vertreter Kl. 2: Mi, 13.10.; Kl. 3: Mi. 6.10.; Kl. 4: Di, 5.10.
bis Mitte Okt.	Abgabe der Stoffverteilungspläne in Ordner LZ
11.–15.Okt.	Statistikwoche
26.10.	angesagter Feueralarm
26.10.99	Elternbeiratssitzung, 20.00 Uhr (Di)
Herbstferien vom 30.10. – 7.11.1999	
18.11.	Klassenpflegschaftsabend der 1. Klassen u. GS-FöKl
Mitte Nov.	Herbstcafé mit Laternenumzug (EMSige Eltern)/Buchausstellung
Mitte Nov.	Päd. Treff: Gestaltung der Adventszeit/Singen/Schmuck
17.11.99	ökumen. GD aller 4. Klassen/Gemeindezentrum Diezenhalde
24.11.99	Besprechung mit den Erz. der Kiga/14.30 Uhr Kiga Schramberger Str.
25.11.99	12.10 Uhr Päd. Treff für alle (Päd. Tage/Schulfest: Termine, Wünsche, Thema ...). Feier des Dienstjubiläums Herrn Mt
30.11.99	Schulkonferenz, 20.00 Uhr
________	unangesagter Feueralarm
07.12.99	Infoabend weiterführende Schulen, 4. Klassen, Musiksaal, 20.00 Uhr
07.12.99	GLK, 14.15 Uhr (Di) u. a. Besprechg. mit HAB; Förderschule ...
________	Päd. Treff: Erstellg. der Schulberichte ... mit PC-Programmen
________	Päd. Treff: Vorbereitung Päd. Tage/Schulfest (Projektwo.)/Sanierung
22.12.99	11.15 Uhr Dienstbesprechung/Verabschiedung Fr. Kt
Weihnachtsferien vom 23.12. – 9.01.2000	
21.01.00	Elternsprechtag ab 16.00 Uhr
spätestens	Klassenkonferenzen: Ermittlung von Schülerleistungen/Schulberichte
bis 28.01.00	Abgabe der Fachnoten
bis 2.2.00	Schulberichte 2. Klassen zur Unterschrift
4.2.00	Ausgabe der Halbjahresinfos, Schulberichte. (Datum)
16.02.00	Lehrmittelausstellung an unserer Schule (Mi)
17.02.00	12.15 Uhr Päd. Treff für alle
1.03.00	GLK, 14.15 Uhr (Mi)
Winterferien vom 4.3.–12.3.2000 (Fasching)	

Kegeln? Basteln? Lehrerwanderung? ... Andere Ideen?

Weitere Termine werden rechtzeitig bekannt gegeben!

Veranstaltungskalender

Elternarbeit an der Eduard-Mörike-Grundschule Böblingen,

EMSige Eltern

Datum/ Uhrzeit	Thema	Referent	Art der Veranstaltung	Ort	Veranstalter	Ansprechpartner
Frühjahr 1999 — ***Das Kind in seiner Entwicklung***						
Fr. 12.03.99 20.00 Uhr	Kinder sind Gäste, die nach dem Weg fragen	Fr. I. Prekopp	Vortrag	VHS Böblingen, Höfle	VHS	
Di. 23.03.99 15.30-17.30 Uhr	Schulanfang auf neuen Wegen		Podiumsdskussion	Martinsschule Sifi; Klosterstr. 4 - 8	Forum Pädagogik, Semiar für Schulpraktische Ausbildung Sifi	Fr. Hanzo
noch offen	Das hyperaktive Kind	Dr. Wienand	Vortrag		Gesamtelternbeirat	
Frühjahr / Sommer 1999 — ***Eltern + Lehrer als Partner***						
Di. 11. Mai 19.30 Uhr	Elternabend - einmal anders	Tandem (Frau Heine, Herr Dickgießer)	Seminar für Elternvertreter und Lehrer	Eduard Mörike Schule *Raum wird ausgeschildert*	*EMSige Eltern*	Fr. Hanzo, Fr. Monschau-Dudenhausen
Do. 10.06.99 20.00-22.00 Uhr	Eltern helfen lernen - Wird die Schule zum Alptraum?	Prof. M. Furian	Vortrag	Grundschule Klostergarten Sifi, Klosterstr. 8	Haus der Familie Sifi	
Di. 15.06.99 14.30 - 16.30 Uhr	Eltern-Cafe mit Gesprächskreis über den Vortrag von Prof. Furian		Gesprächskreis	Eduard Mörike Schule *Raum wird ausgeschildert*	*EMSige Eltern* **wir suchen Eltern, die bei der Organisation und Durchführung helfen**	Fr. Hanzo, Fr. Monschau-Dudenhausen
in Planung für Herbst 1999 — ***Schwerpunkt: Das Lernen lernen***						
Di. 28.09.99 19.00 Uhr	Die Basis des Lernens - Körperentwicklung, Koordination und Sinnesschulung	Frau H. Heimeier	Vortrag	Eduard Mörike Schule	*EMSige Eltern*	Fr. Hanzo
Okt. / Nov.	Aktionstag für Schüler und Eltern (für Jahrgangsstufe 2 geplant)		Workshop	Eduard Mörike Schule	Lehrer der 2. Klassen	Fr. Hanzo, Fr. Konstantinitis
Okt. / Nov.	Herbstcafe mit Buchausstellung und Kinderaktivitäten			Eduard Mörike Schule	*EMSige Eltern* **wir suchen Eltern, die bei der Organisation und Durchführung helfen**	Fr. Hanzo, Fr. Monschau-Dudenhausen
in Planung für Frühjahr 2000 — ***Kinder stark machen***						
Feb. 2000	Grenzen- Wieviel Konsequenz brauchen unsere Kinder		Gesprächskreis	Eduard Mörike Schule	*EMSige Eltern* **wir suchen Eltern, die bei der Organisation und Durchführung helfen**	Frau Hanzo, Frau Frech

Eine Auswahl von Materialien und Literatur

AOL-Verlag, 77839 Lichtenau: Reihe „Bausteine **K**ultur**S**ozial**M**anagement“

Bartl, A. u. M.: Spiele, Feste, Feiern in der Schule, München 1988

Blattert, Werner: Bewältigung von Aggressionen, Frankfurt/M. 1979

Braun, Gisela: Ich sag nein. Mülheim 1989

Brücken, H.-J.: Das Freizeitlabor. Spiele und Aktionen auf Freizeiten, Heft 2, GPM Düsseldorf o. J.

Bundesjugendwerk der Arbeiterwohlfahrt Bonn (Hrsg.): Edgar's Spielebuch, Köln 1991[2]

Bundesjugendwerk der Arbeiterwohlfahrt: Spiele für Kinder, Jugendliche und Erwachsene, Bonn 1990

Burk, Karlheinz (Hrsg.): Die ganze Halbtagsschule. Grundschule mit festen Öffnungszeiten. Mehr gestalten als verwalten, Teil 8, Frankfurt/M. 1990

Burk, Karlheinz (Hrsg.): Kinder finden zu sich selbst. Disziplin, Stille und Erfahrung im Unterricht, Frankfurt/M. 1984

Burk, Karlheinz/Claussen, Claus: Lernorte außerhalb des Klassenzimmers I und II, Frankfurt/M. 1981

Büttner, Christian: Mit aggressiven Kindern leben, Weinheim 1994

Büttner, Christian/Schwichtenberg, Elke (Hrsg.): Computer in der Grundschule, Weinheim 1995

Daublebsky, Benita von: Spielen in der Schule - Vorschläge und Begründungen für ein Spielecurriculum, Stuttgart 1988[9]

Dreikurs, Rudolf/Cassel, Pearl/Rückriem, Norbert (Hrsg.): Disziplin ohne Tränen, München 1995

Ev. Landeskirche Württemberg: Besinnung am Morgen. Handreichungen für den Unterrichtsbeginn, Freudenstadt 1992

Faust-Siehl, Gabriele u. a.: Mit Kindern Stille entdecken. Bausteine zur Veränderung der Schule, Frankfurt/M. 1995[5]

Förster, Hans-Peter/Zwernemann, Martin: Multimedia. Die Evolution der Sinne, Neuwied 1993

Furian, Martin: Das Buch vom Liebhaben, Heidelberg 1993[8]

Gordon, Thomas: Familienkonferenz. Die Lösung von Konflikten zwischen Eltern und Kind, Hamburg 1972

Gordon, Thomas: Lehrer-Schüler-Konferenz. Wie man Konflikte in der Schule löst, Hamburg 1977

Hänsel, Dagmar (Hrsg.): Das Projektbuch Grundschule, Weinheim 1992[4]

Heyden, Karl-Heinz/Lorenz, Werner: Lernen mit dem Computer in der Grundschule, Berlin 1999

Hielscher, Hans: Spielen mit Eltern. Eltern aktivieren - mit Eltern spielen, Heinsberg 1984

Hoelscher, Gerald R.: Kind und Computer, Spielen und Lernen am PC, Berlin 1994

Imhof, Margret: Selbsterfahrung in der Schule, München 1978

Jackwerth, Christa/Rüger, Eckhard: Die Nonsense Olympiade 2, Lichtenau 1991

Jefferys, Karin/Noack, Ute: Streiten, vermitteln, lösen, Lichtenau 1995

Jennings, Terry: Ich und meine Sinne (Projektmappe), Mülheim 1991

Kasper, Hildegard (Hrsg.): Offener Unterricht an Grundschulen, Ulm 1978

Kasper, Hildegard (Hrsg.): Vom Klassenzimmer zur Lernumgebung. Bausteine für eine fördernde Grundschule, Langenau 1979

Klippert, Heinz: Projektwochen. Arbeitshilfen für Lehrer und Schulkollegien, Weinheim 1994[3]

Korte, Jochen: Faustrecht auf dem Schulhof. Über den Umgang mit aggressivem Verhalten in der Schule, Weinheim 1993[3]
Kowalczyk, W./Ottich, Klaus: Der Elternabend. Ratgeber für Eltern und Lehrer, Reinbek 1992
Lehman, Bernd (Hrsg.): Kinder-Schule - Lehrer-Schule, Langenau 1991[2]
Mamat, Herbert: Schule brauchen ein Programm - und jede Schule braucht ihr eigenes Programm, Heinsberg 1989
Marchtaler Plan: Band 1+2, Diözesanstelle Buch, Rottenburg/N., 1990[2]
Mebes/Sandrock: Kein Anfassen auf Kommando. Maasbüll 1992[2]
Miller, Reinhold: Lehrer lernen. Ein pädagogisches Arbeitsbuch ..., Weinheim 1993[5]
Miller, Reinhold: Schilfwanderung. Wegweiser für die praktische Arbeit, Weinheim 1992[3]
Miller, Reinhold: Sich in der Schule wohl fühlen. Wege für Lehrerinnen und Lehrer zur Entlastung im Schulalltag, Weinheim 1992[5]
Mitzlaff, Hartmut: Handbuch Grundschule und Computer. Vom Tabu zur Alltagspraxis, Weinheim 1995
Mozer, Nina: Der Schulgarten, mit Alternativen für draußen und drinnen, Frankfurt/M. 1989
Nelson, Mandy/Hessell, Jenny: Gut, dass ich es gesagt habe, München 1993
Ohmann, Kurt, u. a.: Ein Team macht Schule. Veränderung von Schule beginnt in den Köpfen der Lehrer, Langenau 1989
Pete, Sanders/Swinden, Liz: Lieben, lernen, lachen. Praxishilfen zur Sexualerziehung. Mülheim 1992
Prekop, Jirina/Schweizer, Christel: Kinder sind Gäste, die nach dem Weg fragen. Ein Elternbuch, München 1994[8]
Prekop, Jirina: Der kleine Tyrann. Welchen Halt brauchen Kinder?, München 1992
Press, Hans Jürgen: Spiel - das Wissen schafft, Ravensburg 1996
Regelein, Silvia: Lernspiele im Deutschunterricht. Neue Lernspiele für die Grundschule, München 1988
Regelein, Silvia: Spielen in Unterricht und Freizeit. Fröhliches und Besinnliches für alle Tage in der GS, München 1987
Schneider, Karl (Hrsg.): Das verdrängte Disziplinproblem. Hilfen zum Verstehen, Bewältigen, Vorbeugen, Ulm 1993
Schönweiss, Friedrich: „1:0 für den Computer. Bildung heute und der Weg ins pädagogische Computerzeitalter" in: Deutsche Lehrerzeitung, 6/94 (Februar), Seite 11
Schulz von Thun, Friedemann: Miteinander reden - Störungen und Klärungen - Allgemeine Psychologie der Kommunikation, Reinbek 1981
Schwarz, Hermann: Lebens- und Lernort Grundschule, Frankfurt/M. 1994
Smith, Charles, A.: Hauen ist doof. 162 Spiele gegen Aggression in Kindergruppen, Mülheim 1994
Söhl, Karl: Spiele für den Overheadprojektor. Spielanregungen für freie Arbeit, Regensburg 1992
Stieren, Bruno: Pausenspiele. 170 gesellige Spiele für drinnen und draußen, München 1990
Strecker, Dieter: Vom guten Umgang mit Kindern. Wie Ihr Kind glücklich groß wird, Ettlingen 1990
Strote, Ingo: Das Wochenplanbuch für die Grundschule. Lernen zwischen Pflicht und Kür, Heinsberg 1985
Unser Schulhof: Probleme einer kindgerechten und sicheren Gestaltung. Schriftenreihe des BAGUV Nr. 51.1.11, 1991

Vohland, Ulrich: Neue Spiele für Feste und Feiern, Freiburg i. Br. 1988
Wallrabenstein, W.: Offene Schule - offener Unterricht. Ratgeber für Eltern und Lehrer, Reinbek 1991
Wittenbruch, W. (Hrsg.): Das pädagogische Profil der Grundschule, Heinsberg 1989 (2. erw. Aufl.)
Woll, Johanna u. a.: Alte Kinderspiele, Stuttgart 1988

Verschiedene Institutionen und Verbände in allen Bundesländern bieten qualifizierte Hilfen und personelle Unterstützung bei Projekten an.
In Baden-Württemberg gibt es u. a. folgende Möglichkeiten:

Kinder im Naturlabor
Akademie für Natur- und Umweltschutz Baden-Württemberg
Postfach 10 34 39
70029 Stuttgart

Haus des Waldes
Königssträßle 74
70597 Stuttgart
Tel.: 07 11 / 76 66 84

Der rollende Waldlehrpfad: „Wald-i“
Haus des Waldes, Adresse s. o.

Ökomobil
Bezirksstelle für Natur- und Landschaftspflege
Nauklerstr. 56–58
72074 Tübingen
Tel.: 0 70 71 / 28 26 23

Reisende Frühstücksbar + Medienpaket „Gesundes Frühstück“
Bundeszentrale für gesundheitliche Aufklärung - Ernährungsreferat
Ostmerheimer Str. 200
51109 Köln
Tel.: 02 2 1/ 89 92-0

Vogelschutz-Informationszentrum Sindelfingen
Hohenzollernstr./Freibad
71067 Sindelfingen
Tel.: 0 70 31 / 80 02 33

Schulbauernhof Pfitzingen
97996 Niederstetten
Tel. 0 79 32/ 74 64

Landesschulzentrum für Umwelterziehung
am Staatlichen Aufbaugymnasium Adelsheim
Eckenberg 1
74740 Adelsheim
Tel.: 0 62 91 / 2 71 00

Fremdsprachenlernen in der Grundschule

Ilse Petilliot-Becker

„Alle unsere Bildungsstätten sind gefordert, sich noch mehr als bisher der Welt zu öffnen, kosmopolitischer zu werden. Wir müssen schon früh die wichtigsten Sprachen der Welt lehren; warum beginnen wir nicht mit dem Englischunterricht in der Grundschule?"
Bundespräsident Roman Herzog in seiner Rede zur Bildungspolitik am 5. November 1997 in Berlin (den vollständigen Wortlaut der Rede finden Sie im Internet unter: http://www.bundespraesident.de/n/nph-b/reden/de/bildung.htm?reden/deutsch08.map)
Das Erlernen einer Fremdsprache in der Grundschule ist mittlerweile auch in Deutschland ein viel diskutiertes Thema. Einige Bundesländer haben den Fremdsprachenunterricht in der Grundschule bereits eingeführt, einige sind in der Erprobungsphase, wieder andere wollen die Fremdsprache in der Grundschule noch einführen. Steht dabei das Lehren der Fremdsprache durch den oder die LehrerIn im Vordergrund oder das selbstständige Lernen der Schüler? In einer kindgerechten Schule muss die Orientierung vom Kind ausgehen, Fremdsprachenunterricht ist hier eine Chance zum Lernen. Was spricht für das Fremdsprachenlernen in der Grundschule, welche Ziele sollen damit verfolgt werden und wie kann ein Kind mit einer Fremdsprache umgehen?

Gründe für das Lernen einer Fremdsprache

In einer multikulturellen Gesellschaft, in der unterschiedliche Kulturkreise miteinander und nebeneinander leben, ist es dringend notwendig, „Fremdheit" als etwas Normales anzuerkennnen. Wir machen täglich unsere Erfahrungen mit fremden Kulturen, deshalb muss es ein Ziel unserer Erziehung sein, Kinder für fremde Kulturen zu interessieren, sie Erfahrungen mit anderen Kulturen machen zu lassen und damit das Bedürfnis zum Fremdsprachenlernen zu wecken. Wir begegnen der Weltsprache Englisch im Umgang mit dem Computer (Fachausdrücke wie *delete, escape, ...*), dem Internet (*worldwideweb, net ...*) und in unserer Muttersprache durch oft bereits selbstverständliche Anglizismen (T- Shirt, Jeans ...). Unsere Kinder wachsen mit diesen Begriffen auf. Die Weltsprache Englisch ist besonders bei Auslandsaufenthalten und im Umgang mit anderssprachigen Menschen wichtig. Auch wenn das Gegenüber, ebenso wie wir, Englisch nicht als Muttersprache spricht, können wir Alltagssituationen mit dieser Sprache bewältigen, denn Englisch wird weltweit gelehrt: Neben ca. 350 Millionen Muttersprachlern sprechen ca. 150 Millionen Menschen Englisch als Zweit- oder Amtssprache.

Frühes Lernen einer Fremdsprache

Sprachen lernen wir am effektivsten in jungen Jahren. Der Sprachlernprozess der Muttersprache vollzieht sich ab dem ersten Lebensjahr – also relativ früh im menschlichen Leben – und innerhalb von zwei bis drei Jahren – also relativ schnell. Als Anlage besitzt jeder Mensch bestimmte sprachliche Verarbeitungsmechanismen. Lernt nun ein Kind eine Zweitsprache, so aktiviert es diese sprachlichen Verarbeitungsmechanismen, die bisher nur für die Muttersprache genutzt wurden, es baut sie aus und erweitert seine sprachliche Kompetenz. Untersuchungen der PH Freiburg zeigen, dass Kinder, die mehrsprachig aufwachsen, ein höheres Sprachverständnis haben als Kinder, die einsprachig aufwachsen.

Förderung bestimmter sprachlicher Fertigkeiten

Kinder verstehen schon sehr früh, bevor sie überhaupt sprechen können. Das Sprachverstehen geht der Sprachproduktion voraus. Auch uns Erwachsenen geht es in einem fremden Land mit der Fremdsprache so, wir verstehen Wörter, ohne sie selbst sprechen zu können. Hierbei ist zwischen passivem und aktivem Wortschatz zu unterscheiden. Der passive Wortschatz ist in einer Fremdsprache um ein Vielfaches größer als der aktive.
Wollen wir einen natürlichen Zugang zur Fremdsprache, so gilt für den Fremdsprachenerwerb in der Grundschule zuerst zu hören, dann zu sprechen. Auch in Alltagssituationen ist zunächst der passive Wortschatz gefordert, um den Gesprächspartner zu verstehen. Später ermöglicht der aktive Wortschatz eine eigene Beteiligung am Gespräch.
Schriftliche Hinweise zu erlesen ist in Alltagssituationen relativ wenig gefragt und kann mit dem Sprechen umgangen bzw. gemeistert werden (z. B. Auskunft verbal einholen und nicht erlesen ...). Eigene schriftliche Fixierungen in einer Fremdsprache sind erst im fortgeschrittenen Stadium des Fremdsprachenlernens notwendig.
Beim Fremdsprachenlernen in der Grundschule liegen die Unterrichtsschwerpunkte in der mündlichen Spracharbeit, im Hören und Sprechen. In Ansätzen kann manchmal das Wortbild hinzutreten, damit z. B. visuelle Lerntypen eine Hilfe haben oder die Bewegung beim Schreiben mit dem Sprechen einhergehen kann.

Der zeitliche Rahmen des Fremdsprachenlernens in der Grundschule

Der Erwerb einer Sprache vollzieht sich im Kindesalter in zeitlich unregelmäßigen Abständen. Beobachten wir das Sprachenlernen, so lernen Kinder manchmal relativ schnell viele neue Wörter und Formulierungen. Ja, manch-

mal meinen wir Erwachsene, das Kind hätte bestimmte Sachverhalte nicht mitbekommen oder bestimmte Wörter nicht gelernt. Zu einem späteren Zeitpunkt werden wir aber eines Besseren belehrt, wenn das Kind das Wort in einem neuen Zusammenhang anwendet. Das Kind hat nur über das Hören, fast zufällig, gelernt.
Wenden wir diese Beobachtungen auf das Fremdsprachenlernen an, so ist die notwendige Konsequenz eine Abkehr vom 45-Minuten-Takt. Am effektivsten sind kurze Lernsequenzen von ca. zehn bis 15 Minuten täglich. Mit einem Angebot von Stationen, aus denen das Kind über die Woche verteilt auswählen kann, ist diese Notwendigkeit kindgerecht (selbsttätig, verschiedene Lernkanäle, eigene Zeiteinteilung, eigenes Lerntempo, Wahl der Sozialform ...) umgesetzt.

Inhalte des Fremdsprachenunterrichts

Fremdsprachenunterricht in der Grundschule muss die Optionen des Kindes berücksichtigen. Im Mittelpunkt steht das Kind mit seiner individuellen Beziehung zu Sprache und Kultur. Die Persönlichkeitsförderung des Kindes als Ganzes ist Zielsetzung, intellektuelle Fertigkeiten sind zweitrangig. Die Schlussfolgerung heißt dann, alle Fächer und Lernbereiche des Grundschulunterrichts zu integrieren, statt sie isoliert zu vermitteln. Englisch in der Grundschule muss Verknüpfungen und Anknüpfungen an andere Fächer und Inhalte suchen, die das Kind betreffen. Lehrgangsorientierung steht dazu im Gegensatz. Im Unterricht werden Situationen aufgegriffen, in denen Fremdsprache gebraucht wird. Einfache mündliche Sprachprozesse sollen verstanden werden. Dies kann z. B. durch Lieder, Gedichte und Reime erreicht werden.
Kinder haben ein ausgeprägtes Imitationsverhalten, sind neugierig, unbefangen und möchten Dinge und Sachverhalte entdecken. Berücksichtigt werden müssen weiterhin Alter, Interessen und Neigungen, Unterschiedlichkeit in den Lerntypen, Spiel- und Lernverhalten und unterschiedliches Lerntempo. Daraus leiten sich für den Fremdsprachenunterricht folgende Grundprinzipien ab:

- kindgerechte und altersangemessene Themen und Inhalte,
- Methodenvielfalt,
- fächerübergreifendes Lernen,
- Handlungsorientierung,
- Selbsttätigkeit,
- dem Kind die Chance bieten, ganzheitlich zu lernen.

Diese Grundprinzipien können z. B. mit dem Lernen an Stationen aufgegriffen werden.

Stationenarbeit beim Fremdsprachenlernen

Lernen an Stationen ermöglicht individuelles und selbstständiges Lernen. Dies kann erreicht werden, durch:

- Einsatz von Kassettenrekordern oder Walkman: Das Kind kann so oft, wie es für es notwendig ist, den Text, den Satz oder das Wort hören; es kann jederzeit diese Hörinformation abrufen.
  Durch Stationen können Kinder selbst aktiv werden, Kreativität entfalten und individuelle Lösungsmöglichkeiten mit eigenem Lerntempo finden (vgl. auch R. Bauer „Lernen an Stationen in der Grundschule", Cornelsen Verlag Scriptor, Berlin 1997).
- Selbst ein Poster oder ein Bild erstellen: Das Kind bestimmt selbst, was auf seinem Poster oder seinem Bild wichtig für es ist; es wählt selbst die Gestaltungsform, die Darstellungsart und die Farben.
- Beim Ausgestalten von Bildern, Bewegen zu Liedern oder im Rollenspiel sich selbst entfalten: Das Kind gestaltet nach eigenem Willen und eigener Idee, es macht seine eigenen Bewegungen und stellt Personenrollen im Spiel selbst dar.
- Mit einer Aufgabe selbst auseinandersetzen, da sich das Kind selbst die Station wählt: Das Kind muss selbst an die Aufgabe gehen, sie begreifen und nach einer Lösung suchen.

Die Stationen müssen einen Bezug zum Kind haben, also kindgerechte Inhalte und Themen mit musischen Elementen (vgl. folgender Abschnitt: Spiel, Lied, Reim, bildnerisches Gestalten) haben. Für die Grundschule ist eine gewisse Reduktion der sprachlichen Mittel erforderlich - einfacher Wortschatz und einfache Satzkonstruktionen. Die Arbeit an Stationen sollte aus anderen Fächern bekannt sein, damit die Kinder sich ganz auf die Fremdsprache konzentrieren und problemlos mit der Methode umgehen können.

Musische Elemente in der Stationenarbeit

Die Sprache als Träger von Bildungsgut enthält viele musische Elemente. Dazu zählen Spiele, Lieder, Reime, Tänze und bildnerisches Gestalten. Ein Grundprinzip der musischen Elemente ist das spielerische eigene Tun und selbsttätige Gestalten. Nach Gentges (in: Kluge, Norbert „Vom Geist musischer Erziehung", Darmstadt 1973 , S. 402) befinden sich Grundschulkinder im zweiten Spielalter. Sie üben spielerisch die Realität, lieben rhythmische Lieder, malen und basteln gerne und können sich Reime leicht merken.

Das Spiel

Zu spielen ist ein menschliches Urbedürfnis. Es durchzieht alle Kulturen, alle Lebensalter und alle Länder. Man unterscheidet im Fremdsprachenunterricht

Rate- und Sprechspiele (z. B. Abzählreime, Tiere erraten ...), Schreibspiele, Buchstabenspiele (z. B. welche Buchstaben fehlen? ...), Konzentrationsspiele (z. B. Finde die Unterschiede ...). Aus dieser Vielzahl muss bezüglich Lerninhalt und Lernabsicht ausgewählt werden. Da das Spiel von sprachlichem Erfolg sein soll, müssen Texte auswendig gelernt und szenisch dargestellt werden. Die Kinder prägen sich authentische Sprachmuster ein und können Aussagen machen. Durch das Spiel schulen die Kinder das Hörverstehen. Die Spieler selbst schulen die sprachliche Ausdrucksfähigkeit und lernen, Situationen sprachlich zu bewältigen.

Das Lied

Durch Lieder wird ein emotionaler Ausgleich geschaffen, Fantasie und Kreativität werden gesteigert. Lieder müssen anschaulich sein (z. B. unterstützt durch Bildmaterial), in den Unterricht und die Thematik integriert sein. Sie müssen entsprechend dem Alter und der Interessenlage der Schüler ausgewählt sein (z. B. „Ten little Indians").
Im Englischunterricht kann durch Lieder die Aufnahmebereitschaft und die Merkfähigkeit gesteigert werden. Sie helfen:

- bei der Speicherung von Wortschatz: durch Text, Melodie und Rhythmus werden Wörter besser behalten,
- beim Einüben von Sprechgewohnheiten: Wort- und Satzmuster werden geübt und die mündliche Ausdrucksfähigkeit gesteigert,
- bei der Lautschulung: im Lied sind die Laute in ein rhythmisches Gefüge eingebunden),
- bei der Vermittlung landeskundlicher Informationen.

Lieder entstehen in einer Kultur und einer Sprachwelt, deshalb vermitteln sie einen Erfahrungshintergrund und landeskundliche Aspekte.

Der Reim

Was der Sprache an Musischem innewohnt, kann der Reim hörbar machen. Energie, Bewegung, Länge, Tonstärke und Tonfall sind die musischen Komponenten der Sprache. Dichtung erwächst aus der Sprache, die einer Gesellschaft eigen ist, und spiegelt deren kulturelle Merkmale wider.
Reime müssen so ausgewählt werden, dass sie die Schüler interessieren, ihr Vorstellungsvermögen und die Fantasie anregen. Schon kleine Kinder lernen sie leicht, da Rhythmus und Gleichklang gut ins Ohr gehen, so wie z. B. folgender Reim:

1 , 2, 3, 4 Mary is at the door.
5 , 6, 7, 8 bringing apples on a plate.
9 , 10, 11, 12 help yourself.

Das bildnerische Gestalten

Zu diesem Bereich gehören Tätigkeiten wie Bilder ansehen, malen, zeichnen und Gegenstände aus den unterschiedlichsten Materialien herstellen und basteln. Selbsttätigkeit und handelndes Tun sind gefragt. Selbst ein Bild malen, selbst einen Gegenstand (z. B. eine Maske) herstellen und basteln: Solche gestalterischen Tätigkeiten sprechen Kinder der „zweiten Spielphase" besonders an. Malen Kinder Bilder und bringen ihre „Werke" in den Unterricht ein oder gestalten den Klassenraum, so beteiligen sie sich aktiv am Unterrichtsgeschehen.

Zusammenfassung

Kindern fällt das Fremdsprachenlernen in der Grundschule leicht, sie sind begeistert und wollen die Fremdsprache erlernen. Diese natürliche Begeisterung für die Fremdsprache muss im Unterricht aufgegriffen werden, indem

- die Kinder möglichst viel hören und sprechen,
- die Schüler selbst festlegen, wie oft sie einen Sachverhalt hören und wiederholen wollen (durch Kassette beliebig oft wiederholbar!),
- in kurzen Lerneinheiten von ca. zehn bis 15 Minuten täglich gelernt wird,
- Inhalte dem Interessen- und Neigungsbereich der Kinder entspringen (z. B. andere Kinder kennen lernen, über eigene Vorlieben berichten ...),
- die Inhalte mit anderen Fächern verknüpft sind,
- die Kinder selbsttätig aktiv sind (z. B. selbst etwas herstellen, malen, basteln, spielen ...),
- musische Elemente (Spiel, Lied, Reim, bildhaftes Gestalten) den Schwerpunkt beim Lernen bilden,
- mit möglichst vielen Methoden gearbeitet wird.

Das Kind muss im Mittelpunkt stehen.

Auf die weiterführende Schule vorbereiten

Ulrich Markwald

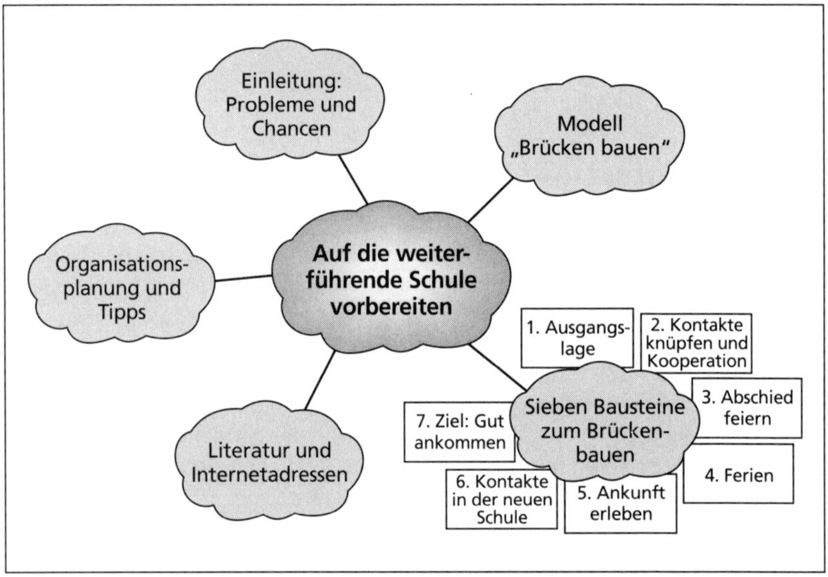

Abb. 1: Auf die weiterführende Schule vorbereiten

1. Einleitung - Probleme und Chancen

Der Übergang auf die weiterführende Schule ist nach der Einschulung eine der bedeutendsten Schnittstellen im Leben der Schülerinnen[1]. Sie geben die Geborgenheit der Grundschule auf und beginnen einen neuen Lebensabschnitt in einer anderen Schulform. Neue Kinder, neue Lehrerinnen, neue Fächer und das Fachlehrerinnensystem werden ihnen in neuen Räumen begegnen.

Ich möchte die Erfahrung weitergeben, dass durch gezieltes Eingehen auf die geschilderten Probleme und Nutzen der natürlichen Chancen der Übergang sich zu einem positiven pädagogischen Ereignis entwickeln kann.

Mir ist es wichtig, die Kinder so weit wie möglich bei diesen Prozessen handelnd mit einzubeziehen, die Eltern zu beraten und teilhaben zu lassen und die Kooperation zwischen den Schulen zu kultivieren.

1 Der besseren Lesbarkeit willen verwende ich ausschließlich die weibliche Form.

Probleme

Die Kinder erleben in der Grundschule das erste Mal in ihrem Leben einen Ausleseprozess, der nicht selten mit dem Gefühl des Versagens verbunden ist. *Andere* entscheiden über die weitere Schullaufbahn und dies ist in der Regel eine Vorentscheidung der Berufslaufbahn und somit für das ganze Leben.
Erwartungen von Eltern, Geschwistern, Lehrerinnen haben ihre Spuren hinterlassen und Unsicherheiten in Bezug auf die eigene Leistungsfähigkeit und -einschätzung erzeugt. Aber auch Selbstüberschätzung und Omnipotenzgefühle erschweren teilweise den Start in einer neuen Schule.
In ihrer Befindlichkeit sind Kinder in dieser Phase sehr sensibel. Psychosomatische Beschwerden, Verhaltensauffälligkeiten und Lernprobleme sind unabhängig von der Begabung öfters zu beobachten.
Ist die Entscheidung für die weiterführende Schulart gefallen, zeigen sich immer häufiger Ängste über eine ungewisse Zukunft.
Mit einem neuen, evtl. weiten Schulweg und einem anderen, evtl. fremden Schulort tun sich zehnjährige Kinder schwer. Am leichtesten haben es hier die Kinder, die eine Grund- und Hauptschule besuchen, da ihnen Gebäude, Lehrerinnen und Schülerinnen am ehesten vertraut sind.

Chancen

Kinder im Alter von ca. zehn Jahren sind wissbegierig, lernfreudig und leistungsbereit. Sie zeigen sich offen für das Lernen von neuen Methoden, und gerade bei schwächeren Schülerinnen ist die Hoffnung da, neu anfangen zu können. Starke Schülerinnen suchen die Herausforderung und neue Anreize. Gefühlsschwankungen spielen noch nicht die Rolle wie in der Pubertät.
Es besteht meist eine gewisse Vorfreude und Neugier auf die neuen Kinder, die Lehrerinnen und neue Fächer.
Eltern und Kinder an dem Entscheidungsprozess zu beteiligen schafft Vertrauen, vor allem dann, wenn transparent gemacht werden kann, wie diese Prozesse ablaufen.

2. Modell „Brücken bauen“

Rita Binder, ebenfalls Pädagogische Beraterin und in der Lehrerinnen-Fortbildung tätig, und ich haben ein *Konzept für Übergänge* entwickelt. Dies kann sowohl für den Übergang vom Kindergarten zur Grundschule als auch für den Übergang in die weiterführenden Schulen genutzt werden. Ebenso findet ein Übergang statt, wenn ein Kind auf eine Sonder- oder Förderschule wechselt. Auch beim Schulwechsel durch Umzug oder Rückgang bzw. Aufstieg in der Orientierungsstufe können Teile unseres Modells angewendet werden und dem Kind beim Übergang helfen.

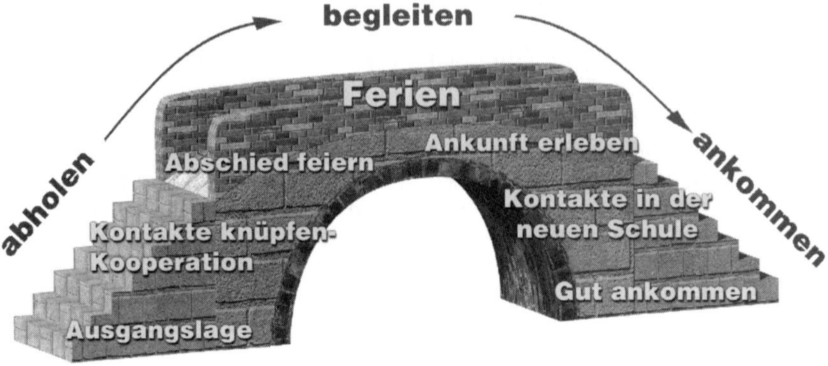

Wir haben uns eines Bildes bedient - *der Brücke.* Auf der *einen* Seite steht das Kind vor seinem Übergang (hier in der Grundschule) - auf der *anderen* Seite (weiterführende Schule) soll es ankommen.
In unserem Bild besteht die Brücke aus *7 Bausteinen,* die ich im Folgenden mit Inhalt fülle. Dabei nenne ich bewusst viele Beispiele, von denen Sie eine Auswahl für Ihre pädagogische Situation treffen können.

3. Sieben Bausteine

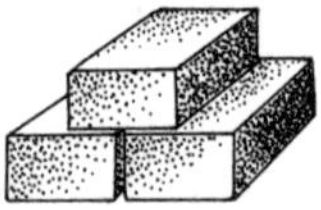

Erster Baustein: Ausgangslage

In der 3. Klasse beginnt häufig die Selektion für die zukünftige Schulart. Eltern fragen die Lehrerinnen um Rat. Kinder sehen sorgenvolle oder zufriedene Gesichter. All das wirkt sich auf ihre emotionale und körperliche Befindlichkeit aus. Elterngespräche, Elternberatung, evtl. Vorträge von Fachleuten geben den Eltern und Kindern Hilfen bei der Entscheidung.
Spätestens in der 4. Klasse kann mit Kindern in Gesprächen, mit Wandzeitungen, Fragebögen usw. herausgearbeitet werden, welche Profile die einzelnen Schularten haben und was es bedeutet, die jeweilige Schule zu besuchen.
Gut gefallen hat mir der Vorschlag in „Brückenschläge“ (s. Literatur S. 207):

- Kinder sammeln ihr Vorwissen und stellen es auf einer Wandzeitung dar.
- Das Schema des (dreigliedrigen) Schulsystems wird in vereinfachter Form dargestellt.
- In drei Gruppen erarbeiten die Kinder Fragen:
  - „Was wir gerne über die neuen Schulen wissen möchten“
  - „Wie kann man etwas über die neuen Schulen erfahren?“
  - „Welches Material gibt es schon, wo können wir es besorgen?“

- Die Wege zu den neuen Schulen werden besprochen.
- Kontakte werden aufgenommen, die Schule besucht und die Ergebnisse der Befragungen und die Erfahrungen zusammengetragen und präsentiert.

Möglichst offen sollten nicht nur die *Vorteile* der Schularten, sondern auch *Vorurteile* besprochen werden. Warum *darf* das eine Kind aufs Gymnasium, warum *muss* das andere auf die Hauptschule? Kinder dürfen mit diesen Fragen nicht alleine gelassen werden. Vertrauensvolle Gespräche geben den Kindern die Möglichkeit, zu einer altersgemäßen Selbsteinschätzung zu kommen, dass jedes etwas kann und dass es Fähigkeiten gibt, die *nicht* in den Schulen bzw. bei der Schullaufbahnentscheidung berücksichtigt werden.
Für das Selbstwertgefühl der Kinder ist es entscheidend, dass sie erfahren, welchen Weg auch immer sie gehen, es ist ein *guter* Weg, es ist *ihr* Weg und sie dürfen sich *angenommen* fühlen.

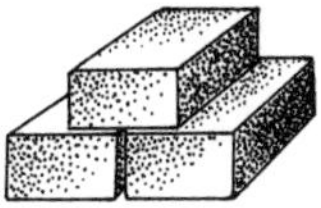

Zweiter Baustein: Kontakte knüpfen

Einen lebendigen Eindruck von den aufnehmenden Schulen vermittelt den Kindern ein Besuch. Dieser wird am besten durch einen Brief eingeleitet. Fragen an die neue Schule (per Brief, Video, E-Mail ...) ermöglichen es, den Kontakt zu einer Schulklasse oder einer Lehrerin aufrechtzuerhalten.
Der Besuch der neuen Schule kann vormittags im Unterricht erfolgen und vermittelt natürlich den besten Eindruck. Manchmal scheint es aber angebracht, nachmittags in Ruhe die Fach- und Klassenräume zu besichtigen, weil ohne Hektik Computer- oder Physikeinrichtungen gezeigt werden können.
Gegen Ende des 4. Schuljahres, wenn die jeweilige weiterführende Schule feststeht, haben wir gute Erfahrungen mit einem Begegnungsnachmittag gemacht, den freiwillige Paten aus höheren Klassen mitgestalten.
Eine Schulhausrallye, ein paar Spiele, Waffeln und Eistee vom Schülercafé oder einer Elterngruppe nehmen den Schülern die ersten Ängste.
Neben den Besuchen der zukünftigen Schulen sind gegenseitige Einladungen zu Schulfesten, Theateraufführungen, zum Tag der offenen Tür, Sportfesten usw. sowie das Zusenden der Schülerinnenzeitung eine willkommene Möglichkeit, Kontakte zu knüpfen und zu pflegen.

Kooperation

Ein wesentlicher Grundpfeiler ist die Zusammenarbeit mit den Kolleginnen der weiterführenden Schulen oder der Sonderschule. Da die Kooperationsbereitschaft an den Schulen unterschiedlich ausgeprägt ist, sind informelle Treffen hilfreich (z. B. von einer Viert- und Fünftklasslehrerin organisiert).
Die Grundschule und die aufnehmenden Schulen entwickeln ein Konzept von festen Kontakten, die jedes Schuljahr von neuem gepflegt werden.

Dritter Baustein: Abschied feiern

Abschied nehmen fällt Lehrerinnen und Kindern nicht leicht. Trauer zulassen, auch bei den Lehrerinnen, kann durch Rollenspiele, Fantasiereisen, Rituale und bewusstes Erleben erleichtert werden. Weitere Beispiele:

- Ein Abschiedsbuch basteln (in dem die Erinnerungen an die Grundschulzeit festgehalten werden ...)
- Den Verlust aussprechen, aufschreiben, malen, im Spiel ausleben lassen
- Abschied feiern; kleine Abschiedsgeschenke basteln (auch für die Lehrerin)
- „Rausschmiss“ (wir werfen z. B. symbolisch unsere Kinder aus dem Haus - auf eine Sportmatte!)

Vierter Baustein: Ferien!

Ferien sind eine gute Möglichkeit, Abstand zu gewinnen und sich innerlich auf die neue Schule vorzubereiten. Das gilt für Lehrerinnen wie für Kinder. Weitere Möglichkeiten:

- Die zukünftige Lehrerin schreibt einen (Form-)Brief in den Ferien an ihre neuen Schülerinnen, in dem sie ihre Gedanken und Gefühle zum Ausdruck bringt. Dies kann über den Schulverteiler geschehen.
- Die Kinder haben die Möglichkeit, zurückzuschreiben und dabei ihre Erwartungen zu formulieren. Oder sie schicken ein selbst gemaltes Bild oder eine Ansichtskarte zurück.

Fünfter Baustein: Ankunft erleben

Auch wenn die weiteren Punkte für Grundschullehrerinnen nicht mehr relevant sind - sie haben die Gelegenheit, bei der Kooperation mit der weiterführenden Schule diese Möglichkeiten anzuregen.
Die Aufnahmefeier darf in keiner aufnehmenden Schule fehlen.
Versetzen Sie sich in eins der Kinder und empfinden Sie nach, was es in diesem Moment empfindet. Es möchte keine langen Reden, sondern vielleicht ein paar freundliche Worte und Gesichter, vielleicht ein kleines Theaterstück, das im letzten Jahr in einer Klasse gut geklappt hat. Hier gilt: Weniger ist mehr!
Dann haben unsere Erfahrungen gezeigt, dass es Eltern und Kindern gut tut, für eine Weile getrennt zu sein. Die Eltern können sich bei einer Tasse Kaffee mit den (teilweise) neuen Eltern unterhalten, die Kinder möchten ihr neues Klassenzimmer sehen. Wenn sich hier die neuen Paten vorstellen und ein Spiel gespielt werden kann, dann haben die Kinder für diesen Tag genug erlebt.

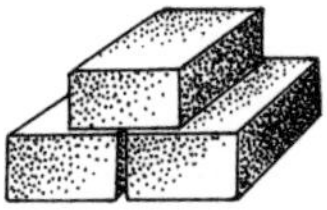

Sechster Baustein: Kontakte in der neuen Schule

Die ersten Schulwochen sollten der Integration der Kinder gehören. Fachunterricht kann stattfinden, um der Neugier der Kinder gerecht zu werden, aber er darf diese Zeit nicht dominieren. Die Zeit, die Sie hier sozialintegrativ investieren, bekommen Sie im Laufe des Schuljahres mehrfach zurück.
Am einfachsten gelingt die Aufnahme der Kinder, wenn sie von ihresgleichen in die neue Klasse eingeführt werden. So geschieht es z. B. bei den altersgemischten Klassen 1 + 2. Einige Bundesländer erproben momentan modellhaft die Altersmischung in Klasse 5 + 6. Dabei helfen die „Alten", also die Sechstklässler, den „Jungen", den neuen Fünftklässlern, sich mit den Räumen, Regeln, Arbeitsformen, neuen Wörtern usw. zurechtzufinden, und entlasten damit auch die Lehrerin. Was lernen die „Alten" dabei? Zuerst einmal wiederholen sie selbst wichtige Informationen, zum anderen lernen sie Verantwortung für andere zu übernehmen.
Die Bildungspläne fast aller Bundesländer bieten fächerübergreifende Unterrichtseinheiten an, die projektorientiert den Start in der neuen Schulart erleichtern. Ich habe einige thematische Schwerpunkte herausgegriffen:

- wie finde ich mich im Schulhaus und auf dem Schulgelände zurecht?
- mein neuer Schulweg (Verkehrserziehung)
- wie verhalte ich mich im Bus? (Verkehrserziehung)
- was ist die SMV?
- wir lernen die Sekretärin und die Hausmeisterin kennen
- wie gehen wir miteinander um?
- wie lernen wir am besten? (Lernmethoden, Lernen lernen)
- meine Lernkanäle
- wie viel Regeln brauchen wir?
- gemeinsam frühstücken (im Klassenzimmer, auf dem Schulhof, im Wald ...)
- gemeinsam den Klassenraum gestalten (unter Berücksichtigung von Lernformen wie Lernen an Stationen, arbeiten mit Lerntheken, Freiarbeitsmaterial, Lese- und Bastelecken ...)
- Klassenregeln (für Schülerinnen *und* Lehrerinnen) erstellen, unterschreiben und erproben
- sinnvolle Klassendienste
- Stadtteilerkundung (sehr zu empfehlen, wenn die neue Schule in einem anderen Ort oder Ortsteil liegt)
- Anlegen eines Portfolios, in dem die Schülerinnen *ihre* besten Arbeiten, Bilder usw. sammeln und mit dem auch der Lernfortschritt für Eltern und Lehrerinnen dokumentiert wird
- langsames Einüben oder Vertiefen von Arbeitsformen (sofern nicht schon in der Grundschule geschehen) wie z. B. Arbeiten an Stationen, Lerntheken, Themenhefte, projektorientiertes Arbeiten, Lernen mit Karteikästen ...

- möglichst bald Ausflüge, Klassenfahrten, evtl. Schullandheim, um sich besser kennen zu lernen
- Kommunikations-, Konzentrations- und Entspannungsübungen

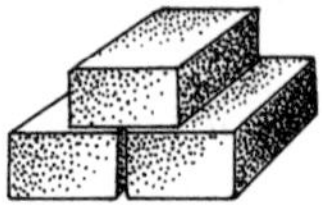

Siebter Baustein: Ziel: Gut ankommen

Schon in der Grundschule werden die Schülerinnen auf den Übergang vorbereitet. Sie haben die Möglichkeit, ihre Ängste, Unsicherheiten, Trauer, aber auch überschießende Freude zu artikulieren. In Kooperation mit Eltern und mit den Kolleginnen der aufnehmenden Schulen gelingt es, den Übergang positiv zu gestalten.
Ein weiteres Ziel ist es, die Befindlichkeit der Kinder in den ersten Schulwochen in der neuen Schule positiv zu beeinflussen. Erst wer sich wohl fühlt und ohne Angst ist, kann gut lernen. Der Leistungsaspekt muss so gefasst werden, dass es allen Kindern möglich ist, positive Ergebnisse zu erlangen. Die stärkeren Kinder brauchen Anregungen und Herausforderungen.
Das Selbstwertgefühl wird gesteigert, wenn sichtbar positive Beiträge geleistet werden können. Zuversicht entsteht, wenn die sozialen Kontakte mit Lehrerinnen und Mitschülerinnen sich vorteilhaft entwickeln. Und die Kinder werden sich ihrer Ressourcen bewusst, wenn sie die Möglichkeit haben, ihre individuellen Leistungen und Begabungen zu entdecken.
Auch nach dem Übergang muss der Kontakt zur früheren Schule nicht abbrechen. Sie können die Schule noch einmal besuchen, entweder mit der ganzen Klasse oder, wenn das nicht möglich ist, bei einem Schulfest gemeinsam mit den Eltern. Wenn dann vielleicht die alten Bilder noch im Flur hängen und es ein freudiges Wiedersehen mit ehemaligen Lehrerinnen und Schülerinnen gibt, so zeigt ihnen das, dass nicht alle Brücken zur alten Schule oder zur ehemaligen Lehrerin abgebrochen sind.

4. Organisationsplan für die Schule

Es hat sich als sinnvoll erwiesen, einen Plan für die eigene Schule zu erstellen, in dem die Kontaktaufnahme mit den weiterführenden Schulen und weitere Aktionen inhaltlich und terminlich festgelegt werden. Für die aufnehmenden Schulen sollte ein ähnlicher Plan entstehen. Diese können dann miteinander abgestimmt werden. Der Vorteil solcher Strukturen ist, dass sie, wenn sie einmal bestehen, eine Menge an Zeit und Wegen ersparen. Dennoch ist eine permanente Kooperation arbeitsintensiv und sollte Anerkennung durch Deputatsermäßigung o. Ä. finden.
Nicht immer ist der Kontakt zu weiterführenden Schulen einfach. Es gibt Vorurteile auf beiden Seiten. Deshalb kann ein informelles Treffen mit einer

erfahrenen Moderatorin hilfreich sein. Hierbei können dann auch Hemmnisse angesprochen und evtl. beseitigt werden (gute Beispiele dazu in: „Brückenschläge“, siehe Literaturliste).

Beispiel eines Organisationsplans (S. 208)

Kooperationstreffen mit Kolleginnen können so gestaltet werden, dass sie nicht zu einer lästigen Pflicht, sondern zu einem angenehmen Ereignis werden. Kaffee und Kuchen, die Möglichkeit zu erfahren, wie sich die „Ehemaligen“ entwickelt haben, tragen dazu bei. Für die aufnehmenden Schulen sind Erfahrungen der Grundschullehrerinnen wichtig, um die Klassen gut zu mischen. Dabei empfiehlt es sich nicht nur geschlechtsspezifische Aspekte zu berücksichtigen, sondern auch lern- und verhaltensspezifische, z. B. welche Kinder eher reaktiv oder proaktiv sind. Um nicht in die Falle des *labeling approach* (Etikettierungsansatz) zu laufen oder gegen den Datenschutz zu verstoßen, sollten möglichst positive Informationen mitgeteilt werden.
Der Austausch oder gar eine Abstimmung von Unterrichtsstilen und -methoden erleichtert den Kindern den Übergang und kann darüber hinaus Vorurteile bei den Lehrerinnen gegenüber den anderen Schularten abbauen.
Soll eine Veranstaltung mit Eltern und/oder Kindern nicht so „trocken“ verlaufen, werden nach unserer Erfahrung kleine Erfrischungen oder Selbstgebackenes von Eltern gerne bereitgestellt. Auch hier empfiehlt es sich, die vielen Informationen für Eltern an Stationen anzubieten, damit sie sich aussuchen können, was sie interessiert.
Wenn Einladungen an die jeweils andere Schule gehen sollen, so können diese individuell von Kindern hergestellt werden – das wirkt persönlicher als ein fotokopierter Brief mit Schulbriefkopf.
Wenn die Ressourcen der Kinder in der aufnehmenden Schule genutzt werden, so gelingt es, die Kinder erfolgreich zu integrieren. Ein geglückter emotionaler Übergang setzt neue Energien frei und ermöglicht neue Entwicklungen.

Literatur, Internetadresse, Danksagung

G. Faust-Siehl u. a.: Die Zukunft beginnt in der Grundschule, Arbeitskreis Grundschule Band 98

G. Keller, K./Hafner, J./Guderlei: Schulstart Sekundarstufe, Donauwörth 1995

Ministerium für Kultus, Jugend und Sport Baden-Württemberg: Die Hauptschule lädt ein – Neuanfang in Klasse 5, Stuttgart 1998

MindMan 2.1 Testversion, von Michael Jetter: www.mindman.com

R. Portmann/E. Schneider: Brückenschläge, Heinsberg 1988

Anregungen, Fragen und Link auf die „Brücken-bauen“-Internetadresse: www.ulrich-markwald.de

Besonderer Dank an Rita Binder (rita_binder@gmx.net) für die Zusammenarbeit, Marco Binder (www.sb-software.de/marco/) für die Gestaltung der Internetseite „Brücken bauen“

Datum:	Uhrzeit:	Ereignis:	Kontakt-person	Tel./Fax/ E-Mail
Klasse 3				
00.00.99	14.30	Einladung zur Theatervorführung von Kl. 5	Frau X.und Eltern	
00.00.99	10.00	Einladung an die weiterführenden Schulen zum Tag der offenen Tür in der GS	Herr M.	
00.00.99	14.30	Informelles Treffen der Lehrerinnen aller Schularten	Moderation: Frau P.-L.	
Klasse 4				
00.00.99	08.15	Besuch in der Hauptschule mit allen Schülerinnen	Frau Y.	
00.00.99	09.00	Besuch in der Realschule mit allen Schülerinnen	Herr Z.	
00.00.99	15.00	Besuch im Gymnasium mit allen Schülerinnen	Frau K.	
00.00.00	19.00	Informationsabend für alle Eltern (evtl. mit Vertreterin der Bildungsberatungsstelle)	Frau Y. Herr Z. Frau K.+ Eltern	
00.00.00	15.00 – 16.30	gemeinsamer Spielenachmittag nach der Bildungsempfehlung an der zukünftigen Schule		
00.00.00	10.00	Abschiedsfeier mit symbolischem „Rausschmiss"		
Weiterführende Schule				
00.00.00		Kinder schreiben Einladungen an die Viertklässler zum 1. Schultag	Frau F.	
00.00.00		freiwillige Paten stellen sich zur Verfügung	Herr K.	
00.00.00	14.00	Übergabegespräche der GS mit den weiterführenden Schulen	alle beteiligten Kollegen	
Ferien				
		Die künftige Lehrerin schreibt einen Brief an die „Neuen"	Herr G.-L.	
		Die Schülerinnen antworten	(freiwillig)	
Klasse 5				
00.00.00		Aufnahmefeier – Patentreffen	Herr G.-L.	
00.00.01		Besuch der früheren Grundschule	Frau N.	
00.00.01		Einladung: Schul-/Sportfest/Theater		